U0630448

在『论语』的丛林中

刘时工 著

上海三联书店

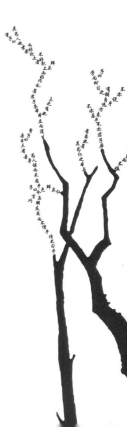

•本书得到华东师范大学哲学系学科建设经费资助

目　录

序言：相逢于《论语》

序言标题所说的"相逢于论语"，不仅是指写作者和阅读者因《论语》而相逢，更是指因为《论语》并通过《论语》，我们与孔子及孔门诸弟子的相逢。《论语》一开篇，孔子就告诉我们，他把"有朋自远方来"看作生命中值得欣喜的乐事。这样看来，当我们穿越 2500 多年的漫长时段，藉着《论语》与孔子相逢，于我们、于孔子，都是一次幸会，因为对于对方，我们彼此都自远方而来。然而这个远方，又不是与对方无关的他乡：孔子所在处，正是我们所由来之处；我们所在处，则是历经沧桑变化后的孔子所在处。我们甚至彼此都可以向对方吟咏，"君自故乡来，应知故乡事"。由此也可以知道，我们和孔子处在一种紧密的关系中，彼此对于对方都有重要意义。

亚里士多德讨论过身后之事对人的幸福的影响，结论有些模棱两可。[1] 休谟运用"习惯性联想"讨论过同一个话题，结论是身后事是否影响一个人的生命的完满，要看这些事与他的关联有多强。一般的人影响有限，去世后不过三四代，人们就很难再把发生在他后代身上的事习惯性地追溯到他那里。而像孔子这样对人类中的一部分有深刻影响的思想

---

〔1〕 亚里士多德：《尼各马可伦理学》，北京：商务印书馆，2003 年，第 29 页。亚氏的幸福与现代汉语中的幸福含义不同，指的不是暂时的心理状态，而是一生的良好生活，是终其一生生命活动进行得好。

家,尽管其子孙已经传到 80 代,我们还是很自然地把当下发生的某些事与他的一些言论联系起来,否则也就不会有那么多人为其某段言语、某一思想认真辩难热烈争论了。这适足以表明孔子离我们并不像看起来那么遥远。对孔子这种量级的思想家,其生命力、影响力原不可以以普通时间单位来计。

提到孔子和《论语》,我们马上会想到正相对立的两种态度。评价甚低的一种来自黑格尔,在谈到中国哲学时,黑格尔有这样一段我们已经耳熟能详的议论:"我们看到孔子和他的弟子们的谈话,里面所讲的是一种常识道德,这种常识道德我们在哪里都找得到,在哪一个民族里都找得到,可能还要好些,这是毫无出色之点的东西。孔子只是一个实际的世间智者,在他那里思辨的哲学是一点也没有的——只有一些善良的、老练的、道德的教训,从里面我们不能获得什么特殊的东西……我们根据他的原著可以断言:为了保持孔子的名声,假使他的书从来不曾有过翻译,那倒是更好的事。"〔1〕

黑格尔的这些话,对认同儒家传统的那些中国人的民族情感——或许还有宗教情感,不啻为一种冒犯。不过孔子所教导的"人不知而不愠"、"和而不同"、"其争也君子"、"不迁怒"等等平常的"道德教训",足可以使其追随者崇拜者平静地面对黑格尔的批评,耐心地与他们理解中的西方价值比较短长。估计黑格尔写下这些话时,也未曾料到他会有如此众多的中国读者,但对我们来说,正是这种未被文化多元、政治正确削去锋芒的直言不讳,才最具启发意义。

儒学继承者中,有人认为,黑格尔对中国传统和中国哲学缺乏同情的了解,更遑论深入的研究,是以西方哲学的标准衡量非西方的学术。言下之意,黑格尔的批评其实无足轻重,实在不必当真。对这样回应黑格尔的人,我们很想学着孔子的口气问一句:"汝心安否?"每个学哲学的都知道

---

〔1〕 黑格尔:《哲学史讲演录》,北京:商务印书馆,1983 年,卷 1,第 119 页。

黑格尔在哲学上的成就，在思辨领域的造诣，和对哲学史的稔熟。当代哲学中黑格尔的影响固然有所下降，但在黑格尔时代，当他评论他之前的哲学时，他是站在人类智慧最高处俯瞰：他看到的细节或有出入，但对整体的把握和对各派哲学的定位却未必会有大的差池。

而更惊人的是，黑格尔的看法并不是他的一己之见，应该说，这几乎是来自德国古典哲学的共识。因为德国古典哲学的另一位代表人物康德，对孔子学说的评价和黑格尔的如出一辙。康德以其惯用的标准，把孔子学说划分在经验主义的道德中，认为它们只是植根于历史行为的经验总结，而不是真正的道德，因为"美德和道德的概念从未进入中国人的头脑中"；换言之，康德认为孔子不是在反思的层面进行道德思考，孔子的"道德和哲学只不过是一些每个人自己也知道的、令人不快的日常规则的混合物"[1]。

西方哲学家中，不论是黑格尔还是康德，都不是批评孔子或儒家学说的第一人。实际上，早在孟德斯鸠和卢梭等人那里，就有过类似的评论。我们很难以他们不了解中国为由，回避或无视他们的批评。事实上，孟德斯鸠等人对中国相当了解，[2]以我之见，他们对中国的了解，在许多方面，远超出同时代（孟德斯鸠生活于1689—1755年；《论法的精神》写作于1734—1747年）中国人自己对自己的了解。无论从哪个方面来说，这些来自异域的批评都值得我们珍视。[3]

持黑格尔式观点的现代中国人也大有人在，比如作家王小波就曾说过，孔子的见解"也就一般，没有什么特别让人佩服的地方。至于他特别

〔1〕 格雷戈里·李赫曼："绝对否定：康德对中国哲学的批判"，载于成中英、冯俊主编：《康德与中国哲学智慧》，北京：中国人民大学出版社，2009年，第58、59页。

〔2〕 参看许明龙：《孟德斯鸠与中国》，北京：国际文化出版公司，1989年；或路易·戴格拉夫：《孟德斯鸠传》，北京：商务印书馆，1997年。

〔3〕 与这些批评对应的，是莱布尼茨、伏尔泰等人对中国文化以及儒家学说的肯定。我们不会忽略西方哲学家中这一派人的意见，但与这里要叙述的问题无关——这里只是阐明对待孔子和《论语》或是完全肯定、无限拔高或是脱离历史、彻底否定的两个极端。

强调的礼,我以为和'文化革命'里搞的那些仪式差不多,什么早请示晚汇报,我都经历过,没什么大意思。对于幼稚的人也许必不可少,但对有文化的成年人就是一种负担"[1]。这差不多也就是大众版或杂文版的黑格尔观点,两个人的看法其实十分一致。

如果仅从思辨的力度和理论的特异性来看《论语》,黑格尔和王小波的看法也许并不错。与希腊人相比,孔子乃至先秦所有的思想家都未能展现出长于思辨的一面。很少有人否认这一点,即便那些对中国文化怀有深切感情的人也不例外,[2]因为这是一个显见的事实:只要把同一历史阶段两种文明的经典放在一起加以比较即知。对看重思辨的黑格尔来说,孔子如其所说的那样,的确没有向他提供什么有价值、有意思的东西,但我们却不能因此贬低孔子的影响,否认阅读孔子的必要,原因只在于,我们是中国人,而黑格尔不是。这倒不是说因为我们是中国人,出于民族自尊心一定要维护孔子——阅读和认识孔子并不意味着一定要维护孔子,认识为的是批判或认识之后再批判也完全合乎情理;而是因为实际上我们就生活在孔子的影响之下,要充分认识我们的处境,了解我们某些观念的由来,当然有必要去阅读孔子。这一种理由是向后看的,另有一种向前看的理由认为,孔子之路是中国乃至世界的未来之路,孔子学说足以为现代社会纠偏。如果真是这样,这为阅读孔子提供了一个更强的理由,不过这需要一大番论证,而且未必能达成共识,而向后看的理由,是每个人

---

〔1〕 王小波:"我看国学",载于《思维的乐趣》,北京:中国人民大学出版社,2005年,

〔2〕 一种论证中国文化优越于西方文化的思路是:中西文化是异质文化,中国文化因为和西方文化不一样而胜出(但是不一样又如何比?)。这种思路始终回避在同一个方面比较中国文化和西方文化,比如,如果思辨性、系统性被认为是西方哲学的长处,那我们就不要在这些方面和西方哲学争胜。这有点像是说,我们京剧唱得比西方人好。钱锺书说人"会把蝙蝠的方法反过来施用",蛙"不该和牛比伟大,应该和牛比娇小",指向的就是这种思路(《写在人生边上·读伊索寓言》)。这里当然不是说所有的中西比较都如此,更不是反对中西比较,实际上比较是非常重要的,因为如休谟所说,"这个世界上的每样事物都是通过比较加以判断的。"(《人性论》,北京:商务印书馆,1983年,第359页)我们只是反对没有规则约束的比较,以及预设结论的比较。

都承认的。[1]

说《论语》塑造了中国的文化传统，当然是过分夸大其词了，中国的文化传统是多因素作用下形成的，而且在《论语》之前，中国已经有了一个相当稳定的文化传统；但说《论语》参与塑造了中国的文化传统，则不会有任何疑义。李泽厚对这一过程的描述、解释简明扼要，切中肯綮："儒学（当然首先是孔子和《论语》一书）在塑建、构造汉民族文化心理结构的历史过程中，大概起了无可替代、首屈一指的严重作用。不但自汉至清的两千年的专制王朝以它作为做官求仕的入学初阶或必修课本，成了士大夫知识分子的言行思想的根本基础，而且通过各种层次的士大夫知识分子以及他们撰写编纂的《孝经》、《急就篇》一直到《三字经》、《千字文》、《增广贤文》以及各种'功过格'等等，当然更包括各种'家规''族训''乡约''里范'等等法规、条例，使儒学（又首先是孔子和《论语》一书）的好些基本观念在不同层次的理解和解释下，成了整个社会言行、公私生活、思想意识的指引规范。""孔子通过由仁而开始塑造一个文化心理结构体，如说得耸人听闻一点，也就是在制造中国人的心灵。"[2]

《论语》对中国人心灵和生活的影响并不只限于传统社会，事实上，《论语》里的许多观念已经成为我们习焉不察的思想预设或思维习惯。举例来说，上个世纪 80 年代，校园诗人海子写出过这样的句子："面对大河我无限惭愧/我年华虚度/空有一身疲倦。"[3]大河为什么会触动诗人，让他想到自己年华虚度而顿生惭愧？大河为什么没有让他想到另外的事而

---

[1]　陈嘉映论述说："诗经被称作经，孔子被立作我们民族的圣人。老子、庄子、墨子，他们也是圣人。诸子构成了中国的轴心时代，他们的学说和气象是中华文明画卷的文化原型……你是个哲学家，我是个哲学家，我们俩谁更深刻也可以一争，但是我们不会去跟诗经争，不会去跟孔子和庄子争。后世思想者和先秦诸子的关系不是并列比较的关系。不是说诸子的思想深刻得超不过了，正确得改不得了，而是说，先秦诸子提供了一套原型，使得我们能够在一种特有的精神中思考，我们赞成、发展、修正、反驳，都依据于这些原型。不是说比得上还是比不上孔子，而是这种比较没意义。"《哲学·科学·常识》，北京：东方出版社，2007 年，第 38 页。

[2]　李泽厚：《〈论语〉今读》，北京：生活·读书·新知三联书店，2004 年，第 1 页，第 28 页。

[3]　海子："祖国，或以梦为马"。

偏偏让他想到年华和成就？见到大河想到鱼虾、游泳，想到自然生态、舟楫桥梁等等不是更直接更自然吗？见到大河，兰斯顿·休斯想到人类的历史和黑人的命运；[1] 而海子想到年华虚度空有疲倦，反应虽然不同，我们读起来却不以为异，反而心领神会莫逆于心，为什么呢？

这当然是因为《论语》为我们铺就的思想之路。"子在川上曰，逝者如斯夫"引导着我们把河流和时光流逝联系在一起。《论语》成书之后，2400多年的时间里，这句话被反复诵读，由河流联想到时光、想到年华，几乎成了我们下意识的思维反应，即便在一个成长于传统断裂时代、以写出西方式的史诗为己任的当代诗人身上也不例外。沿着这样的思路，不难找出《论语》与我们的生活和观念之间的种种关联。所以，评判孔子和《论语》的那些话，黑格尔可以那么说，王小波不应该那么说。

另有一种以宗教般情感对待孔子和《论语》的态度，奉孔子若神明，视包括《论语》在内的孔子言论为天启。对孔子和孔子言论的拔高开始得非常早，子贡的"仲尼，日月也，无得而逾焉"、"夫子之不可及也，犹天之不可阶而升也"等等言语即是；孟子"自有生民以来，未有如孔子者"也是。至于"天不生仲尼，万古如长夜"，"半部《论语》治天下"，已经到了神化孔子和《论语》的地步。儒学信奉者当然不认为孔子具有神的属性，但如果"咸以孔子之是非为是非"，则孔子相去神明也就不远了。时至今日，持这种主张、怀这样情感的依然不在少数，立志把儒学做成宗教的也代有其人。有人这么做，我们当然无权干涉，甚至还可以乐见其成，需要明确的只是，这样的信念和做法，可以是学术——就像不能否认神学也是学术一样，但肯定不是哲学。[2] 对孔子怀有这种宗教般虔诚的人，对自己的信念可以

---

〔1〕 兰斯顿·休斯："黑人谈河流"。

〔2〕 "不是哲学"只是一个中性的、而非贬义的判断，就如同说心理学不是哲学，心理学家不会认为这对他们有所冒犯，相反有时说心理学是哲学，倒可能是一种冒犯。有人尤其有些学哲学或受哲学影响的人，会不自觉地把"哲学"看作一个褒义词——不是常听到上升到哲学层面的说法吗，这似乎暗示着哲学高居众学科之上，能一览众山小。因为"哲学"有这层意思，说孔子之道、儒学不是哲学自然令人不快。这里要说明的是，此书正文中所用的哲学没有这一（转下页）

心安理得，却无法说服别人或分享他的信念，或消除彼此的分歧；而当他想要劝服别人时，便只能诉诸说理，于是也同样要从阅读《论语》开始。

历代以来，解读、分析、阐发《论语》的著作汗牛充栋，对《论语》章句的理解虽未完全统一，总体来说相去并不遥远。有些章节虽歧说纷出，但至少有为人所公认的主流解说，《论语》的大意和基本观念是十分明确的。在这些方面，本文不再重述前人成果，因此略去对词句的释义，只辨析、比较其中的概念和观念，力求丰富对《论语》的理解。对《论语》词句的翻译、解释，本文以杨伯峻先生的《论语译注》为准，有不同理解的地方，文中作了说明。作者曾有机缘和本专业研究生一起研读《论语》，本书即在当时讲稿基础上修改完成。分析哲学、元伦理学的开创者 G.摩尔说过，哲学匠人是丛林中的清道夫。如本书也能在论语的丛林中起一点清道的作用，作者幸甚。

(接上页)色彩，它只是指一个学科、一种思考方式、一类学术活动。在此意义上，我们会发现，孔子之道以及后来的儒学中，当然有哲学的思考和思考的成果。但如果先行设定前人的思考结果是真理，像对待教义一样奉为万世不易的法则，这自然就不是哲学的作为了。话说到此，接下来总会有人试图修改哲学的定义，"哲学只能有一个标准吗？难道只有和西方一样的哲学才是哲学吗？"争论至此，就超出了我们这里的关注。

学而篇第一

1.1 子曰:"学而时习之,不亦说乎? 有朋自远方来,不亦乐乎? 人不知而不愠,不亦君子乎?"

《圣经·创世记》一开篇,上帝造天造地,造人造万物,每完成一项创造,都会以上帝的眼光对被造予以充分肯定:"神看着是好的"、"神看着一切所造的都甚好",从而为整个创世工作以及创世的产品即这个世界设置了明亮的底色。世界是好的,生命是好的,这是对世界和生活最彻底的肯定,从根本上否决了各种厌世、出世和隐遁,展现出一种积极、自信的人生态度。《论语》不是民族的史诗,没有创世纪这样的篇章,但《论语》一开篇,同样确立了积极、自信的人生基调,洋溢着怡然自得、欢快自足的气氛。

"学而时习之"和"有朋自远方来",都带给身在其中的当事者以快乐,这种快乐自然而然,是人的自然倾向,我们每个人都能体会,也都曾体验过,这是一种因顺应自然本性而生出的快乐。学而时习的快乐,或可来自学有所成的成就感,但更多只是来自"学"和"习"这种活动,即来自亚里士多德所说的人的正常功能的行使。在这里,孔子教导弟子努力以求的不是获得快乐,而是"学"和"习"这种活动本身以及为这种活动所设定的目标,快乐只是"学"和"习"的伴随状态。这里"学"和"习"的对象即句子的宾语,孔子没有提及,但根据对孔子思想的理解,也根据"习"这一活动对"学"的内容的限定——所"学"的必定是能"习"的知识,不难推想,孔子要其弟子学和习的,一定是指向实践的知识,是先代的典章制度,以及射、御等技艺,当然也包括德性。后面这些,是"非演习、实习不可"的,[1]射、御等技艺的获得如是,德性的培养也如是。

这一段陈述了对三件事的三种反应。在这三种反应中,前两种是随着活动自然而生的情绪,其实无关乎修养,只是一种自然的反应;只有最后一种"人不知而不愠",是对自己自然反应的克制,才与品德修养相关。从人的自然反应而论,别人不了解自己,误解自己,容易引起不快甚至怨恨,而不快和怨恨不仅会扰乱君子的心绪,久而久之,还会腐蚀君子的品德,扭曲他的心态,变乱他的价值观。不能小看这一品德,一个人如果过分看重他人的评价,获得别人的肯定赞美则喜,受到别人的批评贬低则悲或怒,很容易丧失自己的独立原则去俯就别人的原则,这样离曲学阿世也就不远了,就成了孔子深恨的"乡愿"。

这一句的前提是,被"不知"的是具有"君子"品德的人。君子被不知,意味着君子或被人误解,或令名不彰。没有按照君子所是的那样去评价他,这于君子当然是一种损失,有损失而愠怒,于人的自然倾向来说很可理解。伪君子或真小人应该少有这样的烦恼,对他们来说,不被人知并不有损他们的利益,相反倒是一件好事。君子因没有与之相称的名声而气恼,这合乎情理,因为这等于说君子因不被了解或被误解而气恼;小人因没有好的名声而气恼,这种气恼就没有道理可言了,因为这等于说小人因没有被误解而气恼。我们似乎有要求被理解的权利,但没有要求被误解的权利。我们的确看到许多品德恶劣之辈为自己拥有与其品德相称的恶名而愤愤不平,这是因为他们眼中的自己不像我们眼中的他们那么不堪——自义、文过饰非是人的自然倾向,因为深知这

---

〔1〕 杨伯峻:《论语译注》,北京:中华书局,2006 年,第 2 页。

一点,《论语》才提倡自省,"日三省乎吾身";基督教才推出原罪说,以当头棒喝。

我们在意别人的评价,是因为我们在意别人对我们的态度,而别人对我们的态度与我们的生存状况密切相关,这是自然演化留在我们大脑中的"设置"。我们天性好名,霍布斯说求名是人的本能,这是洞见,也是常识,可为日常的经验所佐证。推究其原因,可能因为名声和权力相连,或名声就是一种权力。人人好名,君子尤甚,这是学而有成者的苦恼,因为学而有成就者超出了对柴米油盐这类基本需要的关注,他要获得更高的满足,获得与他的"学"相称的成就和名气。《论语》开篇,孔子首先强调了学习、切磋之乐,以此激励学生向学,接着就指出学习可能带来的烦恼。这样的顺序,虽是《论语》编纂者的编排,最早或许正出自孔子本人的学习、修养经验。

本节第一句说的自我与"道"(道的体现、或道的承载者)的关系,第二句说的是自我与同道的关系,第三句则是自我与外道的关系,因此这节也可看作对学的过程中三种关系的概括。[1]《论语》中孔子(有时是其弟子)不是讲给所有人听,而是讲给学道并有心成为君子的人听。应该说,《论语》中的言论带有浓重的精英意味,在当时主要针对特定阶层的特定人群。在现代社会,得益于教育的普及,几乎每个理智健全的人都达到了《论语》所设定的听众标准,《论语》的精英意味也就淡化到几乎没有了。

本节以教师教导弟子的口气说出,孔子教育者形象跃然纸上。

---

〔1〕 有一种说法认为,儒学传统中缺乏主导性的自我观念,而只具有一种关系性的自我。本人认为,这种说法十分可疑。实际上,主导性自我和关系性自我是不同层面的自我,两者之间绝非矛盾关系,主导性自我是更深层、更基础的自我,是任何文化中成熟的心智必备的观念;关系性自我则是表现于社会关系的自我,是任何社会角色必然具有的规定,西方文化中的个人也不例外。不过仅就《论语》中的这一句话而言,孔子所说的学道的三个阶段,的确充分体现出关系性自我的特征:后两者自不必说,即使是第一句,"学而时习之",所习的内容依然是如何处理与他人的关系。参见姜新艳:"关系性自我的概念及其在教育方面的含义",载于《康德与中国哲学智慧》,第 430 页。

1.2 有子曰："其为人也孝弟，而好犯上者，鲜矣；不好犯上，而好作乱者，未之有也。君子务本，本立而道生。孝弟也者，其为仁之本与！"

这句话应该分成前后两部分，放在一起，大概是因为主题都是孝悌。后面部分，"君子务本，本立而道生。孝悌也者，其为仁之本与"：说孝悌是"为仁之本"，即把孝悌作为为仁的基础。为什么孝悌能作为仁的基础，这一基础是什么样的基础呢？孝悌之为基础，是因为孝悌是一种基于血缘和共同生活的自然情感，是亲子之情、手足之情，而所谓自然情感，就是不假外求、所在皆是、不因文化不同而不同的意思。借助理性的力量，把这种自发、普遍的情感所体现的原则推己及人，[1]可以生发扩展为对他人的仁慈（为仁），可见孝悌是培养为仁的基础，强调孝悌的着眼点在于为仁。前面部分同样陈述孝悌的重要，提出的理由是，孝悌之人不会犯上作乱。这里语义模糊的是，对有子来说，不犯上作乱是孝悌附带的结果，还是培养孝悌用以达到的目的；也就是说，有子提倡孝悌，以孝悌为本，这个本到底是为仁之本还是不犯上作乱之本。这两者之间有相当的差异：如是前者，则是把"仁者爱人"作为最根本的关注，如是后者，就是在价值排序中将国家安定和社会秩序放在了第一位。

这一辨析涉及有子的意图和《论语》的主旨。可惜的是，单从这一段中，无法确知有子到底持哪一种主张。孟德斯鸠采取了后一种理解，在《论法的精神》中关于儒家礼制一节，他据以得出结论的显然是《论语》的这一章节。他的话用来评判《论语》的这一句或许有欠公允，用来描述汉

---

〔1〕 正如休谟所说，理性并不能扩大情感。理性无法把孝悌之情推己及人，只能把孝悌之情所体现的原则推己及人。但是孝悌之情可以培育一个人的情感，塑造他的性格，这些情感和性格在面对血缘关系以外的人时可以发挥作用。在特殊的情况下，一个人也可以通过移情，即把他人的父、兄看作自己的父、兄，而使孝悌之情推己及人。可以看出，无论通过哪种方式，从孝悌到为仁都不是必然的，这一点也为我们的经验所证明，因为社会中不乏对亲人百般柔顺，而对他人万般冷漠之人。

以后"以孝治天下"的国家意识形态应该还是准确的。

"中国的立法者们认为政府的主要目的是帝国的太平。在他们看来,服从是维持太平最适宜的方法。从这种思想出发,他们认为应该激励人们孝敬父母……尊敬父亲就必然尊敬一切可以视同父亲的人物……这个帝国的构成,是以治家的思想为基础的。如果你削减亲权,甚至只是删除对亲权表示尊重的礼仪的话,那么就等于削减人们对于视同父母的官吏的尊敬了……只要削减掉这些习惯的一种,他便动摇了国家。一个儿媳妇是否每天早晨为婆婆尽这个或那个义务,这事的本身是无关紧要的。但是如果我们想到,这些日常的习惯不断地唤起一种必须铭刻在人们心中的感情,而且正是因为人人都具有这种感情才构成了这一帝国的统治精神,那么我们便将了解,这一个或那一个特殊的义务是有履行的必要的。"〔1〕

孟德斯鸠的观察十分敏锐。他知道孝悌这种自然情感不能用在社会关系和政治关系之上,家庭内部的原则也不能超出家庭使用,从治家到治政之间的真正过渡在于"服从"这一心理习惯。

1.3 子曰:"巧言令色,鲜矣仁!"

言语和仁之间的关系,是《论语》里多次重复的一个主题,否定式的说法是"巧言令色,鲜矣仁",肯定式的说法是"刚毅木讷,近仁"。在言、行之间,孔子要求"君子欲讷于言而敏于行","君子耻其言而过其行","古者言之不出,耻躬之不逮也"。孔子的学生宰予就因言行不一,而遭孔子特别严厉的呵斥。要求言行一致、言为心声,是孔子一贯的主张。言行不一、心口不一,不仅会增加社会交往成本,而且容易使人虚伪造作,与君子应该具有的诚实、正直、无畏的品格不符。巧言令色,并不是指巧妙委婉的

---

〔1〕 孟德斯鸠:《论法的精神》,北京:商务印书馆,1982年,第315页。

言语和纯良和悦的表情,而是指花巧矫饰的言语和谄媚虚假的表情,孔子并不反对辞色委婉有修饰,认为"言之无文,行而不远",他反对的是以辞色取悦于人。以辞色取悦人,或是为趋炎附势,或是为赢得一众喝彩,这样就背弃了君子的原则。君子应该以道示人,"言以足志,文以足言",面对的如果是君子,坦诚相见可也;面对的不是君子,也不必一定要让对方认可自己。

　　孔子反复回到这一话题,可能是因为当时士人们巧言令色、言行不一的倾向已经很明显很严重。察看文献中记载的这一时期尤其这以后的时期,王公卿相之间的言语驳答,的确充满了权谋文饰。士人长于言语,很容易走上以言语谋食谋位之路;而言语也有自己的生命力,一旦展开,往往奔流放溢,顺着自己的意思铺排演绎,不再受发言者的节制,远离发言者的本意。此外,儒者因其职业和主张而易伪,孔子察于毫末,或许正是有鉴于此,才不断出言提醒,有时甚至不惜矫枉过正。

　　排除上面这些合理的考虑,如许多人批评的,孔子对善巧之言的警觉、忌惮的确也有过度之嫌。从《论语》看,孔子本人不善辞令,缺乏辩论的才智,常被直言不讳的学生如子路和言语犀利的学生如宰予问倒。《论语》中孔子的言论,大多质朴简短,节奏单调,少有变化,那些迂回婉转或铿锵有力富有节奏感的句子,多出自其弟子如子贡、曾子之口。孔子的修辞,一般止于比喻、类比和引征,他少时所习的六艺中也没有修辞和论辩这两项。

　　学者邓晓芒有一篇文章比较苏格拉底和孔子的言说方式,邓认为:"苏格拉底的言说,他的标准是确立于言说本身的,就是说,话语本身有自身的标准。所以我们在言说伦理道德问题时,以及言说其他任何问题时,我们都应该遵循话语本身的标准。这个标准,到后来经过世世代代的发展,就形成了西方的逻辑。西方重逻辑、重语法规范,这是西方文化的一个特点,也是西方言说的一个特点。孔子在言说中也有标准,但是他言说的标准在言说之外,而不是把标准放在话语本身之中。"这么说孔子的理由在于,"孔子的对话其实不是真正的对话,而是独白。它类似于教义问答,问所起的作用只是提起话头,等待教导。所以孔子在对话中是'诲人不倦'，不断去答疑解惑……当然他也有很多不知道的地方，但他知道的那一点，肯定是不可怀疑的。"[1]

邓的文章引起争议很多。我们不同意邓文中过度诠释、过分引申的部分，不认为单由孔子的语录体和苏格拉底的对话体，就分别决定了中国和西方的论辩-思维的走势，不过也不能不承认，《论语》的确有邓文所描述的这一特点。我们虽然也能找出《论语》中有些章句有对话的成分，而苏格拉底对话中有强词夺理、不讲逻辑、偷换论题的诡辩成分，但不能据此否认邓文所指出的孔子的语录和苏格拉底的对话在总体特征上的差异。与邓争论的文章着力证明《论语》也是对话，《论语》的对话中也展现了论辩的过程。这应该还是受了把《论语》定位为哲学之累。其实就算《论吾》不是哲学，也并不影响《论语》在中国传统中的地位。而且西方经典中也并不全是对话体，比如《新约》中耶稣的教导，就同样也是语录体。

1.4 曾子曰："吾日三省吾身：为人谋而不忠乎？与朋友交而不信乎？传不习乎？"

曾子的自省式的道德修养，在希腊哲学中并不存在。亚里士多德在阐释各种德性时，尽管提到"考虑"（或可译为"筹划"、"谋划"）这种德性，但考虑是外向性的，是以问题为中心，不是以自我为中心。西方伦理传统中，强调自省，把自省作为检点自我、增进道德修养的方式，始自基督教的汇入。过度内省，会改变人的心理，造成克制、内敛的性格。这一性格本身，如其他类型的性格一样，应该无所谓好坏，是好是坏要看它面对的是什么事。但过分关注自我的人容易不快乐，[2]所以马斯洛的理想人格理论（"自我实现的人"）倡导以问题为中心。可以想象，一个普遍接受自省，

---

[1] 邓晓芒："苏格拉底与孔子言说方式的比较"。
[2] 关注自我和以自我为中心不同，我们通常说的以自我为中心是指一个人自私利己，只知有己，不知有人。

将其作为一项基本道德要求的民族,和那种从不或极少自省的民族,在思维和行为方式上会有很大不同。比如,遇到纠纷,发生冲突,自省民族的成员更容易首先反躬自问,从自身找原因,思考是不是自己有哪些不足;而不自省的民族的成员会更倾向于首先从对方身上找原因,看对方在哪里得罪了自己,即首先预设自己是对的,对方是错的。就民族性格而论——如果民族性格之说成立的话,后者明显更具侵略性。这是文化观念塑造群体心理和群体行为的一例。

曾子此言,可贵的是他在道德修养这件事上的认真、诚恳。从孔子到其弟子,对待道德都庄重虔诚。从《论语》的记载看,孔门弟子没有人对道德持虚无、相对的态度,没有人玩世不恭。在礼崩乐坏的时代,这一点难能可贵。因为照一般的情形,每当社会急剧转型,都是道德的虚无主义和相对主义盛行的时期。道德虚无主义和道德相对主义虽也有颠覆旧有道德、推进道德进步的作用,但如果把它们贯彻到底却贻害无穷。一些最基本的社会准则,比如诚信,比如仁慈,是不可动摇的,因为它们是任何一个人类共同体的必然和必须要求,没有它们,共同体必然解体;没有它们,就全无人类社会可言,而没有人类社会,也就不会有个体的人。麦金太尔认为这不只是一个经验的事实,更是一个逻辑、语义的真理,他的论证非常有力,而且意义重大,值得大段引述:

"我们不能想象有这样一个人类群体,在那里没有受规则支配的行为,并且,在那里支配着行为的规则不需要有说真话的准则,不需要有有关正义、所有权等等准则,我们之所以不能这样想象,那是因为我们要正确地把它描述为一个人类群体,那就必须满足最低限度的概念条件……人类社会以语言为先决条件;而语言必须遵守规则;要遵守规则必须有说真话的准则。人们常指出,说谎作为一种人类行为,在逻辑上是以说真话的准则为先决条件。但是,虽然说谎者因此在他的实践中证明了他实际违背的准则的存在,可他也证明了,这一准则的存在也为说谎和说真话这两种可能敞开了大门。这一准则的存在,并没有为在任何感到困惑的情况下说谎话还是说真话提供指导。不仅是不同的个人选择而且是非常不同的诚实准则,都处于向我们敞开的种种可能性的范围之中。所以,任何人若宣称,阐述支配人类活动的准则本身为如何生活提供了指导,那么,都犯了根本性错误。

'有一些规则,没有它们的话,人类生活根本就不会存在,还有另一些规则,没有它们的话,人类生活甚至不会以一种最低限度的文明方式继续下去。没有这些规则,就不会有一个在其中可以追求人类所特有的目的的竞技场,但这些规则本身丝毫没有为我们提供目的。它们在告诉我们什么事是不可做的意义上告诉我们如何行动,但它们并没有把任何明确的目的提供给我们。它们提供了我们可能做出的行为应遵守的准则,但它们没有告诉我们应做出哪些行动。"[1]

所有认为人类社会不存在共同的道德观念、行为原则的人,都应该来看看麦金太尔的这两段话。我们可以争论某一观念是不是普遍的观念,但不应该怀疑存在普遍的观念。那些否认存在普遍的道德观念的人,既无视人类学、生物学所指明的事实,又违反了逻辑。[2]

1.5 子曰:"道千乘之国,敬事而信,节用而爱人,使民以时。"

这是向治理国家的人提出的建议,但建议的内容既不像法律制度,也不像政治政策,而像是职业道德。也就是说,其实是对统治者道德修养方面的建议,遵守与否,全在于统治者的德性、意愿,而如果不遵守,从此句

---

〔1〕 麦金太尔:《伦理学简史》,北京:商务印书馆,2003 年,第 139 页,第 149 页。

〔2〕 可参看努斯鲍姆:"非相对性德性:一条亚里士多德主义的研究路径",载于聂敏里编译:《20 世纪亚里士多德研究文选》,上海:华东师大出版社,2010 年。努斯鲍姆分析认为,"把回归到德性与朝相对主义的转向联系在一起,认为伦理善的惟一恰当的准绳是地方性的",从而"拒斥普遍的算法和抽象的原则,而赞同对善的生活的一种基于德性活动的特殊类型的描述",这样的观点不符合亚里士多德的本意,也不符合道德进步的需要。在地方性的传统和实践中,可以有普遍性的跨文化的伦理规范和理性规则。也可参看刘时工:"重审价值观念的普遍性",载于《学术月刊》,2010 年第 10 期。

中我们也看不出相应的制度措施以及制衡的权力。这就是传统文化中经常被批判的人治思想、贤君情结。即便对其进行创造性转化，把句子的主语即国家治理者改换成"人民主权"或"政府"，从而去除其中的人治思想和贤君情结，这一句充其量也就是一个善意的提醒，里面并无多少政治智慧。这种建议，任何一个政治外行，只要理智健全，都给得出。当然，谏议者给得出，执政者未必做得到。而如果执政者一直做不到，谏议者不应该止于不断重申，而应该思考执政者为什么做不到，如何促使或迫使他们做到，等等。

苛求古人大可不必，以两千多年后的制度设计和理论成就去菲薄孔子，既无理也无谓，但这么说有一个前提，就是承认在制度设计和理论成就上今胜于古，古不如今。对那些厚古薄今、是古非今、无限抬高古人，无视历史变化和社会结构的变革，无视人类经验和思想进步，一定要用旧时策略应对现代问题的人们，以现代思想对比孔子思想，指出孔子的局限，就变得十分必要了。可以说，正是这些人，强迫孔子和现代思想一较短长。以现代理论来对比孔子学说，不过是对这些人的被迫应战。

作为职业道德，"敬事而信"云云有建言之意；作为治国原则，"节用而爱人"等等也有警示、提醒的价值。政治是高度技术化的职业，仅仅掌握这些箴言语录离治理好一个国家还有重重关山之隔。总有人把《论语》当成政治或管理的速成教材，像看待武林秘籍一样看《论语》，坚信"半部《论语》治天下"，以为读熟了"君子务本，本立而道生"、"敬事而信"等等，就可以指点江山大显身手游刃有余，殊不知这些言论应付科举写写八股文或可，用来治理国家则远远不够。如陈嘉映先生所感慨的，"说是半部《论语》治天下，孔夫子怀揣好几本《论语》，也落个惶惶如丧家之犬。柏拉图的政治际遇似乎更惨，且不说他的老师苏格拉底。人们彻底误解了思想和现实政治的关系，这一点我清清楚楚。我始终糊里糊涂弄不明白的是，人们怎么可能一世纪一世纪地这样误解下去。"[1]

---

〔1〕 陈嘉映：http://www.tianya.cn/publicforum/Content/no01/1/284982.shtml。

《论语》专家赵纪彬有一说，认为在《论语》中，"'人'是统治阶级，'民'是被统治阶级，所以孔丘对'人'言爱，对'民'言使，《论语》全书，只有'爱人'语法，绝无'爱民'词句；从爱、使的对象不同，足以显示'人'、'民'的阶级差别"。后来"经典中的民字，在唐代因避太宗讳，多被改为人字"，"人"和"民"的语义差别于是才渐渐消失。[1]

赵纪彬此说有浓厚的阶级斗争色彩，其书其论也有学术服务于政治的时代烙印，中国哲学界已有学者撰文指出过赵说的疏漏、偏颇之处，比如李存山就认为，"孔子所说的'仁者爱人'就是包括爱'民'在内的爱所有的'人'。'人'与'民'的涵义确实有区别，'民'是相对于执政者或管理者而言的民众，'人'则是指与物类相区别的普遍的、所有的人类……另外，'人'与'己'相对而言，如'己欲立而立人，己欲达而达人'，则'人'是指一般意义的他人。'人'与'民'在概念涵义上的区别，是整体与部分的关系，而非'截然有别的两个阶级'。《论语·学而》篇所说的'节用而爱人，使民以时'，此两句不是并列的关系，而是前一句的涵义广，'使民以时'是'爱人'的一个重要方面"[2]。

尽管"人"与"民"之间并没有赵纪彬所说的阶级对立的意味，但批评赵说的学者同样也认为，"民"是指被管理的民众，所以人群的确可分为治人者和治于人者两类。爱有差等，仁者之爱人不仅有远近亲疏的差别，同时也有治人者和治于人者的差别，也就是说，仁者对待两类人的态度是不同的。这不奇怪，我们不能奢望孔子怀有人人平等的思想，也没有任何证据表明孔子持有平等观念，相反的证据倒是不少。我们知道，平等观念的出现非常之晚，政治平等的要求直到法国大革命时才提出，之前相当长的一段历史时期也只有每个人——不分种族、阶级和性别——在上帝面前的平等。柏拉图和亚里士多德都不识平等为何物，视奴隶的存在为自然

〔1〕 赵纪彬：《论语新探·释人民》，北京：人民出版社，1976年。
〔2〕 李存山："赵纪彬与《论语新探》"，载于作者博客 http://blog.sina.com.cn/s/blog_4a0899010100097w.html.

天成。平等在今天是非常强的道德要求，平等的观念也几乎被普遍接受，哪怕在那些实际上极不平等的社会也是如此。一个证明就是，即使在这样的社会中那些享受不平等之利的阶层也很少敢于公开为不平等辩护，相反都是要诉诸平等的语言（比如诉诸机会平等）来论证其享有的不平等（比如收入或政治权力的不平等）的合理性。《论语》中鲜明的等级观念与现代人的道德观念严重冲突、格格不入，不经改造很难为现代人所接受，但植入平等、去除不平等之后的儒家学说在多大意义上还是儒家学说，在多大程度上不再是黑格尔所批评的"常识道德"，都是非常值得怀疑的。

柏拉图和亚里士多德在平等问题上的盲点不会给我们造成多少困扰，他们只是哲学家，既不被当作教主也不被视为圣人。哲学家及其理论对质疑和批判是开放的，教主、圣人及其教导则不。

1.6　子曰："弟子入则孝，出则悌，谨而信，泛爱众，而亲仁。行有余力，则以学文。"

这是孔子对弟子言行品德的具体要求，也是教学的次序，显示了孔子作为教育家的本色。孔子把品德的养成置于学习礼乐文化（"学文"）之前，表明孔子对道德的重视，"以孝弟谨信爱众亲仁为本"，[1]在重要性上或可如此划分，但在学习的次序上是否一定这样安排，其实可以商榷。孝悌谨信在外是规范，在内是德性，德性需要在日常活动中不断练习才能获得，这和学文在时间和性质上都不冲突，既如此，把它们放到同一时间里学习，效果只会更好。

这节中的要求，都是基本的道德。以人性的构成和当下的社会结构而论，"泛爱众"最难。孝和悌是自然情感，也是熟人间的规则。"谨而信"是被动的道德要求，即告诉你不要放逸，不要言而无信。"泛爱众"要求普

---

〔1〕　钱穆：《论语新解》，北京：三联书店，2002年，第10页。

遍地爱别人，对陌生人也要心怀善意、友善待人。熟人间的友善不难，因为熟人之间构成互利互惠的关系，对他人好往往也会被回报以好，对他人坏则会被还以颜色。对陌生人的友善超出了回报的考虑，不是出于利己，而是纯粹的善意。正因为这一点，我们看到，陌生人之间的善意在现代社会普遍缺乏，而陌生人之间的恶意倒比比皆是，十分充沛。这里孔子的教导虽然平常，做到却一点也不容易。

1.7　子夏曰："贤贤易色；事父母，能竭其力；事君，能致其身；与朋友交，言而有信。虽曰未学，吾必谓之学矣。"

"贤贤易色"有多种解释，杨伯峻主张将其解为"对妻子，重品德，不重容貌"[1]，这样就和后面的"事父母"，"事君"，"与朋友交"并列而同为处理一种人际关系的伦理规则。这样的讲法当然也通，但是读起来略显突兀，《论语》中说到家庭伦理的地方不少，不过多限于父子、兄弟关系，很少谈到夫妻关系，因此还是译为"尊重德性替代爱好美色"更合适一些。

这节同样是对品德提出的要求，其中对"事君"的要求最高，要"能致其身"，"事父母"次之；"与朋友交"，只要做到有信就可以了，而有信是对契约一方的要求，这意味着，在子夏看来，朋友其实是建立在契约关系上的。按这里的排序，"事君"的重要性远超过"事父母"，甚至比自己的生命更重要。子夏此说，与孔子的教导和表现明显不一致。孔子不主张愚忠，也不主张把事君看得重于自己的生命。

1.8　子曰："君子不重，则不威；学则不固。主忠信，无友不如己者。过则勿惮改。"

孔子心中，君子只是品德好还不够，其仪态要有威严。这里的君子应

---

〔1〕　杨伯峻：《论语译注》，第 6 页。

该还是指有德者,而非有位者,因整句话是在谈道德修养,而且下面紧接着就说到了"学"。有位者要有威严容易理解,威严和权力是相伴随的,权力产生威严,威严加强权力。有德者为什么要有威严呢?这就是孔子理解、描画中的君子的形象,他可能觉得具有这样形象、气质的人在社会中的言行更有分量,更为人所尊重,于是也就更能影响他人,否则,虽然在学德学文,但不能学到家、学到君子应该具备的风度气势。要求有德者有威严可能也是考虑到有德者终应以入仕为目标。培养有德者,是为作有位者作预备。

"君子不重,则不威,学则不固",这本来应该是孔子根据当时人们的习惯思维和社会期望而归纳出的因果关联,三者之间并非必然的关系;但此言一出,更强化了人们的习惯思维,三者之间也越来越被认为存在必然关系,于是"重",即厚重、稳重或持重,也越来越成为判断一个人是否"威"、是否"固"的关键。

引起热烈争论的是"无友不如己者"一句。质疑者认为,这一交友之道不能"被普遍化",用康德的话说,只能是准则不能是法则,也就是说不能作为道德原则。因为一经普遍化,人人都这么想、这么做,便如苏轼所言,"如胜己而后友,则胜己者亦不与吾友矣"。于是世界上也就没有交朋友这件事了。孔子这么教导时,其用意应该不是将其作为人人遵守的交友原则,而是在告诉弟子如何成就君子,是专为弟子们制定的德性培养方案,与前文中的"亲仁"完全是同一个意思。这也可看作孔子因材施教的一个例子。

1.9 曾子曰:"慎终追远,民德归厚矣。"

慎终追远的主语可以是后面的"民",也可以是和"民"相对的君,两种主语都有注释者采用。用前一种主语的,从心理的角度解释"慎终追远"和"民德归厚"的因果性;用后一种主语的,则从人类学和历史学的角度来解释。前一种解释认为,对待丧祭之礼的慎重态度,体现、激发了孝道和仁道,[1]故能厚人伦,美教化。这种解释能获得《论语》中孔子言行的支持:"生,事之以礼;死,葬之以礼,祭之以礼";子"见齐衰者,虽狎必变"等等都表明了孔子的态度,即孔子认为丧祭与仁有关。后一种解释认为,上层的慎终追远强化了共同体成员对共同体的认同,加强了共同体的凝聚力,"使上下协同一致",因为当时国、家中的上层和下层"本来就由同一氏族而来"[2]。

如主语为"民",慎终追远之能使民德归厚,也有可能是出于另外的原因。人们面对"终",容易为死亡所震慑,深感人事的无常和生命的脆弱;而面对"远"时,特别能体会到人生的短暂、自我的渺小。"终"、"远"带给人的无意义、无奈、无力、无所依凭诸感之所以能拉近人与人的距离,首先因为这是所有人的共同的命运,分担同样的命运使他们彼此感到亲切,使他们觉得自己并不是一座孤岛,而是整个大陆的一部分;其次他们需要心理上的相互支持,"抱团取暖"抗拒幽远渺茫和死亡。时间上的幽远有此效应,空间上的幽远比如头顶的星空同样有此效应。

如主语是"君",在上位者的慎终追远能促进共同体成员间的守望相助、缓和对抗和冲突。这可有经验的支持,比如我们看到,在家族的范围内,传统社会中的祭祖就有此作用。以这种方式获得的胞与之感,可能只局限于共同体内部的成员之间,难以扩展到共同体以外的成员身上,这正是强化共同体认同的结果。换言之,强化共同体意识,在共同体内部,其成员的道德意识似乎获得了提升,因为成员之间的友爱的确加强了,但这样做的同时也容易带来集体的自私,即只承认自己共同体的利益,只肯仁慈对待自己共同体的成员,对共同体之外的其他共同体及其成员区别看待,甚至苛刻残忍。因为所谓强化,在强化了他是什么、归属于哪一群体

---

[1] 钱穆:《论语新解》,第13页。

[2] 李泽厚:《论语今读》,第37页;薛涌:《学而时习之》,北京:新星出版社,2007年,第195页。

的同时,也就是在不断告诉他,什么人、什么群体与他无关。所以共同体意识,无论是族群意识、还是国家意识、还是其他什么意识,在道德上的性质都是未定的:不能因其为共同体意识,就认为在道德上一定是好的,要看它推崇的到底是哪一种意识。也就是说,在道德上,共同体意识、共同体观念永远不能有至上性。共同体的意识和观念,应该接受独立的道德准则的评判。

1.10 子禽问于子贡曰:"夫子至于是邦也,必闻其政,求之与?抑与之与?"子贡曰:"夫子温、良、恭、俭、让以得之。夫子之求之也,其诸异乎人之求之与?"

子贡在《论语》中第一次出现,就是在描绘、称颂、维护孔子,[1]这与子贡在整个《论语》中的角色和作用一致。子贡描绘中孔子的温良恭俭让,是身在异邦,有求于人时的态度,也应该是孔子平时待人的态度。前面一种处境中举止温良恭让并不难——不如此则不合情理,后面一种处境中也如此才难。

孔子以温良恭让的态度求问,其目的是"闻其政"。对被求问者来说,告诉或不告诉孔子,都是一件无关紧要的事:说不过口舌之劳,不说就更省去许多言语;说或不说对他的利益都没有影响。这种情况下孔子的态度就成了关键因素:态度好,让对方感受到善意,对方可能就愿意与孔子分享他的政闻政见;态度倨傲,对方肯定不愿意开口。与今天相比,孔子时代中国算得上地广人稀,人与人之间尚有自然的淳朴,孔子以亲切温和的态度求教,猜想应该如愿的时候多,受冷遇的时候少。

在孔子,温良恭俭让既是德性修养,是气质的自然流露,也是与人相处的技巧。按照休谟对品德的四分法,[2]这些属于对自己有用、同时令

---

〔1〕 按薛涌的解读,子贡是在捍卫孔子,为孔子作辩护,《学而时习之》,第247页。
〔2〕 休谟:《道德原则研究》,北京:商务印书馆,第70页。

别人愉快的品质，是最有理由养成的品质。古风尚存的年代，它们是行走天下的通行证；也正是因为它们在社会上还受欢迎、行得通，孔子才对他那个时代的世道人心怀有那么乐观的期望吧。一个社会如果堕落为丛林，陌生人之间只有欺诈、利用、压迫甚至杀戮，那么一个人越是温良恭俭让，就越是万劫不复，因为你的温良谦让，在别人看来就是示弱、臣服，是没有还手之力，他便越发要欺压你；这时最明智的生存策略，只能是夸大自己的实力，让自己在别人眼中同样富有攻击性、侵略性，如此才能保证自己的平安。而社会一旦溃败到这种地步，也就走上了恶性循环，要想重建人们之间的信任、友善，就变得异常困难。

1.11　子曰：“父在，观其志；父没，观其行；三年无改于父之道，可谓孝矣。”

这句话说的是平民还是贵族，三年是虚指还是实指，都有分歧。排除这些争论，我们来看“三年无改于父之道”为什么是孝道的要求。质疑者说，父之道如果合理，则三年之后亦不应改；如果不合理，则不应等到三年以后再改，应该马上改。所以怎么能不问对错，仅仅因为是父之道就一定要保持三年呢？我们知道，按逻辑的规则，三年无改并不意味着三年以后必定要改，三年以后既可以改也可以不改。但这里逻辑的规则和汉语的表述习惯有差别，按我们的表述习惯来说，强调三年无改就意味着说三年之后会改，而如果需要修改的父之道是正确的，孔子肯定不会主张修改，因为这不符合孔子的一贯原则，所以这里的父之道乃是错误的或至少是有瑕疵的规矩制度。那么对这样的道为什么不马上修正呢，孔子不是明确要求“过则勿惮改”吗？其实这不奇怪，这正符合孔子的价值排序。在孔子的价值观中，孝，即子对父的自然亲情，高于真、义等价值，是最根本最重要的。父之道有误，当然需要修正，但过快的修正，会彰显父之道的错漏，于父的形象声名有损，于是也就于孝道相违；延续父之道，三年之后再缓缓改正。经过三年，父之道已经成了我之道，给人的印象是我的自我修正，以今日之我纠正昨日之我。对的是今日之我，错的是昨日之我，而不会直接想到其父之错，这可说是通过自污保全了其父的名誉，与后文的亲亲相隐出于同一种考虑，也是为亲者讳的表现。

现代人多不能接受这种靠蒙蔽、靠蒙混、靠掩盖事实来保全名声的做法，哪怕是出于孝道保全其父的名声。"真"具有独立的价值，很多时候甚至高于善，以善之故或以善之名而牺牲真，这种选择越来越受到人们的怀疑。从终极的角度来看，多数人同意，求真意在求善。但不是所有的善都优先于真，对此人们也没有疑问。孝道和名声当然都是善的（一为道德的善一为自然的善），但在现代人的选项里，它们很难取得高于真的地位。现代社会，掩盖真相的大有人在，但掩盖真相从来都是偷偷进行的，再不会理直气壮地为尊者讳、为亲者讳了。这就是价值观念的转变。至于两种价值观念哪一种更好、更合理，也不是无从比较、无从判断的事。认为两种价值或价值体系不可比较的，是道德相对主义。相对主义之弊哲学上说得够多了，而孔子自己也不会持这样的立场。

同样是为尊者讳，对三年无改于父之道，现代人不赞同；而对同一思路下的亲亲相隐，人们则多能接受。这不是由于现代人双重标准，朝三暮四，而是因为两者之间存在具体差异。

1.12 有子曰："礼之用，和为贵。先王之道，斯为美；小大由之。有所不行，知和而和，不以礼节之，亦不可行也。"

可以把这句话中的"和"解释为"恰当"，也可解释为"和谐"。如是前者，有子谈的就是礼和对礼的运用的关系，即所谓"经"与"权"的关系；如果是后者，谈的是礼和礼的功用的关系。不论采用哪种解释，有子强调的都是礼的原则性和根本性。礼规定了社会、政治、个人生活的方方面面，对礼的运用当然要存乎一心，但永远不能离礼太远，要不断回到礼上面来，以礼本身重新定位、校正对礼的运用。

西方德性伦理兴起以后，很多人也用"德性伦理"这一标签标注中国传统伦理学说，认为儒家伦理像亚里士多德伦理一样，是典型的德性伦理，而德性伦理就是以德性取代规则的伦理。首先要说，如弗兰克纳所言，德性伦理有其根本缺陷，实际上，德性离不开规则，没有德性的规则固然空洞无力，没有规则的德性必定茫然无措，因此德性无法取代规则。[1]急着与德性伦理攀亲戚，多是出于对西方伦理发展的误解，以为一个德性伦理的时代已经到来，以规则为基础的伦理已成为过去，是落伍、守旧、背时的伦理理论。因此，搭上德性伦理的快车就表示自己的理论占得了先机。而两千多年前的理论竟然就是现在最前沿的理论，说明儒家伦理早就在前面等着西方伦理赶上来。其次，这样理解亚氏学说和孔子学说都不正确。亚氏列举的诸德性对应于当时雅典城邦的生活方式，而孔子学说背后更有一个包罗万象、巨细无遗的强大的"礼"，两者都提供了明确了行为规范，因此说他们的时代以德性代规则，与史无据。

1.13　有子曰："信近于义，言可复也。恭近于礼，远耻辱也。因不失其亲，亦可宗也。"

《论语》中多次谈到信，有时是指个人品德，有时指政治伦理。孔子重视信，有人据此推断说，正是因为当时社会普遍缺乏信，所以对此才格外看重。这种推断有道理，就像希腊人反复谈幸福，而幸福在当时确是稀缺物一样。不过据此不能推断说那时中国的信一定比其他文明中的少。孔子可能只是因为感觉当时的信比他期望中的少，或比他想象中的三代时少，而信在他的体系中又非常重要，所以才不断强调。

---

〔1〕　弗兰克纳：《伦理学》，北京：生活·读书·新知三联书店，1987年，第131页。

明末清初,有西方传教士和外国使团来中国、可以进行中西民情比较时,西方人颇惊讶于中国人诚信之缺乏。[1] 如果这些观察记载准确可信——看不出他们有说谎的动机和必要,他们不是故意丑化中国,因为书中对中国人和中国社会的优点一点也不吝于赞美。排除因文化差异、采样不够等因素造成的误判,尽管不情愿,我们还是不得不承认,相比于西方,那时的中国在诚信上的确有所欠缺。聊可安慰的是,西方人的印象,多得自和他们商贸往来或进行其他交易的中国人的表现,而占人口更大比例的农民以及其他阶层,与他们接触不多。[2] 我们知道,传统社会的社会结构——宗法制、熟人社会,和经济结构——小农经济,本有利于造成人与人之间守约诚信的风气,如果在这样的背景下依然被判定为诚信不足,而如果这判定基本准确的话,就特别值得深入思考,寻找其原因了。

有子教导信的同时,又进行了一次价值排序,告诉弟子们信之上是什么,信应该服从、让位于什么。"信近于义,言可复也",与义相符的信才可履行;若与义不相符,则不能以信害义,因为义是更高的原则。这与孔子的思想一致,孔子也不把信绝对化,而是认为"言必信,行必果,硁硁然小人哉","君子贞而不谅"。

"恭近于礼",和上文一样,也是在突出"以礼节之"的重要。过恭容易流于卑下、谄媚,不及又容易走向倨傲,分寸不易拿捏,而礼正提供了一个合适的尺度。恭敬而合于礼节,即使恭敬的对象傲慢无礼、出言不逊、有意折辱,恭敬者也不会因此丧失尊严,因为这种情况下为人所不耻的是失

---

〔1〕 比如,可参看约翰·巴罗:《我看乾隆盛世》,北京:北京图书馆出版社,2007 年;史密斯:《中国人的性格》,第 15 章,西安:陕西师大出版社,2010 年。孟德斯鸠汇集传教士们的观察,得出结论说:"中国人的生活完全以礼为指南,但他们却是地球上最会骗人的民族。"《论法的精神》,第 315 页。

〔2〕 余英时在"中国近世宗教伦理与商人精神"中,着力论证清代早期中国商人已经发展出了与西方现代商业伦理精神一致的职业伦理,但没有说明这种职业伦理的范围有多广泛,是仅局限在他列举的那些资料里,还是普遍存在于当时经商者中。

礼的一方。礼崩乐坏的时代，为施展政治抱负，既要有求于人，又要保持人格尊严，殊为不易。有子此言，谆谆教导，苦口婆心。

1.14　子曰："君子食无求饱，居无求安，敏于事而慎于言，就有道而正焉，可谓好学也已。"

孔子提出的这些要求，颜回都超标准地实现了：孔子要求"居无求安"，颜回应之以"居陋巷"；孔子要求"食无求饱"，颜回应以"一箪食一瓢饮"；孔子要求"敏于事而慎于言，就有道而正焉"，颜回能达到孔子与他"言终日，无违，如愚"的境地。颜回对老师的教导执行力强大，难怪孔子非常钟爱这个弟子。可以说，颜回就像是孔子的影子，在德性上是孔子的具体而微者。

"食无求饱，居无求安"，不应理解为孔子不在意安饱，鄙视安饱，而是不过分求取安饱，不在安饱上关注太多以至影响学而时习之这样重要的事。我们知道，孔子对财富、对物质享受绝不排斥，从不提倡禁欲苦行，"食不厌精，脍不厌细"，"富而可求也，虽执鞭之士，吾亦为之"等等诸言，反映的都是孔子对待世俗生活的态度。在物质性的身体欲望和精神追求之间，孔子并不过分偏重后者，把两者对立起来，而是采取中庸的态度，适度肯定身体欲望的满足。只是由于身体欲望过分强势，在"德"——精神追求和"色"——身体欲望之间，人们往往屈服于后者，所以孔子才不断提醒弟子要克制身体欲望。中国并无禁欲苦行的传统，即便是墨子式的苦行，与印度传统中的苦行相比，也是极其世俗化的，其方式不过是"节葬"、"节用"，以及突出意志的力量。随佛教传入的苦行，在中国也从未被普遍认可、发扬光大过，人们更多是对其惊异，而非敬意，这与苦行在印度传统社会中的待遇形成鲜明对比。[1]

---

　　〔1〕　印度民间对苦行的崇敬，可参见金克木：《天竺旧事》中"鸟巢禅师"一章，北京：生活·读书·新知三联书店，1986年，

1.15 子贡曰:"贫而无谄,富而无骄,何如?"子曰:"可也。未若贫而乐,富而好礼者也。"子贡曰:"《诗》云:'如切如磋,如琢如磨',其斯之谓与?"子曰:"赐也,始可与言《诗》已矣,告诸往而知来者。"

子贡把"贫而无谄,富而无骄"当作德性,或视为人生境界,这是基于对人情世故的洞察。一般情形下,贫困的人更容易谄媚,因为所谓贫困,是相对于不贫困的人而言的,与周边不贫困者相比,贫困者处在弱势、劣势地位,而不贫困者乃至富贵者也就居于强势地位。贫困者为求改善处境、摆脱贫困,求助于富贵者、寄希望于富贵者的援手是一个明显的选项。既然有求于人,在求祈中不免降低自己,突显对方的优势,以求取悦对方,实现自己的目的,则谄在其中矣。富贵而易骄矜,与此同理。贫而无谄,富而无骄,这已是相当难得的品德和境界了,但孔子以为仅只这种否定性的德性——无谄、无骄,还不够。除了对自己因处境而生的自然倾向的克制以外,还应该有肯定性的德性,有积极的追求,这就是"贫而乐,富而好礼"。这样就化被动为主动,从不去做某事到主动去做什么,更体现出生命的强健、胸怀的广阔。接下来子贡的类比发挥补充了孔子的意思,指出这样的人生境界需要积累、打磨,慢慢成就,而不可能一蹴而就。子贡指出了道德修养的惟一路径,难怪获得孔子的称赞、肯定。

1.16 子曰:"不患人之不己知,患不知人也。"

"不患人之不己知"让我们自然想起开篇章句的"人不知而不愠"。别人不了解我,我既不生气也不担心;但如果我不了解别人,就是我的失察,这才是需要担心的。《论语》里面讲对等的地方不少,在许多事上,孔子能接受和肯定对等,但在这件事上却超越了对等,对自己提出了更高的要求——按照对等的要求,别人不了解我,我也不必了解别人。这是为什么呢？如前文所说，其实每个人都期望别人知道、了解自己，因此人不知，我也只能做到"不愠"和"不患"，不可能以人不知为乐。在孔子看来，这是人的自然倾向，是合理期待，我不欲自己不被人知，"己所不欲，勿施于人"，故我不应该不知别人——这也可以说还是一种对等，只不过不是行为上的对等，而是心理上的对等，即将心比心。

这句话也可以从另外一个角度理解。不论是"人不知而不愠"，还是"不患人之不己知"，其中的"人"都可以理解为当政者，这样"人不知而不愠"说的就是不为当政者所用而不气恼；而"不患人之不己知"，说的是不必过分担心当政者不闻自己的大名，因为有比这更重要的事需要关注——要关注自己是否鉴别能为其所用的当政者，以免站错队、跟错人。所以所谓不患，不是说不担心，而是说不需要首先担心，因为有更需要担心的事。

为政篇第二

2.1　子曰:"为政以德,譬如北辰,居其所而众星共之。"

治国者需要有德,这是孔子对治国者提出的要求。德是治国之道还是治国的资格? 在孔子看来,应该两者都是。不过这句话孔子谈的只是前者:治国者有德,才能治理好国家。但这是什么德呢? 治国者的德和非治国者比如国人的德是同一种德,还是因其职位而专门要求的职业美德? 这美德的内容是什么? 孔子对此全都语焉不详。合理的推想是,孔子时代并不区分公德和私德,因此"为政以德"之德,既有我们今天所说的公德,也有私德,但治国者的德不同于平民的德,尽管两者之中肯定也会有相同的部分,比如孝。孔子时代的社会,是典型的身份社会,不同阶层、不同地位的人都有其相应的一整套行为规范,社会对统治者和对平民的伦理要求当然是不同的。多数注本倾向于把"为政以德"解释成一般意义上的德,李泽厚认为是"博施恩惠、团结群体的氏族体制规则",是氏族时代遗留下来的习惯法。如作此理解,似乎不应根据这句话批评孔子在这里宣扬了人治思想、有泛道德主义色彩。不过李泽厚认为,即便如此,孔子还是难逃上述批评,因为"远古的宗教、伦理、政治三合一,便演进为一种泛道德主义而成为思想主流,延续二千余年。泛道德主义将宗教性的人格追求、心灵完善与政治性的秩序规范、行为法则混同、融合、统一、组织在一个系统里……从孔孟开始,由汉儒到宋明理学,一直影响到今天"。其结果是"由于它已发展成非常复杂完备的制度规定、理论体系和心理习惯,从而,一方面它使中国没有独立的社会、政治的法规体系;另方面它也使中国无独立的宗教心理的追求意识;二者都融合在'伦常道德'之中……"[1]

李泽厚的观察与 260 年前孟德斯鸠对传统中国社会的判断如出一辙,区别只在于李泽厚的"政治"在孟德斯鸠那里称为"法律",而"伦理"则被称为"风俗和礼仪":"中国的立法者把宗教、法律、风俗、礼仪都混在一起。所有这些东西都是道德。所有这些东西都是品德。这四者的箴规,就是所谓礼教。中国人把整个青年时代用在学习这种礼教上……生活上的一切细微的行动都包罗在这些礼教之内。"[2]

如"德"不作此解释,而是像多数注本一样,径直释为道德或德性,则孔子这句话的泛道德主义意味就更浓了。由于多数注本都采用此解——就我有限的阅读,只看到当代的注释者李泽厚和薛涌把"德"放到孔子之前的氏族共同体的背景中去理解,将"德"与共同体的规范联系起来——可见多数时候人们也正是这样理解孔子这句话的意思的。孔子本来的思想固然重要,孔子之后,历史上的人们如何理解孔子同样重要,甚至更为重要,因为正是后者才发挥了实实在在的作用,参与塑造了历史,也塑造中国人的心灵。此外,从孔子对道德和政治关系的一贯理解来看,说孔子有泛道德主义倾向,对政治和道德未作必要的区分,也并没有曲解孔子。

道德区别于政治,无论是功能、手段还是原则,这在今天已经是基本常识。不过古典时期人们对两者的区分的确不那么看重,中国如此,希腊亦然。这不是哲学家们迟钝,而是因为那时候区分它们的必要性和紧迫

---

〔1〕 李泽厚:《论语今读》,第 48 页。

〔2〕 孟德斯鸠:《论法的精神》,第 313 页。这句话之后,接下来就是可为黑格尔之先声的对中国哲学的定性,"中国人一生的极大部分时间,都把精神完全贯注在这些礼教上了;礼教里面没有什么精神性的东西,而只是一些通常实行的规则而已,所以比智力上的东西容易理解,容易打动人心"。

性还没有出现。在《希腊政治理论》一书中,厄奈斯特·巴克对雅典的情况作了概括说明,可以帮助我们反观孔子的处境:

"城邦是一个伦理的社会;政治学,作为对这种社会的研究,不只是'公职的一种安排',也是'一种生活方式'。它不只是某种法定的结构:它也是某种道德意识。这其实是它的内在本质和关键意义。因此,论述国家时,思想家必须从一种伦理的视点审视他的研究对象。他应该问:为了过一种恰当的生活方式并获得真正的道德意识,一个国家应当追求什么样的目标,使用什么样的手段……他必须记住,他所考虑的是一个道德的而非法律的社会,他必须探讨这个社会的道德生活诸方面。政治学对他而言必定是整个社会的伦理学,这个社会由于某种共同的道德目的而凝聚起来。……政治学是三部曲,它是关于国家的理论,但它也是一种关于道德规范的理论和一种法律理论。"[1]

柏拉图的理想国就是一个按照正义原则、以实现德性为目的而构建的城邦。亚里士多德也把政治学看作最高的伦理学。尽管如此,在柏拉图、亚里士多德和孔子之间还是存在着重要的差别。首先,无论是柏氏还是亚氏,都非常注重法律,认为好的政体必须是守法的政体,统治者人数的多寡能决定政体的形式,但不能决定政治的性质。比如,同为一个人的统治,如果守法则为君主制,如果不守法则为僭主制或暴君制。这种强调法治、强调法律高于统治者的意识,在孔子那里就没有这么明确。其次,虽然柏、亚都认可伦理和政治的连续性,但两个人都不曾主张用道德手段实现政治目标。在这一点上,孔子表现得要天真得多,他似乎自始至终真诚地相信,只要为政者率先垂范,以身作则,天下就可垂拱而治,因为榜样的力量是无穷的,"君子务本,本立而道生"。在孔子的理想中,君主和官员要身兼管理和道德示范两种职能;不仅位高权重,还要位高德重,如此才能"君子之德风,小人之德草,草上之风必偃"。

---

〔1〕 厄奈斯特·巴克:《希腊政治理论:柏拉图及其前人》,长春:吉林人民出版社,2003年,第7页。

孔子过分看重道德的力量，相信道德感召力在权力和利益的角逐中也能攻坚拔锐，所向披靡，可能源于他对人性过于乐观的看法。他看到了人性提升的无限空间，却没有看到人性中贪婪卑劣的顽固狡诈。孔子是善良纯真的"光明之子"，但按照莱因霍尔德·尼布尔的说法，光明之子在历史中必为黑暗之子所败，因为黑暗之子对人性有更为全面清晰的透视。[1] 历史不会像尼布尔说的这样简单明确、黑白分明，但不可否认，孔子对人生中恶的一面关注、挖掘得确实不够，对在政治中防范人性之恶、尤其是统治者的作恶准备不足，这是孔子政治设计中的缺失。

孔子携这套泛道德主义学说周游列国，游说国君而无果，这固然是因为各国统治者都不愿限制自己的私欲，自我约束，更是因为身处诸侯争霸的时代，诸国国君对权力运作的法则有远比孔子更深刻的体会。他们直觉地知道孔子这套学说行不通，因此选择敬圣人而远之的态度。可以说，他们的做法相当明智——他们懂得如何为自己的目标选择适当的手段，而孔子虽然没有实现自己的政治理想，但"知其不可为而为"，"求仁得仁"，超出成败得失的功利计较，实现了自己的道德理想；其人生境界超拔高渺，温暖、激励着后世的理想主义者，这一点无论怎么评价都不过分。

同为对良好政治的探讨，柏拉图、亚里士多德能想到制订好的法律、选择好的政体，而孔子似乎只专注于统治者的德行。我们认为，两种进路的不同更多是由于他们所面对的思考对象和思想资源的不同。对柏拉图、亚里士多德来说，从时间的纵向维度看，雅典虽小——希腊也不大，但在这个蕞尔之地，却上演过几乎所有的政体；而从空间的横向维度看，走出雅典不远，就可以见到与雅典政制迥异的其他政制。这样，当柏拉图、亚里士多德思考何为好的政治，如何获得好的政治的时候，有那么多的政体可供他们比较和选择，他们自然会关注到政体的不同带来的治理效果也不同，从而把关注点放在政体和法律上。而对孔子来说，周朝虽大，他

---

〔1〕 Reinhold Niebuhr, *The children of light and the children of darkness*, New York: Charles Scribner's Sons, 1944, p. 125.

游历的诸侯国虽多,他对夏朝、殷朝的历史也熟,但无论他走到哪里,统治方式都是一样的。这样,他能看到的统治与统治之间的不同,不是政体的不同,而只是统治者的不同:德行好的国君统治往往好一些,德行不佳的国君统治往往就差一些,这就无怪乎他把注意力放在国君的德行上了。

2.2　子曰:"《诗》三百,一言以蔽之,曰:'思无邪。'"

"思无邪"的意思不很明确,不过可以确定的是,孔子推崇《诗经》,因此"思无邪"肯定是一句褒扬的评价;另外,既然是对《诗经》的评价,也可根据《诗经》的特点,反过来验证对"思无邪"的注解是否准确。一种注解将其解释为"诚",不虚伪矫饰。《诗经》里面的篇章,这个特点非常鲜明,因此这一注解很能说通。《诗经》的这一特点反映在德性上,与"直"或"诚"对应,是孔子十分看重的品质(但是贪欲何曾不是一种直呢?)。《诗经·国风》中有许多男女相与咏歌、各言其情的诗篇,率真奔放,孔子时代与之相去不远,风俗传统也未断绝,孔子不会读不懂,也不会有如《毛诗序》、朱熹解《关雎》那样的曲解,但孔子对其情、其诗、其俗也并无非议,可见孔子并不认为这些"非礼",也可见许多注本说孔子并不反对所谓"好色"——倾慕韶华女子的意思,并无将女性物化的猥琐意味,其论有据。

2.3　子曰:"道之以政,齐之以刑,民免而无耻;道之以德,齐之以礼,有耻且格。"

这一节可以看作对"为政以德"的进一步解释。前面说只要"为政以德",则每个人都能各安其位,社会就能秩序井然,政治运转自如。此处进而说统治者以德和礼对在下者"民"的范导:能使民知荣辱,而知荣辱能促进道德自律,使社会更趋完善,治理成本大大降低。从结果而论,这种百姓知耻的社会优于通过"道之以政,齐之以刑"而来的民不知耻的社会;

也就是说,民有道德无疑好于民不讲道德的社会。这句话看似没有疑义,其实需要澄清这里所谓"好"是什么标准之下的好,对谁好?是以民自己的利益为指归,还是以统治者的利益为准,或以两者之外的某种社会秩序为标准(像柏拉图的理想国,就是既不以哲学家统治者的利益为准,也不以被管理者的利益为准,而以正义原则为准)。统治者和民的利益不总是冲突的,但也不总是一致的。民之有耻有德并不先天地有利于统治者,所以从统治者的利益的角度,他未必一定需要民有道德,除非这个道德像《理想国》中的智者色拉叙马霍斯那样,干脆解释为"强者的利益"。举例来说,对统治者而言,民普遍有勇敢和正义的德性的国家,就不如没有这两种德性的国家更易统治,更易满足一己贪欲。从《论语》来看,孔子更多是站在某种秩序即"礼"的立场,而没有选择明确站在统治者和被统治者这两方面的哪一方。如以维护"礼"所要求的秩序为目标,则民养成以礼为准的德性,当然是孔子最希望见到的社会状态。而在形成这一状态的过程中,政治权力举足轻重,孔子因此强调政治权力的拥有者的作用,顺理成章。

政治对道德影响深、广,原因显而易见。在大多数人类共同体中,政治权力都是最大的权力,对道德的影响——不管是建设性的还是解体性的——自然远超过其他权力中心。所以一个社会的道德状况不佳,首先需要反思、考察其政治状况,虽然多种因素都可造成道德不良。政治影响社会道德,也是说政治中的多种因素都会影响社会道德,而不只是施政者本人的德性有此影响。如果"道之以德"说的是用道德来引导百姓,那没有问题;如果说的是用道德治理百姓,只能说孔子再一次陷入泛道德主义或唯道德主义的思路。

这一节中的两句话,后面一句和前面一句相对,两句话应该是矛盾的关系,而不是相容的关系。也就是说,孔子把它们理解为或者"道之以政,齐之以刑,民免而无耻",或者"道之以德,齐之以礼,有耻且格",两者不可兼得。很奇怪为什么孔子没有想到两者还可以有另一种组合:既道以德、礼,又不废政、刑。既用法律来约束,确立社会行为的底线,又以道德来引领,使人心向善,社会融洽。孔子的这一句话,有正题,有反题,如果有合题,就可以避免许多失误了。

2.4 子曰:"吾十有五而志于学,三十而立,四十而不惑,五十而知天命,六十而耳顺,七十而从心所欲,不逾矩。"

这是孔子的"夫子自道"。孔子一生可谓移步换景,一个阶段一个境界。"与年俱进"(钱穆语),是孔子少年时期即志于学而且好学不厌所达到的成就。孔子超出众人之处,是其终生都在勉力向上,追求并实现了道德完善:"从心所欲不逾矩"。"到此境界,一任己心所欲,可以纵己心之所至,不复检点管束,而自无不合于规矩法度。"[1]这既是道德的境界,又是自由的境界,是道德与自由的合一。达此境界,确属难能,不过也不必过分渲染夸张,以为非圣人则无以至。其实,道德修养的过程,也就是不断将社会规范内化的过程。一个人在道德成长中,一方面是社会规范在心理上的不断强化,一方面是身体欲望随年龄的增长而不断衰减。假以时日,达到从心所欲不逾矩,并非不可期待之事。《理想国》中玻勒马霍斯的父亲克法洛斯,在年逾古稀时,也自述说年老使他摆脱情欲,如摆脱凶恶的债主,可见年龄的增长、欲望的消退、心灵的解放,三者正相关。不独孔子如此,实际上人人都如此。根据我们对孔子的理解,他不要逾的矩,应该就是"礼",而"礼"对个人的要求在孔子以及以前的时代还切实可行,绝不是像耶稣那种以末世为背景的极端要求,也不是释迦牟尼那种离世去欲的要求。像钱穆那样把这种境界抬高到无以复加的地步,似乎并无什么依据。钱穆认为,孔子七十以后的境界,"乃圣人内心自由之极致,与外界所当然之一切法度规矩自然相洽。学问至此境界,即己心,即道义,内

---

〔1〕 钱穆:《论语新解》,第29页。

外合一。我之所为，莫非天命之极则矣。天无所用心而无不是，天不受任何约束而为一切之准绳。圣人之学，到此境界，斯其人格之崇高伟大拟于天，而其学亦无可再进矣。"[1]这种一定要把孔子抬高到超凡入圣的地位反映了钱穆们的焦虑。在基督教中，耶稣的教导的真理性、永恒性来自耶稣的神圣性，来自他上帝之子的身份。因耶稣为神，所以他被认为能超出人类知识的限制，直达终极真理。而在儒家传统中，孔子的品德、境界虽超凡入圣，但毕竟是人，不具有超出常人的认知能力，如此又怎么能保证他的识见、主张，克服人类有限经验的限制，跻身永恒真理之列，具有跨越时空的效力呢？钱穆的言论就是对这问题的一种反应，只是他的反应难以令人信服。如上所说，孔子口中的"矩"其实就是"礼"，而一定要说"礼"就是"外界所当然之一切法度规矩"，是"天命之极则"，或许只有钱自己会相信。

2.5　孟懿子问孝。子曰："无违。"樊迟御，子告之曰："孟孙问孝于我，我对曰，无违。"樊迟曰："何谓也？"子曰："生，事之以礼；死，葬之以礼，祭之以礼。"

礼对孔子是至上的规范。孝亲发乎本能，是一切德性生发的基础，但这种自然的情感也需要加以规范，不能任其自然，否则难免逾礼。孔子很清楚，仅仅凭孝不可能使天下得治。即使人各孝其亲，也只是处理妥当了家庭中父子之间的关系，不能保证家庭以外人们之间不发生冲突。所以孝必须受制于礼，没有资格作为最高原则。不仅如此，即便是对父母尽孝，也应接受礼的规范，如此才能不违初衷，更好地尽孝。这是因为孝是自然情感，而自然情感只提供给我们行为的动力，并不提供行为的恰当方式；而且自然情感随内外条件的变化而消长，如果没有礼的约束，尽孝难

---

〔1〕　钱穆：《论语新解》，第29页。

免蜕变成兴之所至的行为。所以不能把礼只看作对孝的外在约束，它同时也成全了孝。

这一节中，孔子用"无违"向孟懿子解释孝的用意，已经无法确知。如采用杨伯峻的注释，认为孔子是以此讽谏孟懿子，规劝孟懿子改正其家族的僭越行为，则与"三年无改于父之道"似相违背。对此，只能说，孔子对孟懿子说这番话时已是其父去世很长时间以后的事了。不过从这一节我们可以再次确认，当家族或其父之道与礼冲突时，孔子依然主张从礼而舍父之道，虽然改正可以延后，但改正是必须的。

2.6　孟武伯问孝。子曰："父母唯其疾之忧。"

此句两解，两解意思都浅近明确。一解是说发乎真情担心父母的身体健康；一解是说努力修身，不让父母为自己的言行、品德忧虑。前一种解释似乎更合当时的语言习惯，[1]而且《论语》中多处谈孝，孔子都是直接告诉为人子者该如何如何，这里解为孔子告诉孟武伯，孝顺的人唯恐父母生病，与别的地方谈孝的表达方式一致。在我们今天看来，唯恐父母生病更接近一种自然情感，不修而有，与品德无关，孔子有时对自然情感和品德常常不作区分，但有时也会意识到这一问题而加以区分。那么如何把孝亲从自然情感提升为品德修养呢？下面两节就是孔子的尝试。

2.7　子游问孝。子曰："今之孝者，是谓能养。至于犬马，皆能有养；不敬，何以别乎？"

这一节和下面一节，孔子具体解说孝道所包含的要求，同时也批评了当时流行的见解，强调尽孝不独表现在物质层面，情感层面也有相应的要

---

〔1〕　李零：《丧家狗》，太原：山西人民出版社，2007年，第77页。

求，即敬；而如果在情感上有"敬"，在容色上也一定会表现出来，所以下一节提到的"色难"之难就在于做到内在的"敬"难。为什么一定要有"敬"呢？孔子认为，这是在对待长辈以及被对待的长辈上的"人之异于禽兽者"。首先，对于长辈，如果只是被供养而无尊敬，则人就被等同于同样被养的犬马，就失去了人的尊严；其次，对于子女，如果只是顺应自然亲情去养父母，这还只止于自然情感，谈不上德性，只有在奉养时付出努力克制急躁、不耐烦等自然倾向，才是德性。也就是说，"色难"，唯其难，做到它才需要付出意志的努力，才有资格从自然情感提升为品德。

除了道德层面的意义，要求"敬"也有社会层面的考虑。正如前面引征的孟德斯鸠所分析的，一个人成长过程中，在很长的一段时间里，父母是权威，而且父母传达了社会规范的要求。尊敬父母，就是对权威的尊敬，同时也是对社会规范的尊敬。

孝在传统中国社会占有特别重要的位置，这与孔子的学说，与汉以后政府全力推行孝道直接有关——这是政治权力影响道德的一例。过去曾有一种观点，认为中国古代处于农业社会，而在农业社会中，年长者的生产生活经验是非常有用的知识，长辈因其知识而获得特殊的尊重。游牧民族和渔猎民族并不怎么提倡孝道，这被用来作为农耕民族崇尚孝道的反证。这是一种生产方式决定伦理观念的思路，只是这样的说法不能解释其他农业文明在对待父母长辈上为什么没有华夏文明这样的孝亲观念，而且我们也看不出上一辈的经验为什么对游牧和渔猎文明就不如对农业文明那么重要。此外，我们当然承认过去经验的重要，但不论是农业文明还是非农业文明，在传统社会，上一辈所积累的经验其实十分有限，可以在相对较短的时间里传授给下一代。如果从知识的有用性角度来解释敬老，当老一代的知识已经传授给下一代时，敬老似乎就变得多余了，这样老一代人就不得不像民间故事中猫教老虎那样留几手绝招以求自保——传说中师徒关系就是这样，但父子两代人之间并不如此。还有人认为，提倡孝道是因为古代金融信贷业不发达，上一代人只好通过投资到下一代来保存财富。[1] 这种说法同样不经，保存财富的方式有多种，投资到下一代未必是最好的，而且，古代社会中，金融体系不发达的不只中国。实际情况是，发达的寥寥，不发达的众多，但不管发达还是不发达，把孝作为一种至高要求的，唯有传统中国社会。

作为一种自然情感，敬老几乎是各个民族都有的传统，而中国人把敬老发展为孝道，根本原因还应在社会结构中去找。这应该与由父权家长制演变而来的宗法制度直接相关，与崇古的文化心理和祖先崇拜也有关。孔子出来高唱孝道，正值西周宗法制度受到挑战、有所松动甚至部分崩塌的时候。孔子力图恢复这一套制度，孝就是他实现政治理想的一个着手点。

2.8　子夏问孝。子曰："色难。有事，弟子服其劳；有酒食，先生馔，曾是以为孝乎？"

这一节可以看作对上一节关于孝道在内容上的补充和对象上的扩展。弟子、先生，显然不是指亲子，而是指长幼或师徒，是有亲密关系的上下两辈。这里孔子用父子关系比拟长幼关系，虽然还不是"老吾老以及人之老"，而只是"孝吾亲以及吾先生"，还没有从亲密关系跃进到非亲密关系，但毫无疑问这是对孝亲原则的一个扩展，为的是建立一个不仅长幼有序，而且长幼有亲、有敬的社会。

2.9　子曰："吾与回言终日，不违，如愚。退而省其私，亦足以发，回也不愚。"

孔子最得意颜回，因为颜回有孔子所特别看重的两种品德：好学、谨

---

〔1〕　参见陈志武：《金融的逻辑·文化的金融学逻辑》，北京：国际文化出版公司，2009 年。

言。孔子为他讲授一整天，颜回能做到既没有疑问也没有异议，好像孔子是在对牛弹琴一般。经过考察，孔子发现，颜回对所学竟然有深入理解，这让孔子十分惊喜。这句话里，孔子对颜回的看法先抑后扬，其心情大概也经历过如此的起伏。颜回带给孔子发现的惊喜，或许这也是孔子格外喜欢颜回的原因之一。在引入西方现代教育观念之前，颜回这样的学生，一直是中国人心目中好学生的典范。传统教育，也着力把学生塑造成颜回这种类型。不夸张地说，很多年里，几乎每个教师心中都有一个颜回。所以这一节不仅是对颜回的形象刻画，也是对孔子心中理想学生的刻画。

前文引述邓晓芒对孔子言说方式的批评，认为孔子与弟子不是平等对话而是从上到下的教导。邓所批评的这一特点在这句话里表现特别突出。颜回这样"与言终日，不违"的学习方式受到孔子的激赏，的确可以窥见孔子对言语方式的态度。

2.10　子曰："视其所以，观其所由，察其所安。人焉廋哉？人焉廋哉？"

孔子热衷于品评别人的品德、性格、才智和功业，这当然不是因为孔子特别八卦，喜欢搬弄是非，愿意作长舌男，而是因为孔子道德中心主义立场和教师身份所致。舆论是道德的工具，要想让道德发挥作用，当然必须充分利用舆论，用谴责和赞美去匡正风俗，实现教化。通过孔子对人对事的评论，学生能够明晓是非，知其得失，获得长进。这种案例式的教学法生动具体，效果不凡。

识人、对人作道德评判，无疑是十分严肃的事，应该慎重其事，故孔子主张从多方面对人考察，然后才能得出结论。另一方面，道德品质虽然深藏于人的心理、性格中，但也并非无迹可寻，不可捉摸。通过全面观察，完全可以确定一个人的人品。

2.11　子曰："温故而知新,可以为师矣。"

这句话的口气不像是夫子自道,而像是夫子对学生的期望和要求。学问要一代代传下去,孔子面前的学生总有一天要成为老师,那么到什么时候才有资格为人师呢? 孔子提出的标准是:要对所授的知识融会贯通,不独知其然,而且知其所以然,只有如此,才可以作老师。这是对老师学识和能力的极高要求:温故,需要博学,要掌握大量材料;知新,要从庞杂的材料中找出规律,预见到历史走向。在为师资格上,孔子一如他一贯的真诚、自律,他是这么要求别人的,也是这么要求自己的,因为他自认自己做到了温故而知新,比如谈到礼的流变时,孔子说过,"殷因于夏礼,所损益可知也;周因于殷礼,所损益可知也。其或继周者,虽百世,可知也"。这不正是温故而知新吗?

2.12　子曰："君子不器。"

许多注本沿用朱熹对器的释义,"器者,各适其用而不能相通",把孔子这句话理解为君子不能囿于某种技能,而应该会通。按这样的理解,孔子并不反对君子学习、掌握专门的技能。不过这样的理解有些可疑,有理由认为,孔子更像是在反对君子去学习专门技能,认为这样会妨碍对"道"的追求。秉承孔子思想的《易传》对"道"和"器"做过如下区分,"形而上者谓之道,形而下者谓之器",认为"道"和"器"是对立的;而"劳心者治人,劳力者治于人"虽是孟子提出,但也道出了孔子的心声。孔子的想法,为器为工具,则一定"治于人",因此不脱劳力者的角色;劳心者不同于劳力者,不能选择劳力者之路,因此不能为器,即"君子不器",这就是孔子反对樊迟学稼学圃的原因。这里的君子显然是指有位者,否则,我们想不明白有专门的技能怎么就做不成道德上的好人,换言之,掌握专业技能和道德完善之间不是非此即彼的关系,那么治理国家和掌握专业技能为什么就是矛盾的关系呢?这可能是因为孔子和柏拉图一样,都认为一个人只有一种天赋,只能履行好一种社会职能。但是其实只要孔子反躬自问一下,就会发现这假设不那么可靠,因为他自己就是"多能鄙事"(从"鄙"也可看出孔子对专门技能的否定态度。"鄙"用于自己是自谦,而用于事就不可解释为自谦了),同时又兼具有德者的品质和有位者的能力。这里"器"所指的专门的技能是指谋生的技能,不包括我们今天同样可视为"器"的射、御等六艺,因为六艺只是君子必备的修养而已。

孔子对器的鄙薄,应该来自他的社会生活经验。现在我们知道,识器不妨碍识道,这是今天的社会生活告诉我们的道理。但在孔子时代,专注于器的人和求道的人根本就是界限分明的两个社会阶层。由于教育和资讯的限制,器的阶层无从了解道的层面的知识,其识见、言行和修养以孔子看来不可能不低下。以培养君子为己任的孔子当然不愿弟子堕入这个阶层 因此告诫弟子要"不器"。从现实层面看,孔子的这一教育方针是明智的。但是我们知道,器的阶层之不识道,不是因为他们没有认识能力,而是因为他们被人为地隔绝于道。孔子在这问题上显然把因果倒置了。

2.13　子贡问君子。子曰:"先行其言而后从之。"

这是孔子对言行关系的一贯主张,也是孔子的因材施教,因为子贡长于言语。行在言先,会让人感觉笃诚厚重,这样的人说出的话会更可信,更有分量。但这种效果仅在长期交往的关系中才可能,因为判断一个人的德性需要时间。离开这种关系,行在言先的效果就不明显了,这时言语本身的力量变得更加重要。孔子对言语的态度是否合适,通过子贡或许就可以检验。子贡的成就离不开其口才,设想去掉他的口才,看子贡成就是更大,还是更小。当然,孔子的言行论可能并不是从单独某一个人或某一群人的得失着眼,而是从整个社会秩序着眼的。即便如此,也可以通过思想实验的方式,检验其主张的社会效果和可行性。

2.14　子曰:"君子周而不比,小人比而不周。"

这句话可以从两个角度去理解。作为行为准则,君子在人群中应该"周而不比";作为识别方法,在人群中"周而不比"的才是君子。有道德的人和不讲道德的人,其差别就在于前者以普遍的道德原则为先,后者以个人的利益和好恶为先;有道德的人公私分明,没有道德的人只知有私不知有公。"比而不周"的人比"不比不周"的人有迷惑性。不比不周其实就是伦理学中的利己主义,这样的利己主义以个人主义为前提,主张每个人都只关注自己的利益,虽然自己不会为他人而舍弃自己的利益,但同时也不会要求别人为自己而放弃别人的利益。利己主义者是"不合群"的人,而"比而不周"的人看起来十分合群,他们会为团体、党派的利益奔走钻营,废寝忘食,因此不能不说,他们的确具有为他人考虑、与他人协作的精神,不是纯然的自私、利己。他们和君子的不同在于,君子为团体谋利的时候不会违背普遍的道德原则,损害整个共同体的利益,而对比而不周者来说,团体的利益具有至上的地位,为它不惜损害整个共同体的利益,所以对他们来说,团体其实不过是扩大的自我,他们的公心则是有限的公心。这样的人和后文孔子所批评的乡愿有很强的重合性和近似性。

2.15　子曰:"学而不思则罔,思而不学则殆。"

这是孔子治学的经验之谈,提倡思考与学习并进,在今天,这固然已成为教育常识,但仍不失提示和指导的意义。如今的教育中,学而不思的其实并不多,因为学习就是在思考,学习也会激发思考。鹦鹉学舌、死记硬背或许仍然是学习中的一个环节,但也只是一个最基础的环节而已。学院之外,思而不学的倒大有人在,民科、民哲就是这类人中的典型。这

些人没有受过系统的学术训练，不具备必要的知识背景，完全无视前人的
工作和专业门槛，热衷于解决数学或科学中的前沿问题，或去建构宏大的
哲学体系，其结果就是年华虚掷。杨绛先生批评某个年轻人"你的问题主
要在于读书不多而想得太多"，也正是说他"思而不学"的意思。这些人很
应该来听听孔子的告诫。

2.16　子曰："攻乎异端，斯害也已。"

这句话中"攻"、"异端"、"已"都有歧义，可以组合出不同的解释。把
"异端"解释为非正统学说的一类主张中，杨伯峻从《论语》的词法和句法
角度分析认为，这句话可以释为"批判那些不正确的议论，祸害就可以消
灭了"。[1] 显然，这里他把"攻"解释为攻击、批判，把"已"解释为停止了。
与通行的下面两种解释相比，杨的译解更合理，更有说服力。第二种解释
把"攻"解读为学习，则这句话就成了"学习异端学说是有害的"，对"攻"的
解释不同，但整个句子的意思和第一种相近，都是强调异端的危害。不同
的只是第一种不仅主张远离异端，而且要采取行为，肃清异端的危害。攻
击异端，肃清危害，是每一种学说阐明自身、澄清误解必须要做的，是对思
想的庄重认真，与不宽容无关。因为我们知道，宽容不是一定要在思想上
模棱两可、不辨是非、息辩止讼，而是不借助权力打压对方，尊重、维护对
方的言论自由。因此，晚出的第三种解释，即把"攻"理解为攻击、批判，把
"已"理解为语气助词，句子的意思因此就成了"攻击异端是有害的"。这
种理解既不合《论语》的句法，也不合孔子一贯的思想、做法（整部《论语》，
孔子都没有停止对异端他说的攻击），与今天人们所珍视的宽容也没有什
么关联。

另一类解释是把"异端"解释为两端中的一端，孔子推崇中道，主张执

---

〔1〕　杨伯峻：《论语译注》，第19页。

其两端,从对立的两端看问题,这样一来,这句话就成了孔子的方法论教导,意思是只专注于事情的一端,是有害的。

2.17 子曰:"由!诲女知之乎!知之为知之,不知为不知,是知也。"

这句话可以理解为孔子对子路的教训,因为话的语气很强烈,让我们如闻其声,如见其怒。如果这样理解,这句话其实只是在强调坦白诚实,不能不懂装懂。另一种理解是说,这是孔子在教导子路,要知道"知"和"不知"的界线,才算得上是"知"。也就是说,只有达到二阶的知,即对知和不知的知,才算得上真"知"。前一种理解指向品德修养,后一种理解指向认知能力。

2.18 子张学干禄。子曰:"多闻阙疑,慎言其余,则寡尤。多见阙殆,慎行其余,则寡悔。言寡尤,行寡悔,禄在其中矣。"

孔子的话可以总结为"谨慎"。谨慎是一种德性,可以帮助我们避免许多判断上的失误。掌握政治权力的人更该如此,因为政治权力对人、对社会的影响尤其大。谨慎当然不是不作为,而是行事的态度。仿照亚里士多德的说法,谨慎是鲁莽和怯懦的中道,过则鲁莽,不及则怯懦。在谨慎之外,孔子也在教导子张,要知道和承认自己不是全知全能的;除多闻多见弥补自己识见不足以外,要勇于承认自己有不明不白的地方;而对不明不白的,不要强不知以为知,不要贸然行事,而是悬置判断,悬置选择。

在"知"上诚实,似乎不是什么了不起的德性,是普通人都能做到的。孔子特别教导给有志于仕途的子张,未必是子张当时缺乏这种品德,而是孔子担心他踞高位之后逐渐丧失这种品德。一个人,当地位高于周围的人时,他的错误更不容易被自己所发现,因为周围的人往往不再敢直言不讳,不敢报以颜色,于是他在歧路上便越走越远。从这个角度说,"高贵者最愚蠢"不无道理。孔子此言，算是预先提醒。

2.19　哀公问曰："何为则民服？"孔子对曰："举直错诸枉，则民服；举枉错诸直，则民不服。"

国君关注"民服"，而非"民福"，因为只有"民服"才关乎国君的利益。孔子同样期待民的服从，《论语》中孔子从不主张百姓抗争，不论执政者多么无道，孔子想到的也只是劝诫、教导这类道德手段。动辄诉诸统治者的道德自律，如薛涌所说，这的确显示了"孔子在政治想象力上的局限，似乎社会在周礼所规定的封建制度和后来形成的中央集权的专制官僚政治之外已经没有其他选择"[1]。按孔子自己的说法，他对前代的政制有所了解，"夏礼，吾能言之，杞不足征也；殷礼，吾能言之，宋不足征也"，但他的关注只集中于礼，因此念兹在兹的都是恢复周礼，从不去想礼的败落正表明礼有根本缺陷。氏族社会时期的氏族民主制本可以作为他思考政治时的参照，但看来孔子对这种制度全然不加考虑。

孔子在政制问题上的思想局限，其本身的想象力和思考的彻底性不够固然是一方面的原因，另一个更重要的原因，如前文所说，是中国历史没有向孔子提供足够的可利用的资源。对孔子来说，在现实层面，的确从来没出现过另外一种良好的政制刺激他的思考，于是他能够想到的，也只能是如何使这个惟一的选项达到其最好的状态，这可能是当时人们能选择的最佳策略了。而且，可以设想，即使希腊式的民主制进入孔子的视野，也不一定会改变他的想法。柏拉图就看不上民主，因为古典时期的直接民主制极不完善，很容易演变成多数人的暴政。孔子的历史处境、思想处境和我们非常不同，苛求古人其实是推卸自己的责任。今天我们已经拥有远超出孔子时代的思想资源，如果仍囿于孔子之见，只能说是对历

---

〔1〕　薛涌：《学而时习之》，第 111 页。

史和思想发展的无视了。

为什么"举直错诸枉，则民服；举枉错诸直，则民不服"呢？从治理效果看，举用正直的，把正直者置于不正直者之上，效果当然会更好，百姓更有盼头，即便走弯路有冤屈，纠正的希望也更大，自然容易获得百姓的认同。从社会心理看，管理者有道德，更易被承认；其所犯的过失，也更容易被谅解。

2.20　季康子问："使民敬、忠以劝，如之何？"子曰："临之以庄，则敬；孝慈，则忠；举善而教不能，则劝。"

上一节的"民服"，是初步要求，在服从之外，统治者进一步希望"民敬、忠以劝"，即"敬上、忠上，为上卖力"[1]，以实现统治者的利益最大化。孔子的对策一成不变，依然是要统治者以身示范，通过道德感化达到政治目的。

2.21　或谓孔子曰："子奚不为政？"子曰："《书》云：'孝乎！惟孝，友于兄弟，施于有政。是亦为政，奚其为为政？"

用齐家的方法治国，对家庭和国家不作区分，自然也就把家庭事务看作政治事务。李泽厚认为，"修身、齐家、治国、平天下……有其真实的历史渊源：这种由家而国的'伦理'追求，即是'氏族—部落—部族—部族联盟'的政治秩序。在这里，伦理即政治……父子、兄弟、夫妇并非只是个体家庭成员的'私人'关系，而是一种公共的政治体制和规范"[2]。关于儒学中孝悌观念的形成，和修齐治平之说的由来，李的猜想可信，不过，这里所说的家庭，不应该是普通人家，而只是在共同体中占据核心地位的家

---

〔1〕　李零：《丧家狗》，第 83 页。
〔2〕　李泽厚：《论语今读》，第 72 页。

庭,只有在他们那里,伦理才是政治,私人关系才与政治体制相关。而且,一旦社会结构发生变化,家庭和政治的原有关系不再,孝悌、修齐观念在政治上的有效性即告终止。孔子思想的短处,不在于他不知前代的事,而在于他不知当代之事和未来之势。社会结构变了,他的观念还停留在过去。

2.22 子曰:"人而无信,不知其可也。大车无輗,小车无軏,其何以行之哉?"

用比喻说明信用对于个人的重要。在稳定的社会中,与其说信用是一个人的道德德性,不如说是他的社会交往和生存的基础,因为信用更重要的是对守信者本人的价值——不守信用对别人固然有害,但其损害只是一次性的,而如果一个人失去信用,他便无以与他人交往,他的社会生命也就结束了。因此,这里孔子是宣示德性,更是晓以利害。对信用的重视也影响了孔子对言行关系的看法。

2.23 子张问:"十世可知也?"子曰:"殷因于夏礼,所损益,可知也;周因于殷礼,所损益,可知也。其或继周者,虽百世,可知也。"

服膺、维护孔子之学的,认为从孔子到现在,礼仪制度变中有不变,因此"虽百世可知"的说法不错;怀疑、反对孔子之学的,认为社会的制度观念都发生了根本变化,孔子从夏、商、周三个朝代的损益推知百世的说法狭隘、自信得可笑。两方看法的分歧其实在于概念的分歧,如果能明确"百世可知"的宾语,双方的看法就可以接受证伪了。

2.24 子曰:"非其鬼而祭之,谄也。见义不为,无勇也。"

这一节前一句申明孔子对祭祖之礼的看法。后一句阐释他对"勇"的理解。勇敢在希腊非常受重视，是四主德之一，勇敢与否关乎一个公民的荣誉和幸福，同时也关乎城邦的安危兴衰。柏拉图和亚里士多德都仔细分析过勇敢。勇在孔子的伦理体系中地位不那么重要，孔子提到勇的地方不多，远不如仁、义、孝、信这些德性，也不如恭、敬、让等德性。从《论语》中，我们也看不到孔子如何训练自己的弟子，使他们具备勇敢的气质。孔门弟子中子路最勇敢，但这勇敢不是来自孔子的教导，似乎是来自子路天生的气质。勇不仅出现不多，而且有几次还是和孔子的批评性言论一起出现的。

在孔子的阐释里，"勇"以"义"为前提，义引导勇。因此，勇不是简单的胆大，而是无反顾地实现义的要求。柏拉图定义勇敢是对于正确的观念的保持，同样也突出了义——正确的观念。这和我们今天对勇的定义是一样的，我们不会称赞一个铤而走险、杀人越货的暴徒为勇敢，因为他的行为远离了义。这个例子经常被谈及，用以表明德性与原则不可分。

非其鬼而祭之，于孔子，是"正名"的一部分，为的是强化成员对所属共同体的认同，恢复和坚守原有秩序。但是人类从小的共同体走向大的共同体，从单一走向融合，是历史发展的必然和进步。在此过程中，拒不接受变化和融合，反而强调和突出自己的血缘或传统的独特性，这样无助于解决而只会加剧冲突。孔子时代如此，今天依然如此。就孔子这一观念在今天的表现而论，需要指出的是，不是所有的民族主义都是错误的，但民族主义在道德和策略上之为正确的选择，其前提是：有另外的族群坚持以民族来定义我们，把我们看作一个紧密的共同体，认为民族是我们每一个成员的首要的身份，并在政治、经济或军事上对我们采取敌对措施。只有这时，强化民族身份，增进民族认同，对敌对者采取统一行动，才是合理的。这种民族主义，是被动的民族主义，是"被迫的"民族主义。

八佾篇第三

3.1　孔子谓季氏："八佾舞于庭，是可忍也，孰不可忍也？"

　　此篇多谈礼制，与当时鲁国政局关系紧密，集中反映了孔子对这两个主题的看法。这一节中，"是可忍，孰不可忍"在现代汉语中仍频繁出现，由此也可见《论语》对汉语表达的深远影响。传统社会，人们对礼制上的僭越非常敏感，这很有道理。对认可这套礼制的人们来说，礼制不是空洞的形式，而是一套象征系统，与权力等级和政治秩序相关，社会的每一阶层、每一成员都因它而确定自己在整个体系中的位置和身份。这样，有意为之地僭礼，其实无异于向全社会宣布自己对体系安排的挑战，同时也就是对安排他的位置的上一级权力的挑战。这一套象征体系不独人类社会有，高等的社会性动物也有，人之异于禽兽者，不在于有没有这套体系，而在于人可以主动调整这套体系，而动物不能，动物只能调整个体在这套体系中的位置，而不能调整体系本身。孔子毕生致力于恢复这套礼制，实际上，这套体制也不是从来就有，而是由周公制定完善的。当然，不能仅仅因为礼是在历史中创生，就否认它可以有永恒性，但要证明它可以永恒，也的确不是件容易的事。

　　用我们今天的眼光来看，季氏八佾舞于庭之举，倒没有那么令人激愤。这可以看作一个争取分权的行为。这行为的性质，不取决于它是否向最高权力挑战,而取决于最高权力本身是一种什么性质的权力。

3.2　三家者以《雍》彻。子曰:"'相维辟公,天子穆穆',奚取于三家之堂?"

孔子对三家的不满,源于他对礼制的深厚感情。但孔子对礼制本身的合法性,论述得很少。他对当时政治问题的解决思路,说起来很简单,就是要回到过去,回到当时的政治问题还没有出现的过去年代,回到那个大家都服从礼制秩序的状态中,这样一来,当下的所有问题,不就不存在了么? 问题在于,孔子时期的国家和社会,已经大不同于过去,性质发生了变化,如何回到那个状态呢? 这里正显出孔子的思维缺乏穿透力,遇到问题的时候,他只想到通过回到问题还没有出现的状态,来回避问题,而没有针对问题提出一种新的思路解决问题。这是一种心理学上称为退行的解决思路。同样是面对政治问题,柏拉图却通过构想一个全新的国家来回应。当然,屡经碰壁的柏拉图在晚年放弃了理想城邦的设想,而以比较务实的"法律篇"作为自己政治思考的总结。而遭遇更多挫折的孔子,其政治思想倒始终如一,虽然他思想的理想色彩也并不亚于柏拉图。

3.3　子曰:"人而不仁,如礼何? 人而不仁,如乐何?"

礼、乐之产生和兴起,一定是为完成某种目的、实现某种功能,不可能为了礼而制礼,为了乐而制乐。孔子认为,礼、乐的核心和目的在于仁,是为实现仁而创制出来的,所以,注释者有"仁内礼外"、"仁先礼后"的总结。孔子此说,不知依据何在。按孔子的定义,所谓仁,就是爱人之心,而不论是从历史起源还是从现实关系,我们都不容易看出礼、乐怎么就体现了对人的爱,或者为了实现对人的爱怎么就一定需要如此这般的礼和乐? 当然,也不排除这种可能,在总结、诠释礼乐时,孔子创造性地转化,把礼乐的核心和目的转变成了爱人,就像耶稣将律法总结为爱上帝和爱邻人。不过经此创造性转化之后,孔子依然固守礼制,以礼制定是非,这样看就不像是创新转化,而更像是为礼制寻找了一个合理性的理由。只是这个理由还不够充分,因为仁还是仁,礼还是礼,我们看不出二者是如何配合和补充的。好在,对后人来说,倒好像孔子提出了两种伦理原则,一种以礼为最高要求,一种以仁为最高要求,前一种因不合时宜而渐渐淡出,后一种灵活性更高也更符合道德的信念而越来越突显其重要性。

3.4 林放问礼之本。子曰:"大哉问! 礼,与其奢也,宁俭;丧,与其易也,宁戚。"

林放之问,对我们了解孔子对礼的理解,的确重要。孔子认为,礼的根本不在礼本身,否则肯定越宏大铺张越显示出礼的价值,而不会宁俭勿奢。那么礼的根本在哪里呢? 前一句是否定的回答,是对待礼的形式上的比较,下一句通过丧礼给出肯定的回答。对待丧礼,可有两种方式:一种是易而不戚,一种是戚而不易;两者之间,孔子选择后者,因为后者离丧礼的根本更近。可见礼的根本,为的是情感的表达。当然,"与其……宁可"句式表明,这是在两种都不完备的状态之间的选择,孔子更钟意的,其实是第三种选择,即既戚且易。

3.5 子曰:"夷狄之有君,不如诸夏之亡也。"

夷狄虽然有君主,还是比不上没有君主的中国。在孔子看来,相比于礼乐文化、生活方式,政治状态毕竟是暂时的;君主常有,而礼乐不常有。使中国成为中国的不在于某一位帝王君主,而在于礼乐文化。孔子具有高度的文化自信心,对自己身处的文化非常自豪,言谈之中常不自觉流露出来,如"微管仲,吾其披发左衽矣"——管仲功绩,在于保卫了孔子所熟悉、认可的文化。可见这文化在孔子心中的分量,亦可见孔子绝非文化相对主义者,他必定是相信文化有优劣、生活方式可以比较。以文化相对主义来捍卫儒学,在这一点上恰恰背离了孔子。

3.6　季氏旅于泰山。子谓冉有曰:"女弗能救与?"对曰:"不能。"子曰:"呜呼!曾谓泰山不如林放乎?"

孔子不主张抗争,不主张以权力对抗权力,但对当权者的错误,也不会听之任之,而是尽一己之力,或以言语批判规劝,或以行为表明立场,强权之下,始终保持清醒独立。对主动投靠、丧失底线的弟子,孔子也绝不网开一面,而是要"鸣鼓而攻之"。斯多亚学派的信念是,"只求改变自己的愿望,不求改变世界的秩序",而孔子的信念是,即便不能改变世界的秩序,至少也不能改变自己的品德。这些都是孔子在道德上的诚实,是追求人格独立者的表率。

3.7　子曰:"君子无所争。——必也射乎!揖让而升,下而饮。其争也君子。"

君子举手投足都在礼中,按礼的规定行事,不越礼半步。礼引导君子,划定了君子行动的边界,故曰"君子无所争"。惟一的例外,就是竞赛,比如射箭,但即便是竞赛,也是按比赛的规则和竞争的礼仪而来,依然不失风度和分寸。孔子这里特别强调的,就是君子对规则的重视:规则随身带,凡事讲规则;规则之下,乃有君子。而所谓规则,当然是向社会公开的、道义所认可的,不是潜规则,因为潜规则是对道义的破坏。培养君子人格,不只是孔子时代的任务,也是我们今天的道德教育的目标。所不同的，今天君子人格不再有高高在上的意味，而成为对每个人的要求；而且多数时候也不再沿用君子之名，而改称为"公民教育"、"全人教育"、"现代精神"、"绅士风度"等等。

3.8　子夏问曰："'巧笑倩兮，美目盼兮，素以为绚兮。'何谓也？"子曰："绘事后素。"曰："礼后乎？"子曰："起予者商也！始可与言《诗》已矣。"

孔子活学活用《诗经》，堪称典范。他从一首描写称颂女子风姿的诗能联想到仁礼之间的关系，思维跳跃，大有诗人风范，只是原诗的形象音韵之美，经此转换，荡然无存，全成说教了。柏拉图声称要把诗人赶出理想国，在孔子这里倒用不着，因为孔子有本事把诗人们的吟诵，转变成道德家的说唱。按照一般的解说，孔子这句话，表达的还是仁先礼后的意思。

孔子和弟子因为熟知《诗经》，有时会故意离开原义，用其字面意义、双关意义、引申意义，或干脆用其词句所触发的联想的意义，这是一种圈子中常见的文人趣味。所谓圈子就是享有共同背景、彼此关系紧密的一个群体。

3.9　子曰："夏礼，吾能言之，杞不足征也；殷礼，吾能言之，宋不足征也。文献不足故也。足，则吾能征之矣。"

孔子对夏礼、殷礼十分了解，有此基础，才谈得上把握礼的流变，知道"殷因于夏礼……周因于殷礼"的各自损益之处。从传说中的夏到殷到周再到孔子生活的时代，大致也有1500年的时间，所以，在孔子的思考中并不缺乏历史意识。历史能使我们的目光超出所立足的当下而变得更为深远，但历史只提供一个纵向的维度，只从这个维度看社会仍有其不足。纵向维度之外，还应该有横向维度。这两个维度相加甚至还不够，因为它们反映的都是已经发生的实存的事，还必须有足够的想象力，想象未发生的可能之事。如此，一个人的思考才算全面。

3.10　子曰："禘自既灌而往者，吾不欲观之矣。"

这一节表达的是孔子对鲁国国君僭用天子之礼或禘祭时不够庄重的不满。鲁国国政为三家所把持，国君大权旁落。三家违礼，这种情况下，礼本是鲁国国君为恢复自己权力而可诉诸的原则，和可利用的手段，但国君却同样拿礼不当回事，全不知道自己的权力及权力的合法性与礼紧密相关，这就不仅坏，而且蠢了。

3.11　或问禘之说。子曰："不知也，知其说者之于天下也，其如示诸斯乎！"指其掌。

《左传》有"国之大事，在祀与戎"的说法，把祭祀看作国家的头等大事，这思想与孔子此处的说法颇为一致。当时的国家职能十分单一，政府是很小的政府，需要处理的实际事务并不很多，其担负的最重要的事差不多就是宗教性的祭祀活动了。所以孔子从当时国家担负的职能角度说，懂得国家的祭祀大礼就懂得治理国家。

3.12　祭如在，祭神如神在。子曰："吾不与祭，如不祭。"

这一节言明孔子对礼仪形式的庄重态度。对孔子来说，礼仪必须有与之相配的精神、情感内核，否则，就丧失了其意义。如今社会，祭祖祭神的礼仪并不普遍存在，但生活中保留有其他各种仪式。仪式对于人们精神培养和情感表达具有无可替代的作用，绝不是可有可无的装饰。而仪式如要发挥其作用、完成其功能，必须有相应的情感与之配合。那些不能唤起相应情感的仪式，已经沦为空洞的形式，失去了其存在的价值，可以封存在历史中了。孔子说"不与祭，如不祭"，首先说的是不亲自参加的仪式，就和没有这种仪式一样;其次可以引申为,没有情感参与的仪式,就像没有这种仪式。

3.13　王孙贾问曰:"与其媚于奥,宁媚于灶,何谓也?"子曰:"不然。获罪于天,无所祷也。"

这句话在当时语境中的意思无从确知,我们只从字面理解孔子即可,因为其引申的深意也是从字面意思而来,故字面意思同样反映孔子的价值观。孔子不认可"与其媚于奥,宁媚于灶"的说法,认为"获罪于天",祷告都没用,这是说,孔子反对为短期效应而违背根本原则,反对以趋炎附势作为进身之阶,认为遵守行事为人的根本原则比取悦于掌握现世权势的"灶"更重要。这差不多可以看作孔子对自己政治品德的宣言。孔子虽求为君主所用,但为的不是获得个人权势,而是为实现政治理想、泽被万民。这理想与孔子所理解中的"天"的意志是一致的,凡违背这一理想、原则的,也都违背了孔子从政的初衷,当然为孔子所不取。同为求仕,孔子与一般人的动机和目标完全不同。

3.14　子曰:"周监于二代,郁郁乎文哉!吾从周。"

孔子对周礼颂扬备至,短短五个字,极尽倾慕赞美之情。周礼"郁郁乎文哉"的原因,是在前两代制度的基础上,有所损益。孔子不反对修改礼乐制度,不是原教旨的崇古主义、保守主义者,否则不会在陈述"其或继周者,虽百世,可知也"以及"周监于二代,郁郁乎文哉"时,对礼乐变化有这种欣然、平静、自信的态度,他只是不赞成也没有想到人们可以根本放弃礼乐制度。

3.15　子入太庙,每事问。或曰:"孰谓鄹人之子知礼乎?入太庙,每事问。"子闻之,曰:"是礼也。"

通过小心翼翼地"每事问",把自己置于低下一级的地位,表达对礼的敬畏。这是孔子的行为艺术。对比一下，子入太庙，如果处处表现出对礼的熟稔、自信、从容，哪一种才更能凸显礼的威严和人在礼面前的渺小？

3.16　子曰："射不主皮，为力不同科，古之道也。"

六艺用于培养贵族子弟，使其有贵族的技能和风度，贵族子弟可以以此与平民子弟区别开来。六艺中的每一项都以技术细致、程序繁复著称，非长期专门训练无以精通，因此，可以把六艺看作贵族为自己阶层设置的准入技能和身份标识。射作为六艺之一，同样有培养气质、展示身份的作用，这一功能使射术越来越脱离实用目的，而趋于复杂精细。孔子时代，射术看来日益回归实用，崇古敬礼的孔子此言，有纠正时弊的意思。

3.17　子贡欲去告朔之饩羊。子曰："赐也！尔爱其羊，我爱其礼。"

与孔子相比，子贡更重实际，对只存形式的告朔之礼，子贡欲去之而后快；而且孔子不也有"不与祭，如不祭"的告诫吗？但孔子却主张保留这一仪式，原因很简单：如果以情、礼俱在为目标，比较一下是情不在但礼在离这一目标近，还是情不在礼也不在离这一目标近？前者距离目标无疑更近，所以孔子坚持保留告朔。前面"不与祭，如不祭"是孔子对自己提出的要求，是祭礼的最佳状态。

3.18　子曰："事君尽礼，人以为谄也。"

这是孔子的叹息或牢骚。谄与不谄，区别在于后者尽管也极尽恭敬，但却无处不合礼；而且从当事者的目的来看，他这么做只是为尽礼，不是为取悦国君。当时人们对孔子肯定有非议，评论传到孔子耳朵里，孔子才有这样的反应。这表明孔子这时还没有进入耳顺之年，否则必会一笑置之;或者孔子只是向弟子作出说明,借机教育弟子。礼如果只是一套习惯法,没有更坚实的基础,那么当社会结构发生了转变,我们看不出坚持礼的必要性何在,除非给我们提供充分的理据。而正是在提供理据这一点上,孔子做得很不够。保守未必不好,但不论保守还是激进,都需要为自己的观点论证。孔子以一套被认为不合时宜的礼事君,时人自然有理由嘲笑他;而今天如果有人主张用孔子时代已被证明不合时宜的习惯法来治国,人们就更有理由嘲笑他了。

3.19　定公问:"君使臣,臣事君,如之何?"孔子对曰:"君使臣以礼,臣事君以忠。"

孔子"事君尽礼",但礼不只对一方提出要求,而是要划定当事双方的"规定动作",明确双方的责任,不仅要求"臣事君以忠",还要求"君使臣以礼"。只是从这句话里我们无法判断,对君、对臣的要求是各自独立的,还是互为条件的;也就是说,"臣事君以忠"是不是需要以"君使臣以礼"为前提,如果"君使臣不以礼",臣是不是可以不"事君以忠"。从孔子的表现及礼在孔子学说中的至高地位看,孔子应该倾向于后一种主张,即双方的责任互为前提。孔子并不是愚忠、死忠。

3.20　子曰:"《关雎》,乐而不淫,哀而不伤。"

"乐而不淫,哀而不伤",既是评论《关雎》篇中所抒发的情感,也是对君子处理情感方式的建议:凡事合度,处处节制。节制也是希腊四主德之一,按柏拉图的说法,指的是理性对情感和欲望的控制。孔子没有用这一定义,但意思应该相去不远。

《关雎》既成为"乐而不淫,哀而不伤"的典范之作,参照它我们就可以知道孔子心中的适度标准到底是什么,乐和哀允许到何种程度?《关雎》

里有"窈窕淑女,寤寐求之。求之不得,寤寐思服。悠哉悠哉,辗转反侧"的句子,可见对于男女之情的尺度,孔子还是相当宽松,认为思恋到废寝忘食,也还在适度范围。尊重并顺应自然情感,尤其是人伦情感,其实是孔子伦理的一个根本特征。在《论语》中,孔子从不否定父子之情、男女之情。知道男女之情之热烈,孔子给出的尺度与处理其他情感的尺度也大不同。这就像亚里士多德所辨析的,是否适度不是量的平均,不是先有一个独立的标准,而是根据所面对的事物的性质而定。孔子没有这么明确的论述,但在为男女之情定标准这件事上,他做到了。

3.21　哀公问社于宰我。宰我对曰:"夏后氏以松,殷人以柏,周人以栗,曰,使民战栗。"子闻之,曰:"成事不说,遂事不谏,既往不咎。"

这节中对话者的用意难以推知,只能把注意力集中在孔子教导的字面意思。孔子这一句话里反复申明的就是对过去之事的态度,主张不说、不问、不追究,以回避来息事宁人。这是一种实用为主、和为贵、面向未来的态度。这种态度非常理性,与过去相比,现在和未来当然更为重要。过去不可改变,纠结于过去而牺牲现在和未来,只会使损失更大。孔子这里的观点与功利主义的原则非常接近,若果真如此,则功利主义在这类问题上面对的诘难,孔子也必须面对。而且,即便完全从功利主义的角度出发,孔子的态度也有值得商榷之处。有时候,不忘既往才能最大限度地收获未来。

3.22　子曰:"管仲之器小哉!"或曰:"管仲俭乎?"曰:"管氏有三归,官事不摄,焉得俭?""然则管仲知礼乎?"曰:"邦君树塞门,管氏亦树塞门。邦君为两君之好,有反坫,管氏亦有反坫。管氏而知礼,孰不知礼?"

《论语》中,孔子多次谈及管仲,每次评价都不相同。这倒不是孔子前后不一,而是因为分别从不同方面评价管仲,得出的结论当然不同。孔子没有因为管仲的功绩而掩盖、文饰他的劣迹,也没有因他德性上的缺欠而否定他的功业。德性本来就是多方面的,德性只是所有品德的总称。一个人不可能一好百好,也不可能一无是处,这样的态度和评价都是对道德的不认真,是孔子所不屑的。评价一个人就应该具体地、分门别类地评价,这与人性的复杂性是相一致的。对一个人可以有爱、恨这种强烈的情感,但如《礼记》所说,要"爱而知其恶,憎而知其善",这才是理性、客观、公允的态度,才标志着一个人思想的成熟。后文中子贡为殷纣鸣不平,也是这个道理。

3.23　子语鲁大师乐,曰:"乐其可知也:始作,翕如也;从之一,纯如也,皦如也,绎如也,以成。"

孔子精神生活中,始终有音乐相伴。《论语》中谈音乐的地方也很多。这是孔子精神丰富、心灵充实、富有生活情趣的表现。他的精神世界里,还有未曾、同时也无法用语言表达出来的一面,因此他的言语并不是他精神的全部。也可以说,只凭对孔子言语的亦步亦趋,并不能达到孔子的境界,孔子的言教只是通向孔子境界的门径。孔子教导弟子"食无求饱,居无求安",但在条件允许的范围内,还是可以见到孔子对精致高雅生活的热爱和追求。

3.24　仪封人请见,曰:"君子之至于斯也,吾未尝不得见也。"从者见之。出曰:"二三子何患于丧乎?天下之无道也久矣,天将以夫子为木铎。"

一个小国边境小城的小吏,能慧眼看出孔子的天命所在,这是一件值得稀奇的事,原因可能正是所谓"卫多君子"。不是仪封人眼光有多好,智慧有多高,而是因为这位仪封人恰巧是多君子之国中的一位君子。在当时,君子之为君子,在于他熟悉并愿意遵守礼乐制度,这样的人识人,当然以礼乐为准,而孔子本人正是按照礼乐文化培养塑造出来的,所以仪封人说出,"天将以夫子为木铎",就一点也不奇怪。换言之,仪封人不是发表了多么准确的预言,说出了什么惊人的秘密,他只是表达了他自己的价值观而已。所以,这句话,除了用来证明仪封人自己,并不能证明别的什么。

3.25　子谓《韶》:"尽美矣,又尽善也。"谓《武》:"尽美矣,未尽善也。"

尽美是对乐曲本身的评价。作为音乐,两首乐曲都达到了极致。尽善是对与乐曲相关的历史事件的评价。由《韶》尽善而《武》未尽善,可知孔子对两件史实的评价。《武》虽未尽善,但孔子不反对武王伐纣之举,只是说它不是转换天子之位的最佳方式,但最佳需要因缘际会,单凭人力并不可得,是可遇而不可求的事。如果没有最佳选项,次佳在情境之中是不是上升为最佳? 对情境中的当事者的选择而言,应该是的,我们不能因为他没有选择最佳而批评他,因为他已经从可能选项中努力选出了最好的一个。但就这件事本身而言,不论是从它的审美价值或其他方面,我们依然可以而且也应该为其不足而感到遗憾。

3.26　子曰:"居上不宽,为礼不敬,临丧不哀,吾何以观之哉?"

这是专门对居上者的告诫,宽以待人是居上者才可能有的品德,居下位者想不宽以待人也不可得。居上指的不仅是政治地位,一切享有权力的,相对于不享有此项权力的,都是居上者,比如教师对学生、老板对雇员。当然,孔子这里主要指向在位者。其理与"富而无骄"、"富而好礼"相同。

里仁篇第四

4.1　子曰:"里仁为美。择不处仁,焉得知?"

里仁,具体来讲就是择友择邻。孔子选择友、邻的标准非常明确,"亲仁"、"无友不如己者"。教育学里面特别重视学生之间的同伴教育,认为来自同伴的影响甚至大于来自家庭、来自教师的影响。孔子注重环境对德性的影响,应该来自他的生活经验和教育经验。这一认识不难从日常经验中获得。后来传说中的孟母择邻,与孔子这一教导对应。

康德认为理想的状态是所谓目的王国,就是生活于此国度的每一个人都把人当作目的,而不仅仅把人当作手段。里仁,其实也就是选择一个其中都是仁人的共同体而生活,这就是一个现实中的目的王国。仁是善,孔子又以里仁为美,这是继论《韶》乐之后,孔子再一次谈到善和美的统一状态。由此可以推知,孔子说的美,指的是和谐舒畅、了无缺憾的意思。

4.2　子曰:"不仁者不可以久处约,不可以长处乐。仁者安仁,知者利仁。"

希腊谚云,品德是一个人的保护神。孔子这里说的是同一个道理。有美好品德的人不仅对他人有益,他自己首先得益,这是培养、保持德性的动力。孔子坚信这一点,《论语》里反复谈到。这是一种德性等于幸福,或德性是幸福的必要条件的观点。今天我们知道,德性(品德意义上的,不是希腊哲学中的"卓越"意义上的)与幸福有关联,但德性不等于幸福,有时候也未必是幸福的必要条件。孔子对德性与幸福之间关系的看法,是一种对德性寄望过重,对人性和世界过于乐观的看法。如果两者的关系果然如孔子所期待的那样,这世界就"无人故意为恶",早就实现目的王国了。

4.3　子曰:"唯仁者能好人,能恶人。"

仁德帮助我们确立了是非标准,不仅让我们知道如何做自己,也让我们知道如何对待他人,不会以自己的一时好恶去判断别人而失于轻率,失去公正。亚里士多德说基于善的友谊才是真正持久的友谊,说的也是这个意思。

4.4　子曰:"苟志于仁矣,无恶也。"

真正致力于仁,就不会作恶了。在孔子的定义里,仁有时是德性,有时是原则,有时是情感,有时是心理状态。这里的仁,就是心理状态。志于仁,就是沉浸于仁,具有仁的状态,在这种状态里,就不会作恶了。如果把仁解为德性、原则,"苟志于仁矣,无恶也",孔子比任何人都了解行仁之艰难,不会有这么天真的判断。

4.5　子曰:"富与贵,是人之所欲也。不以其道得之,不处也。贫与贱,是人之所恶也。不以其道得之,不去也。君子去仁,恶乎成名?君子无终食之间违仁,造次必于是,颠沛必于是。"

孔子是道德家,坚信道德至上,且终其一生都在传播道德,但孔子没有因此而否定生活中的其他价值，没有谆谆教导大家财富不重要，心灵才重要，财富不能带来快乐等等。财富、权力、荣誉、地位，都有其价值，都是重要的。如坚持说它们不重要，那我们首先会怀疑你和我们有不一样的价值观，甚至不一样的人性，这样我们之间就失去了进一步对话的可能；而如果我们发现你只是嘴上说它们不重要，实际上比我们更热衷于追求富与贵，我们怀疑的就不仅是你的观念，而是你的人品了，这样你的话就更没人信了。

孔子是个诚实的人，有和我们一样的人性和价值观，这是我们能与孔子对话，听孔子对其修养经验娓娓道来的前提。孔子承认，"富与贵，是人之所欲也"，这是个全称判断，每个人都包括在内，差别只在于富贵对每个人的吸引力大小不同，每个人愿意为富贵付出的努力有所不同，如此而已。每个人都想得到富贵，按元伦理上的自然主义的思路，接下来就可以推出，所以追求富贵在道德上是善的。孔子不会犯这种自然主义的错误，他是道德至上论者，这使他能轻易避开把"是"等同于"应该"的逻辑陷阱。孔子承认富贵重要，但与富贵相比，道德更重要，道德不是根据富贵来定义，富贵要服从道德的安排，"不以其道得之，不处也"。富贵如此，富贵的反面，贫贱也如此，论贫贱其实不过是在强化前面的论断。"君子无终食之间违仁"，是说经过长期修养，仁成为内在情感和自发要求，只有如此，才能扬眉瞬目，都在仁中。这种状态不易达到，以孔子之真诚努力，也是到70岁以后才有的境界。

4.6　子曰："我未见好仁者，恶不仁者。好仁者，无以尚之；恶不仁者，其为仁矣，不使不仁者加乎其身。有能一日用其力于仁矣乎？我未见力不足者。盖有之矣，我未之见也。"

这是下文中"为仁由己"的意思。李泽厚以此为例，认为《论语》中有许多说法直接矛盾。例如，一方面是强调'仁'的稀少、罕有、难得、不易做到……另一方面又强调大家都要做到，一刻也不能脱离；而且只要立志去做，仁是容易做到的，等等"[1]。《论语》里的确有不少说法不尽一致，但此例不是。李此说，是没有区分《论语》中对"仁"的不同界定导致的。当孔子说仁稀有难得时，是说完全达到仁的要求难得；当孔子说仁容易做到时，是说行仁德不假外求，纯由一己之力完成。一个人立志为仁，只要胜过自己的情感、欲望就能实现，不需要有胜过别人的力气，孔子因此说，"未见力不足者"，倒也不是没有，但孔子"未之见"。我们可以帮孔子补上，这种人的确有，就是那种先天意志力缺乏，或因后天原因导致意志力薄弱的人，不过这两类人在人群中比例并不大。

《论语》中关于仁的说法前后之间虽然没有冲突，但这些说法本身却大可商榷。盖这些说法都牵涉到关于道德的形而上学分歧，争论中的诸造各有理据亦各有缺陷，很难选出能令众人皆服的一种，而孔子基本不曾关注过主题背后的这些分歧，对他的选择之外的其他可能选择几乎处于无所知状态。在面对形而上的质疑时，他在不充分自觉情况下的选择，几乎是不设防御的。

4.7　子曰："人之过也，各于其党。观过，斯知仁矣。"

前文说过，孔子有识人的种种途径。这里又提供了一种方法。人以群分，失误过错也呈集体出现的形态，虽有特例，但总的说来大致不差。孔子因此有"及其老也，血气既衰，戒之在得"等种种语句，把年龄看作划分人群的一个重要指标，同一个年龄段的人，在某一些事上会有共同的感受。常有人说，哪里都有好人，哪里都有坏人。这话没错，但认可这话的同时也不要否认，被划分在同一群中的人可以有共同的心理、行为趋向，知道这一点，可以帮助我们把握总体的走势，便于做出判断。定量

---

〔1〕　李泽厚：《论语今读》，第111页。

化处理所谓群、总体的行为当然更好，但在孔子时代这是不可能的事；而且即便在今天，当需要我们迅速决断的时候，也依然离不开这一定性的方法。

4.8　子曰："朝闻道，夕死可矣。"

这句或许写作"朝闻治道，夕死可矣"或"朝闻道行，夕死可矣"离孔子本意更近。孔子无疑坚信礼乐制度即为道，而礼乐为孔子所熟知，对再次听闻作为知识的礼乐，孔子不应该有如此大的期待，以至于朝闻，"夕死可矣"。孔子期待的是礼乐重行于天下，为此，"夕死"还是值得的。

4.9　子曰："士志于道，而耻恶衣恶食者，未足与议也。"

恶衣恶食，并不为孔子所提倡；只要不违道，不以安、饱为人生第一目标，孔子也不反对谋衣谋食、鲜衣美食。但是孔子鄙视以恶衣恶食为耻的士人，认为这样的人心思都放在了衣食上，主次不分，所以"未足与议也"。这句话的关键在于"耻"，在孔子这里，耻是一种道德情感，应该只用在与道德有关的事上；而且"知耻"有"近乎勇"的动力。恶衣恶食，本不过是一种无关道德的处境，但志于道的士却以此为耻；而既以此为耻，必然会奋力改变其处境，于是用心全在旁门，偏离了正道。

在这问题上，我们比孔子更宽容一些，不会反对基本生活尚且没有保障的人努力改善物质条件。提升自己的生活水平，对社会也是一个贡献；对于那些有家室的知识人，这甚至是一个不折不扣的责任，因为当个人选择影响家人时，就涉及了对家人的公正问题——你或许有牺牲自己的权利，但肯定不会有牺牲家人的权利。现代社会的普遍观念是，每个人都有追求幸福生活的权利，知识人也不例外。不过孔子这话显然不是从权利角度而论的，他也没有主张剥夺士人这一权利。孔子是从更高的道德角度、从精神境界来要求的。孔子提出的，只是一项不完全的义务，不是必须实现的完全义务。我们固然没有理由要求每个知识人都发奋忘食，安贫乐道。但如果这是知识人的自我要求，还是非常值得称道的。每一个时代都呼唤以天下为己任的道德英雄，孔子以"志于道"为目标培养弟子，取法乎上，不遗余力，可感可佩。

4.10 子曰："君子之于天下也，无适也，无莫也，义之与比。"

君子对于天下的人、事，没有先入为主的情感，而是根据义来对待、处理。这是孔子对以义处事待人的强调。这一原则是对人情社会的冲击、调整。人情社会，不以普遍的规则而以人际关系的亲疏远近定是非，在我们看来其实就是没有是非，因为对某一个人来说，人际关系的网络已经确定，是非也因此确定了。这是典型的"只有圈子没有是非"的社会。在孔子的伦理体系中，孔子为自然亲情留下了很大空间，但不能因此说孔子的伦理完全支持人情社会。这里我们就看到，在儒家所承认的血缘关系以外的人际空间里——范围广大的社会，孔子还是主张以"义"而不是"情"或"利"为普遍规则。传统社会未完成向契约社会转变之前，义的观念、义的意识[1]都不可能根本突破社会结构的限制，成为主导性的道德要求，但义这种对伦理普遍性和合理性的追求力量仍然很大，对由人情和利益编织起来的社会网络起着纠正、制约的作用。

4.11 子曰："君子怀德，小人怀土；君子怀刑，小人怀惠。"

这里君子小人应该是以品德来区分的，如果是以权位区分，我们就不理解居上位者怎么就不关注土地和恩惠，而居下者又怎么不关注德性和

---

〔1〕 这里"义"的观念是指接受义作为普遍规则，知道义是一种普遍的道德要求；义的意识是指个人对这种观念的认同、义的观念对个人行为的约束力。

刑罚了。有品德的人,关注的都是抽象的东西、与国家治理有关的东西,因此怀德、怀惠;而不具备品德的人,所关心的都是眼前的利益、个人的得失,因此怀土、怀惠。

4.12　子曰:"放于利而行,多怨。"

柏拉图曾经论述说,[1]如果以自我利益而不是以高于个人利益的某种原则为规范,那么即便一个盗贼的群体即一个反社会的乌合之众,也无法长久维持。如以利益为原则,利益具有排他性,你占有则我不能获得,这样群体成员之间必争,争而没有超越利益的原则作为妥协之道,人群必解体。

孔子没有这一番论证,他直接给出了结论——可能是来自观察的结论:依据利益而行,由于人们之间有互相利用、协作的需求,人群未必一定解体,但社会一定多怨。多怨,于共同体、于其成员都不是好的状态,因此,社会不能以利益为最高规范。这是孔子义利之辩的初步,《论语》中孔子还会不断回到这个话题。

4.13　子曰:"能以礼让为国乎,何有? 不能以礼让为国,如礼何?"

"让"的反面是"争",孔子厌恶争,"君子无争",万不得已,也必须"其争也君子"。孔子看重稳定和秩序,因此崇礼;而稳定、秩序的最大破坏者就是争,因此也可以说,"争"是礼的反面。礼和让并置,就是出于这一缘由。孔子认为,治国很简单,因为我们已经掌握了最好的治国之道——以礼治国,让国家回到既有的秩序中去,则天下太平,此所谓"能以礼让为国乎,何有?"而如果反其道而行,礼制的用途也就丧失了。

---

〔1〕　柏拉图:《理想国》,北京:商务印书馆,1986 年,卷 2。

4.14　子曰："不患无位,患所以立。不患莫己知,求为可知也。"

孔子此说,是达到无怨的好方法。无位、莫己知,自己的这种处境本来都与他人有关,他人至少应该分有其责任,但经过孔子的巧妙挪移,都变成了与他们无关的事,似乎只需专注于自我修养,这类问题自可瓜熟蒂落,迎刃而解。作为一种自我心态的调整,孔子的建议有价值,但这话很容易流为不知人、不授人应得之位的人的强词夺理。此外,作为尚无以立的修行者,孔子告诉他们慢慢来,先充实自己再说,这是至理名言;对已经有以立的学有所成者,求位、求为人知,应是理所当然。孔子自己就是这么做的。

4.15　子曰："参乎!吾道一以贯之。"曾子曰:"唯。"子出,门人问曰:"何谓也?"曾子曰:"夫子之道,忠恕而已矣。"

对忠恕之道的讨论一直以来特别热烈,也非常细致。[1] 夸张一些的,认为忠恕之道是孔子对世界的最大贡献,全球伦理、国际关系的未来发展,就仰赖我们对孔子忠恕的理解和贯彻了。[2] 有这种看法的人,对下述两点不应该无视。首先,孔子本人对忠恕之道,身体力行,一以贯之——我们暂且认为曾子对孔子之意的解释是正确的,但孔子在世时未能凭忠恕之道实现其政治理想;其次,忠恕之道表达的内容,不仅见于孔子,也可见于几乎所有成熟的伦理体系,比如耶稣伦理中的黄金法则,"你要别人怎么对你,你就怎么对别人"。而即使那些未曾明确表达这一原则

---

〔1〕　参看赵敦华:"金律、银律、铜律和铁律";王庆节:《解释学、海德格尔与儒道今释》中"道德金律、忠恕之道与儒家伦理"一章。北京:中国人民大学出版社,2004 年。

〔2〕　对全球伦理的发展前景,可参见赵敦华:"关于普遍伦理的可能性条件的元伦理学考察",载于《北京大学学报》2000 年第 4 期。赵敦华认为,全球伦理没有提出什么有效的主张,其形式意义大于实质内容。其努力虽有价值,但近期内不会有大的发展。

的社会或伦理体系,我们也不难从中看到这一原则的精神。可见忠、恕是古已有之的普遍、基本的伦理原则。当然,早就有这一法则,不等于这一法则已经被普遍贯彻实施。人类的确需要这一法则,但仅仅靠这一法则,一切政治-伦理问题真的会迎刃而解吗?而且,更重要的,这法则内在于几乎所有伦理体系中,这只能说这一法则看来是普遍的,但不能说含有这一法则的伦理体系因此就是普遍的。

忠恕所表达的内涵对伦理理论来说的确重要。忠,"己欲立而立人,己欲达而达人";恕,"己所不欲,勿施于人",表达的原则是"人其人,拿人当人"[1],含有"对等"、"平等"、"人是目的"、仁慈待人的意味;阐述的修养方法是"能近取譬",将心比心,推己及人。如果曾子对孔子的理解符合孔子原意,那么我们就可以排除他学说中推崇权威、等级,强调服从等思想,以平等和仁慈作为基本原则,重构孔子的伦理体系。这样就可以去除孔子学说中与现代价值观念不符的部分,使孔子学说面目一新。当然,这种做法绝不是无可争议的。有人坚信,权威、等级、服从不是孔子体系中的糟粕,而是其精华,去除这些,孔子便不为孔子,孔子对现代社会的价值也不再存在。也有些人认为,去除这些价值之后的孔子,其学说与现代伦理理论无异,这样我们也就不过多了一个现代价值的孔子版,孔子体系作为现代价值对照物的意义也就丧失了。

对于前一种异议,我们只能说,与权威、等级、服从相对的平等、自由、自主、权利等观念,是现代社会的道德基石,也是现代人普遍接受的价值观念,要想让现代人重新退回到古代的价值观念中去,且不论理论上对错,至少在操作上是绝无可能的。

至于后一种看法,我们要说,如果把孔子学说看作一种理论,那我们的确没有必要多此一举。但孔子学说除了是一种理论外,还是一种信仰,有准宗教的地位和影响力,而宗教教义需要时时革新,以对外适应时代的

---

〔1〕 李零:《丧家狗》,第 108 页。

要求,对内促进自身的发展。

孔子学说明确肯定等级制度,而忠恕之道却要求平等待人,在这两者之间究竟如何裁断? 我们不难知道,孔子平等待人、推己及人的要求是以既定的社会结构、人际关系为前提的,是在等级制背景下提出的要求,推己及人只能延伸到同一等级中的其他个体,而不会越出等级到达另一阶层的个体。对另一阶层的个体,孔子有另外的德性要求,比如对下的宽、对上的敬,等等。不过孔子毕竟没有明言忠恕不能用于不同等级不同阶层,这使后人在理解和应用时能超出本来的限制,而使其发挥真正的平等观念的作用。

4.16　子曰:"君子喻于义,小人喻于利。"

《论语》中把君子和小人置于绝对对立的地位,不论是道德上的君子小人,还是地位上的君子小人。君子有的,小人一定没有,君子行的,小人一定不行。作为教育中的劝勉、激励,这无不可,也没有什么明显的弊端,但作为客观描述,或政治建言,其思维和实践之弊则十分明显。比如,这句话里,除非再次把它理解为励志格言,否则不论把君子理解成有德的还是有位的,我们都看不出何以君子一定喻于义,小人一定喻于利。实际的情形是,不论是君子还是小人,也不论是哪种意义上的君子小人,大家对义和利都很明白,不同的是君子听从义的召唤——或者更确切地说,听从义的召唤的是君子;而对义的召唤无动于衷,听见装听不见的,是小人。

义、利并非高不可攀、深不可测的玄思妙理,义、利都在生活中,是生活中随时可遇见的概念、原则。只要对生活有最基本的理解力,对义、利也都会有所理解、有所把握。密尔反对知识精英可以帮别人作决定的主张,认为只有本人才对自己的需求(自己的利益)有真正的了解,哪怕这人是个白丁。这说法能得到生活经验的充分支持。人们的天赋指向不同的方向,对于抽象的理论,每个人的理解能力确有不同,但对于与每个人的生活直接相关的义、利问题,每个人都可以有一定程度的理解。

即使不把义理解成道德观念、道德原则,而是把它理解为道德能力、道德要求,也是同样的情形。我们知道,一个人的道德观念和道德意识的确受到他的教育水平、认知能力的影响,但这是就新颖、复杂的道德观念而言的,就基本的道德观念和道德情感而言,没有受过教育的乡野村夫和受过高等教育的专家学者之间并无太大区别。按生物进化论的观点,道德意识是生物进化的产物,早就植入人类这一种群的基因中了,各类道德判断无不以我们最基本的道德情感为基础,是道德情感的表达。中外哲学史上的各种良知说,就是凭着哲学思辨或生活观察最早发现了人的这种先天能力。基督教神学把道德错误看作人的故意为之,是有一定道理的。

4.17 子曰:"见贤思齐焉,见不贤而内自省也。"

这句话,我们更熟悉的版本是"三人行必有我师焉",其意思完全一样,都是人中学人,以人为师。贤于我的,是我学习的榜样,是我下一步要达到的标准;不如我的,是反面典型,对照他的错误,改正自己的缺点。对已经具备独立思考能力的人来说,孔子的这番教诲切实可行,身边的人的示范效果,确实非常强大。如果休谟来分析,会说这是因为身边的人带给我们的观念(休谟哲学中的"观念"就是"印象"的摹本)强烈生动,这种强烈的观念对我们行为的影响力比起不那么强烈的观念当然来的要大。至于反面典型身上的缺点,道理也是如此。[1] 不管是休谟的分析还是现代心理学的分析,都肯定身边的人对我们有重要影响。基于这一事实,孔子对弟子有"择不处仁,焉得智"、"无友不如己者"等诸般告诫。不过孔子显

---

[1] 休谟分析起来,不会真的这么简单,他会用几个最基本的概念,自我、他人、快乐、痛苦,以及所谓观念的三个通则,对孔子提到的这种效应进行分析,可参见他在《人性论》卷2"论情感"中"论爱与恨"一章。北京:商务印书馆,1983年。

然意识到,我们并不能总是置身于道德楷模中,里仁为美,但美常常不可得,我们"不得不和英雄和小丑走在同一条道路上"(海子诗句)。针对我们这一无可逃避的处境,孔子化不利为有利,"见不贤而内自省",魔高一尺,道高一丈。

4.18　子曰:"事父母几谏,见志不从,又敬不违,劳而不怨。"

圣贤难得。生育儿女会带给一个人生活和道德上的变化,但其道德水平不会因此飞速提升。大多数为父母者都是道德和见识上的普通人,会犯各式各样的错误,这对既要尽孝又要守礼的子女是个挑战。孔子不喜欢以思辨的方式构造道德困境,但现在这个道德困境不是来自思辨,而是生活中每个人都经常遇到的。从上文我们知道,当父之道与礼有冲突的时候,孔子用了一个折衷的办法来解决。现在的困难和那一个类似,区别在于前一种情况中其父不在世,而现在的情况中其父在世,因此使困难更棘手一些。孔子仍然主张用折衷的办法:好言规劝,如被听从皆大欢喜;如不听从——那简直是一定的,否则怎么是道德困境呢——也不要惹他们生气,自己要扛起所有烦恼。至于父母违道的事,看来孔子的意思是,那就只好由着他们,你在旁边生闷气就是了,反正你已经尽了自己规劝的义务,还能怎么样?应该说,这虽然是无奈之举,但同时也是开明之举,和现代人面对这类问题的选择十分一致。孔子充分尊重了父母的人格独立,没有赋予在这个例子中有道德和知识精英地位的子女替别人作决定的权力。这是孔子的家长制和柏拉图设想中的家长制的不同:柏拉图的家长(哲学家统治者)的权力来自知识,你掌握了真理,所以你有替别人选择的权力。孔子的家长的权力只来自一个自然事件,你是父亲,所以你有家长的权力。

这一个道德困境可以以折衷的方式回应,因为它只是事关父母自己的行为,子女在这里只是旁观者。而如果事关子女自己的行为,需要在服从父母和服从社会规范之间选择,这时冲突无可回避,子女应该如何呢?我们知道,孔子必定要求我们服从作为社会规范的礼制,所以孝是有限度的,孝不能超出礼划定的界限。

4.19 子曰:"父母在,不远游,游必有方。"

这是一条细致周到的建议,对爱父母同时又心思缜密的人来说,似乎多此一举;但对那些虽有亲子温情却思想粗率、不习惯从父母角度想事的子女,提醒一下还是很有必要。

4.20 子曰:"三年无改于父之道,可谓孝矣。"

此节重出。

4.21 子曰:"父母之年,不可不知也。一则以喜,一则以惧。"

这是一种深沉、微妙同时又非常普遍的情感。子女年既长,见父母体渐衰,会自然萌生这种既喜且惧的情感。孔子特意把知父母之年当作一项要求,可能意在提醒作子女的,人无永寿,尽孝及早,不要留下子欲养而亲不待的遗憾。

这几节集中谈孝。孝是自然情感,孔子又借助道德教化大大强化了这一情感,使孝成为一种压倒性的要求,而父母也藉此获得对子女的支配权力。孔子描画中的父子关系、家庭关系,基本笼罩在温情和煦的气氛中,对两代人可能有的冲突关注不够,对孝的弊端没有充分考虑,对子女一代的权利完全没有论及。这就造成两代人之间的权力悬殊——父母对子女有专制的权力,子女不可以合理抗命父母。这样的伦理安排,在每个家庭里面都设立了一个潜在的暴君。暴君是否要发作、现形,就全看自然亲情和道德修养施加的平衡力量了。汉代以后,法律开始儒家化,历朝历代"以礼入法",法律赋予父亲在家庭中的至高权力,一家之内不再有是非。比如在清代,"法律上明文规定,'父母控子,即照所控办理,不必审讯'。'天下无不是之父母',父母对子女的管教惩戒权本是绝对的,伦理告诉我们,子当'有顺无违',这不是'是非'的问题,而是'伦常'的问题……'是非'毋宁说是系于身份的。我错了,因为我是他的儿女。他的话和行为是对的,因为他是我的父亲"[1]。传统社会中,子女一代的人格独立、情感发展、自我实现,都受到父权家长制的严重制约,与把本属于自然情感的"孝"道德化甚至法律化有直接的关系,这恐怕也是孔子始料未及的吧。

4.22　子曰:"古者言之不出,耻躬之不逮也。"

又一次重申言行关系,还是做完了再说的意思,让自己实施、完成计划在前,宣布计划在后。这句话只可取其精神,而无法照搬到操作中。比如,如果我想捐钱,先捐后宣布,这可行;但如果我想集资成立基金会,就没法先做后宣布了,因为在这里说是做的一部分,不说就没办法去做。此外,对政府来说,孔子的教导就更难实施,如果政府不首先向社会公布、宣传其计划,那如何开展其计划呢?除非这是一个不用向社会负责的政府。

4.23　子曰:"以约失之者鲜矣。"

现实之中,事件的因果关系非常复杂,不是行为者能全部掌握和预知的,康德因此反对从后果角度看行为的道德价值,而主张从行为者的善良意志看其行为的善恶,因为在康德看来,意志是自由的,只有意志完全

---

〔1〕　瞿同祖:《中国法律与中国社会》,中华书局,1981年,第15页。

取决于主体,不会被外部世界的因果关系扭曲。孔子对外部世界没有这么不自信,他显然认为,人在很大程度上可以把握行为和事件的走向,人的品德够好,考虑够周全,谨言慎行,犯错误的可能不是没有,但会很少。

4.24　子曰:"君子欲讷于言而敏于行。"

孔子是教育者,教育者会面对不同时期的不同学生,也会面对不同时期的同一个学生。前一种情况,教导的内容不能不重复讲;后一种情况,除非受教者是颜回这样的学生,也不得不反复提醒,把讲过的话重复一遍又一遍。重复就是力量。

4.25　子曰:"德不孤,必有邻。"

嗜好分类和分析的亚里士多德,曾把友爱分为三种:互利的友爱、分享快乐的友爱和完善的友爱。完善的友爱即"好人和在德性上相似的人之间的友爱"[1]。完善的友爱之所以完善,是因为这种友爱是因朋友自身的德性,而德性具有稳固性,所以这种友爱在三种友爱中最持久。不仅如此,完善的友爱同时还具有前两种友爱的性质,即朋友之间可以互助以及令双方愉悦。孔子"德不孤,必有邻"说的也是"好人和在德性上相似的人之间的友爱",即完善的友爱。孔子相信这样的友爱必定存在,也就是相信世上必定有追求德性完善的人,而且他们还一定能相遇、结识、结交。从孔子自己的际遇看确乎如此,因为他三千弟子中为数不少的人是为"善"和德性而来求学的,而且他们相遇了,相逢于孔子,相逢于求善之途。或许正是从这里,孔子看到了善和德的力量。

---

〔1〕　亚里士多德:《尼各马可伦理学》,第 233 页。

4.26 子游曰:"事君数,斯辱矣;朋友数,斯疏矣。"

　　孔子强调自我责任,要求每个人首先对自己负责,一个人最要关心的是自己的道德是否完善、言行是否合礼,而不是对别人负责,为达到什么样的结果把自己赔进去。这就是后来孟子说的"独善其身"的意思,即使发达了,有机会善天下了,也以独善其身为前提,不会为天下而放弃善其身,所以善天下是"兼"而已。以此为出发点,孔子主张对君主和朋友保持适当距离,尽到责任即可,而不必代别人作主张、一定达到自己期待中的后果。这既是对别人的独立性的尊重,也是对自己的保护,和对自己人格的尊重。

公冶长篇第五

5.1　子谓公冶长：“可妻也。虽在缧绁之中，非其罪也。”以其子妻之。

　　本篇多为孔子对弟子及时人品德、才能的评价。如前文所说，评点人物是孔子重要的教育方法，也是道德观念施展其影响力的主要途径。口无臧否、拒绝做道德评价的，是那种明哲保身的好好先生，在道德上认真、对社会负责的人不会如此。

　　通过孔子的点评，我们既可以知道其弟子的品行，也可以了解孔子的修养标准和教育方法。孔子与弟子之间的关系相当亲密，对一些人是亦师亦父，对另一些人则亦师亦友。孔子不仅教导他们以礼，更教导他们以仁。相处日久，孔子对弟子性格、德性上的特点了如指掌，并随时提点。这样的师生关系和教育方法很有可称道之处，可以作为现代教育体系中师生关系的参照和补充。

　　孔子以“可妻”来评价公冶长，可知公冶长其人正直可靠。我们不知道孔子和女儿的关系如何，也不知道以当时的标准孔子女儿的条件如何，只能按一般的情况来推测。孔子只一子一女，古时虽有重男轻女的观念，但骨肉亲情并不稍减。人的生物本性和养育方式，决定了人对下一代的感情是所有感情中最深厚的一种。正是由于有这种本能、深刻的爱，所以在教导和对待子女时，最能显现一个人真实的价值观。我们见过太多对自己的子女用一套价值观而对别人的子女用另一套价值观的伪君子，所以历来对教育者的最大期望，就是像对待自己的孩子一样对待学生；不让自己的子女去做的，也不鼓动学生去做，这是对一个教育者最基本的要求。

从这些考虑可以推断，公冶长身上一定有孔子特别看重的品质，使他能放心地把女儿托付给他。[1] 孔子此举无疑是对公冶长极大的肯定。可惜从《论语》中我们不知道公冶长更多情况，只知道他曾蒙冤入狱。由此也再次看到，孔子并不十分在意世俗之见，不论是毁，还是誉。

5.2　子谓南容：“邦有道，不废；邦无道，免於刑戮。”以其兄之子妻之。

这一节可看作对上一节的补充。侄女在血缘上比女儿远了一层，但孔子的哥哥孟皮早亡，孔子对侄女，应该负有养育教导之责，民谚谓“生亲不如养亲”，说的是在养、教过程中积累的深厚情感，甚至可以超过单纯的血缘之爱。所以孔子嫁侄女的标准，肯定也会是其真实价值观的流露。南容的才能和其他方面的品质，我们不知。从孔子的评价可以知道，南容有智德，能识别国家大势，懂得保护自己；而且有操守，知进退，不会为仕禄而同流合污，因为“邦有道，不废；邦无道，免於刑戮”。

5.3　子谓子贱：“君子哉若人！鲁无君子者，斯焉取斯？”

孔子对君子有许多要求，达到君子的标准十分不易。子贱能赢得孔子如此无保留的肯定，其人品可知，这也正是孔子教导的成就，是令孔子特别欣慰之处，最后一句生动表现了这种欣慰和得意。教师为自己学生的成就而骄傲得意，是一件美好的事。

---

〔1〕　托付也者，当然不是在价值观念上认同男权，物化女性，而是还原历史的真实，因为当时女性在经济上的依附地位，说嫁女儿即托付女儿，并不为过。

5.4　子贡问曰："赐也何如?"子曰："女,器也。"曰："何器也?"曰："瑚琏也。"

孔门诸弟子中,颜回最为孔子称许、器重,子路、子贡与孔子最亲密、言语无间。子贡追问孔子对他的评价,对话一来一往,言语轻松活泼,这种融洽默契在今天的师生之间也属难得。孔子认为子贡比不上子贱,"君子不器",而子贡"器也"。聊可令子贡感到安慰的,虽然达不到君子,但在器中还算是重器。孔子的评价依的是孔子的标准,以今天的标准,子贡的修养、成就得分会更高。

5.5　或曰："雍也仁而不佞。"子曰："焉用佞? 御人以口给,屡憎于人。不知其仁,焉用佞?"

这一节里孔子道出了力倡谨言的部分原因,"御人以口给,屡憎于人"。冉雍虽然尚未达到仁的境界,但谨言慎行这一点很得孔子肯定。

5.6　子使漆雕开仕。对曰："吾斯之未能信。"子说。

孔子让漆雕开出去做官,说明在孔子眼里漆雕开有这个能力。漆雕开小心谦逊的态度,正是孔子一直提倡的,所以能令孔子欣喜。

5.7　子曰："道不行,乘桴浮于海。从我者,其由与?"子路闻之喜。子曰："由也好勇过我,无所取材。"

《论语》中,子路最能与"勇"联系在一起。孔子没有把勇列入德性,他似乎更多把勇当作胆量这种气质,而没有当成一种独立的品德修养。作为胆量，勇既可以引向好的行为，也可以引向坏的行为。孔子本人有勇，勇不能缺，缺了就没了行动的动力，见义也不敢为；但勇也不是越多越好，多了容易被勇牵着走，义反而退居其次了。孔子认为自己的勇不多不少恰如其分，所以，子路"好勇过我"，就容易失于鲁莽。

5.8 孟武伯问："子路仁乎？"子曰："不知也。"又问。子曰："由也，千乘之国，可使治其赋也，不知其仁也。""求也何如？"子曰："求也，千室之邑，百乘之家，可使为之宰也，不知其仁也。""赤也何如？"子曰："赤也，束带立于朝，可使与宾客言也，不知其仁也。"

"不知"在孔子是推脱、回避或委婉的否定，是把对事情本身的否定转移为对自己判断能力的否定，这样表达语气温和多了。今天我们如果要表达对自己认知或判断的否定，会用"不太懂"、"不太了解"等等，以避免断然否定所伴随的生硬，但意思仍是完全的否定。《论语》中孔子对弟子说话和对外人说话，口气明显有别。角色不同，说话的语气和使用的词汇不同，这是社会化的结果，也是一种修养。

在孔子的德性系统中，君子已经是相当高的标准，仁的标准更高于君子，更不容易达到。孔子眼中，弟子辈的人没有一个能完全到仁的境界。所以，不论是子路，还是冉求、公西赤，虽各有所长，但都"不知其仁"。

5.9 子谓子贡曰："女与回也孰愈？"对曰："赐也何敢望回？回也闻一以知十，赐也闻一以知二。"子曰："弗如也；吾与女弗如也。"

这一节说的是颜回的聪明。颜回闻一知十，触类旁通，有超强的领悟力，是以聪明见长的子贡的 5 倍。孔子的学说体系，在当时虽称不上学术的顶峰，但无疑代表着时代精神，没有一定的思辨能力，无法理解其全部学说，更无力把握其思想的发展。所以追随孔子，仅凭道德上的真心诚意还不够，还要有一定的学术和智力基础。

5.10 宰予昼寝。子曰："朽木不可雕也，粪土之墙不可圬也；于予与何诛？"子曰："始吾于人也，听其言而信其行；今吾于人也，听其言而观其行。于予与改是。"

颜回聪明而努力，宰予聪明但不努力。不努力本就不该，还空口许诺，言行不一。这些都是孔子特别警诫弟子的，而宰予偏偏要违犯。于是才有孔子如此疾言厉色的呵斥。孔子自己诚、善、上进，推己及人，特别容易把别人也想象成他这样，所以天真到"始吾于人也，听其言而信其行"。多亏宰予让他了解了人性的多样性和复杂性，使孔子觉悟出不仅要听其言，还要观其行——这倒也算是一次师生相长。这一节中，令孔子勃然而怒的不是昼寝这件事，而是宰予敏于言而讷于行，且不思悔改。

5.11 子曰："吾未见刚者。"或对曰："申枨。"子曰："枨也欲，焉得刚？"

"刚"这里指的是性格坚毅，不为外界的压力和诱惑所动，就是后来孟子所说的大丈夫的品性，"富贵不能淫，贫贱不能移，威武不能屈"。孔子解释刚的核心在寡欲，有欲即有所求，有所求则容易为所求的对象左右，这样能左右那个对象的人就可以左右有所求的人，于是原则和操守就退居其次，而外界的压力和诱惑升格到第一位。孔子对刚的定义，与康德实践哲学中的自律概念有异曲同工之妙。康德说的自律不是我们平常说的自我约束，而是指不由欲望而由理性决定意志；孔子的刚也是不屈服于欲望、遵从原则的意思。孔子的"从心所欲不逾矩"、心与矩同一，和康德的意志为理性法则所决定、自由的意志即理性的法则，两者思想有相通之处。不同之处在于，康德认为这样的道德境界在现实中是根本达不到的，只能通过设定灵魂不朽、让不朽的灵魂不断努力，逼近这一理想；而根据孔子的自述,我们看到,孔子在现实中达到了康德理想中的道德境界。

5.12 子贡曰:"我不欲人之加诸我也,吾亦欲无加诸人。"子曰:"赐也,非尔所及也。"

子贡表达的,正是孔子特别强调的"恕"道:己所不欲,勿施于人。有人认为,孔子"赐也,非尔所及也"所否定的,是子贡的话的前半句,即"我不欲人之加诸我也",而非后半句。因为后半句说的是子贡自己的意愿,行为是否贯彻意愿,在自己,是自己能决定、可把握的事,对此孔子不会说"非尔所及";但是别人的意愿,确是我们不能所及之事,故孔子有此说法。按照这样的理解,孔子告诉子贡的是,这个世界不完美,别人不会按照我们对待他们的那样对待我们。只是如此曲折的解释,既不合语言表达的习惯,而且也没有传达多少有实质性意义的内容:子贡是第一等聪明灵秀之人,对世道人心洞若观火,孔子实在无需向子贡指明这一显而易见的事实,孔门弟子也无需特意记下这一句正确的废话。这一章前后都是谈论人物,不是谈论世事,这一句应该同样如此。所以,完全不必费神绕那么大一个弯,这只是孔子和子贡闲谈中,对自己学生的一个评价,给子贡的操行成绩打了一个分数,告诉子贡他还没有完全达到恕道的要求,如此而已。毕竟,恕的表述虽然简单,达到恕的要求却十分不易。

5.13 子贡曰:"夫子之文章,可得而闻也;夫子之言性与天道,不可得而闻也。"

性与天道,不论采用哪一种定义,都是形而上的探讨所论及的话题。孔子不善形而上的思考,这应该是不争的事实,这是孔子不"言性与天道"的一个原因。但力不足不是最重要的原因,最重要的原因在于,孔子并不认为"言性与天道"对其根本关切有帮助。孔子强烈的现实关怀,从根本上排斥了对世界的无功利的好奇和沉思,他坚定地相信他已经找到了当时问题的解决之道。对他来说,剩下的不过是如何将它们付诸实施,所以他也不需要借助形而上的思考去寻求答案。如果同时代有与其竞争的理论,而孔子也愿意展开对话,这样或许也会激起形而上的思考和论辩,但显然孔子时代尚未形成这样的思想氛围。长于言语的子贡、宰予都对形而上问题感兴趣,可惜孔子面对他们的追问大多避而不答。子贡此处的言论,读来有一种遗憾的意味,也正是由于这一原因。

很有一些人把孔子不言性与天道看作孔子学说的优势,这观点恐怕不能成立。把这看作优势,不外两种理由,一种认为对孔子的学说来说,形而上不重要;另一种承认形而上的基础是每一种学说都需要的,但孔子避开不言却十分明智。仔细分析会发现,这两种理由都站不住脚。先看前一种理由。我们知道,几乎每一种学说,尤其孔子这类学说,追问到底,都有其形而上的假设为基础,所以问题不是它们是否与形而上学相关,而只是它们是否阐明了与其本身相关的形而上问题。如未阐明,只能说这种学说不彻底,学说的主张者对自己的学说尚不自觉。作为一种学说的主张者,本来就有责任向听众阐明其所本的形而上思考,如未阐明是其失职。再来看第二种理由。说不涉形而上问题是其明智,也不外如下两种理由:首先,因其形而上基础不稳固或不清晰,因此最好不触及,以免自曝其短;其次,免得形而上的讨论分散其根本关注。第一种做法,是理论上的不诚实,有瞒天过海之嫌。但作为一种理论,欺瞒永远不是好的策略,瞒得一时不能瞒得一世,它终究逃不过其他学说的质疑和挑战,除非在抢得先机之后马上禁言,不允许其他理论与之竞争,或用愚民政策根本扼杀可与之竞争的学说的出现。第二种考虑既不明智也不可行。形而上的追问几乎是人的本能,不会因为回避而自动消失。与其徒然回避,不如迎难而上,亮出自己的思考,在质疑声中不断完善自身。所以,显然,孔子不言性与天道,不是出于自觉的选择,只是当时还没有这种理论需要,而孔子自己也没有预见到这种需要。把这说成孔子学说的优势,实在难以服人。不妨设想一下,一种是有形而上讨论的孔子学说，一种是没有这种讨论的孔子学说，我们更愿意要哪一种。难道前一种因为有了形而上部分反倒会逊于第二种吗？我们知道，如果坚持把孔子学说看作一种学说、一种理论，没有形而上部分无论怎么说都是缺憾；而如果把孔子学说看作一种哲学，没有形而上的思考（而不是形而上的理论）就很难说它够格称得上是哲学。那些反对以西方哲学的标准定义"哲学"的会说，为什么"哲学"就要用西方哲学的标准来定义？为什么不符合西方哲学的标准就不能称作"哲学"？这质疑不难回应，我们只需反问一下：你所说的"哲学"指的是什么？我们谈论的"哲学"指的又是什么？这定义是从哪里来的？不符合这定义的思考或学说有什么理由要称作"哲学"而不是其他，难道就是为了引起概念的混乱才要把不符合这定义的东西一定称作它吗？而你一定要这么做的话，你也不过是单方面改用了一个语词的使用方式而已，除此之外，你这么做的意义在哪里？

当然，我们的确未必非得把孔子的学说看作学术、称作学说或理论，我们可以把它们看作寓言，当成宗教信仰，这样没有清晰阐明的形而上学就真的成了一个优势，这既避免了理智的拷问，又向未来的多种诠释开放，就像《圣经》之于基督教。但是这样的处理方法，既与孔子自己的主张相抵牾，也不合其学说继承者的理解。

5.14　子路有闻，未之能行，唯恐有闻。

这一节，一句话，短短 12 个字，子路的率真、直爽、急如风火，跃然纸上。这句话说的是性格，不是德性，但德性与性格相关，比如急躁的人就不容易慎重，而心思缜密的人则相反。培养德性的同时也是在变化气质，我们不大能想象修养如孔子还是会遇事急躁，沉不住气，咋咋呼呼像《红楼梦》里的赵姨娘一般"动辄抓蝎子"[1]；哪怕孔子像子路一般，孔子的形

---

[1]　王蒙："安详"，载于《王蒙自述：我的人生哲学》，北京：人民文学出版社，2003 年。

象在我们文化中也会大打折扣,尽管子路非常可爱;或者想象一下如来如孙悟空一般的性格举止,如来也就不成其为如来。

在性格描述之外,这句话也向我们传达了子路对老师的教导的心悦诚服。只有对老师的智慧和德性有如此彻底的信服,才会有如此的表现,子贡和宰我恐怕就做不到这一点。

5.15　子贡问曰:"孔文子何以谓之'文'也?"子曰:"敏而好学,不耻下问,是以谓之'文'也。"

这句话是对孔文子的谥号和人格的解释、评论。孔圉其人如何,已经不重要,重要的是这句话中孔子的两个教诲,"敏而好学,不耻下问",尤其是不耻下问,因为敏而好学容易,不耻下问难。聪敏的人本来往往伴有强烈的好奇心,而且在学习中会不断获得成就感更增进自己的好学,迟钝的人在这两方面则正相反,所以不敏而好学是更重要的训诫、更难得的德性。不耻下问之所以困难,一是因为在上的人不屑于下问,反正正确的在下者要执行,错误的在下者也要执行,在上者因此没有求知求真的急迫和必要;二是"知"和"真"也代表一种权力,在上者总是想垄断包括这种权力在内的所有权力,一旦在下者明确在上者未必一定有知、有真,则在上者手中所握有的权力就会有所削减。所以在上者不知也要装作有知——领导是不会错的,永远都没错,错的只可能是下属。能明确在上者未必一定有知,而在上者本人也承认自己的无知,把"知"与"位"作适当区分,从而在决策时保持谦虚慎重的态度,尊重专业人士的意见,对传统的政治和文化来说,这都是难得的进步。

5.16　子谓子产:"有君子之道四焉:其行己也恭,其事上也敬,其养民也惠,其使民也义。"

孔子认为,子产有在位者的四种德性,殊为难得。不过子产正是孟子所谓"生于忧患"中的政治家,折冲于争霸的晋楚之间,不如此则郑国不能存。子产取得的政治成就无疑需要有高度的政治智慧和高超的政治手段,不可能只靠个人的品德——这里"养民也惠,使民也义"不只是君子的德性,也是一种政治策略,可惜这些都不会为孔子所见所提。子产的成功不是动摇而是坚定了孔子天真的道德万能的信念。

5.17 子曰:"晏平仲善与人交,久而敬之。"

人与人相交,久而敬之,虽不稀罕也不容易。"仆人眼里无英雄",意思是接触太频繁,笼罩在英雄身上的光环自然就褪去了。接触越久越为人所敬,只能说明晏子自有美好的品德,不是靠其位或其外在赢得一时的称赞。孔子的这一评价,如果只从辞令上考虑,是非常巧妙的称赞。当然,孔子不是玩弄辞令之人,他是把他对德性的理解和对晏子的认识如实表达出来而已。

5.18 子曰:"臧文仲居蔡,山节藻棁,何如其知也?"

臧文仲越礼、谄神,与孔子的相关主张背道而驰,其行为既不明智,其见识也不高明。孔子称其不智,良有以也。

5.19 子张问曰:"令尹子文三仕为令尹,无喜色;三已之,无愠色。旧令尹之政,必以告新令尹。何如?"子曰:"忠矣。"曰:"仁矣乎?"曰:"未知。焉得仁?""崔子弑齐君,陈文子有马十乘,弃而违。至于他邦,则曰:'犹吾大夫崔子也。'违之。之一邦,则又曰:'犹吾大夫崔子也。'违之。何如?"子曰:"清矣。"曰:"仁矣乎?"曰:"未知。焉得仁?"

这一节从否定的角度谈仁,即仁不是什么、区别于什么,是对概念的辨析。这种辨析不是通过逻辑思辨、语词分析,而是通过具体的例证。孔子的谈论既澄清了概念,也评价了人物和事件,是十分有效的教学法。在德性系统中,"忠"和"清"都是好的品德,但未及最高德性"仁"。

5.20 季文子三思而后行。子闻之,曰:"再,斯可矣。"

这是孔子因人而论事,如季文子换作子路,孔子就不会这么说了。谨慎是一种德性,但过度谨慎失为寡断。机会稍纵即逝,寡断会错失许多机会,所以谨慎必继以决断,才是完整的德性。

5.21 子曰:"宁武子,邦有道,则知;邦无道,则愚。其知可及也,其愚不可及也。"

邦有道则大显身手,有所作为,国家获益,自己也得名利,这人人都做得到。邦无道则明哲保身,不同流合污,虽兼有了明智和清白,但才智不见用,失去了扬名得利的机会,这不是人人都能做到的,故曰"其愚不可及"。"天生丽质难自弃",对自以为有才智的人来说,不以才智赢取名利,需要很高的品德和很强的克制力。

5.22 子在陈,曰:"归与!归与!吾党之小子狂简,斐然成章,不知所以裁之。"

这一节是孔子对自己弟子的整体评价。孔子对弟子有期许,也有批评。但既入孔子之门,人一定不会太差;既为孔子的弟子,也一定能比之前更好。从这一句看,孔子对弟子们还是相当满意的。孟子把"得天下之英才而教育之"视为三大乐事之一,作为教师,孔子是成功的,也享受到了教育者的快乐。

5.23　子曰："伯夷、叔齐不念旧恶，怨是用希。"

这与之前的"既往不咎"是同一种主张。"不念旧恶"，善于原谅，宽以待人，于己，心境不为怨恨所困扰，情感不为怨恨所改变；于人，因为谅解了别人而能消解对方的内疚或敌意，获得别人的尊重和感激。不念旧恶的这两种反应，前者是必然的，后者则是盖然的。人心的反应并不总如前面描述的这么简单直接。宽宏大量，会被有些人解读为高傲或软弱可欺，因此并不带来尊重和感谢，而是变本加厉的怨恨和欺负。此外，从社会效果角度，维护社会的伦理规则和交往规则是每个人的责任，惩戒破坏这一规则的人，不论其动机为何，都是在维护这一规则，而谅解规则的破坏者，谅解者虽成就了自己宽容的令名，却没有尽到维护社会规则的义务。

5.24　子曰："孰谓微生高直？或乞醯焉，乞诸其邻而与之。"

"直"，直率、诚实，是孔子所看重的一种品质。"直"在德目排序中并不靠前，可以因其他更重要的德性而放弃。当然，当没有更重要的德性需要"直"来让路时，直也是一种不可不遵守的道德要求。在这一例子中，微生高大可不必因人乞醯而失其直，因为醯之有无是细小之事，微生高却似乎把它看得很重。

单就这一件事而论，说微生高涉嫌"卖直"[1]，似乎太过，而且说不通，即使说其有伪，所售卖的也不是"直"，而是"惠"。生活中不乏这种过分热心的人，行为虽有不当，其居心却非常善良，他们是令我们感到人心的温暖的那些人。善良、热情战胜了直率、诚实，这种人虽有小过也大可不必大加谴责。孔子道德中，缺少的这是这样一种情怀。孔子主张保身，

---

[1] 李零：《丧家狗》，第125页；钱穆：《论语新解》，第133页。

不必为他人而牺牲自己,对国家、对别人止于有限的投入和同情,这样的道德在我们今天看来,在人类所有道德表现中,不是最高的道德。舍己为人,这种至高的道德情怀不必要求每个人都有,但有此情怀的难道不值得颂扬吗?孔子的道德是切实的,耶稣、佛陀的道德则令我们深深感动。

5.25　子曰:"巧言、令色、足恭,左丘明耻之,丘亦耻之。匿怨而友其人,左丘明耻之,丘亦耻之。"

这是从反面申述"直"。巧言、令色、足恭、匿怨而友其人,都是作伪,故为孔子所不齿。在孔子看来,不念旧恶也就够了,匿怨而友其人就过了;原谅你的敌人可,爱你的敌人就不必了。后文中"以直报怨",也是这个意思。

5.26　颜渊、季路侍。子曰:"盍各言尔志?"子路曰:"愿车马衣轻裘与朋友共,敝之而无憾。"颜渊曰:"愿无伐善,无施劳。"子路曰:"愿闻子之志。"子曰:"老者安之,朋友信之,少者怀之。"

师生三人的志向中,子路愿与朋友共富贵,做到这一点只需要"慷慨"这种德性。颜渊愿自己的善举发乎本心,谦冲自牧,不为虚荣、功利所动。颜渊只专注于自己的德性完善,而且是"不去做什么"的否定性的德性。孔子立意更高远,关怀更广泛一些,不仅涉及到朋友,也涉及到同辈、亲密关系之外的老者和少者,不仅关注自己的德性,而且也涉及到社会状况和百姓生活。

5.27　子曰:"已矣乎! 吾未见能见其过而内自讼者也。"

"见其过而内自讼",与曾子的"日三省吾身"的要求是一致的。孔子进一步的要求是,自省时若见其过,能不推诿,不文过饰非,不仅明确是非,而且要明确事主,如此才能不贰过。孔子说未见这样的人,可见"自讼"难度之大。孔子这话一点也不夸张,我们即便能发现自己的错误,也特别易于原谅自己。每个人心里面都有一个顽强、骄傲、不肯认错的自我在,要想让其低头,必须首先压制或打破这种自我观念。在这方面,基督教人类学和佛教心理学做出过十分有益的努力,成就卓然。儒家提倡换位思考,"以责人之心责己,以恕己之心恕人",是一种对治之术。

5.28　子曰:"十室之邑,必有忠信如丘者焉,不如丘之好学也。"

天赋是不可改变的,多谈无益;而好学与否是可改变的,经常谈谈可以起到促进、提醒的作用。孔子多次谈到自己的好学,这是他特别引以为傲的品质。关于孔子的好学,《论语》中侧面的记载也不少,如"子入太庙,每事问"、"吾少也贱,故多能鄙事"等等。此外还有孔子谈论好学的心得,如"知之者不如好之者,好之者不如乐之者"等等。不过像转向之后的苏格拉底一样,孔子的好学也有方向性,不是对一切都有好奇心。他的好学始终围绕他的关怀,"十有五而志于学",学的是典章制度,不是关于天道鬼神的形而上知识和自然知识。而且他的好学面向既往而非未来,其对象是既有的知识,而非未知的世界。

十户人家的村庄,必有如孔子一般忠信的人。这虽有修辞夸大的成分——先抑以后扬,为的是强调丘之好学,但与实际情况出入不会很大——孔子不是习惯于夸大其词的人,这也证明了"子禽问于子贡篇"(1.10)中我们关于当时民风淳朴、古道犹存的推测。

雍也篇第六

6.1　子曰："雍也可使南面。"

孔子虽不许弟子以仁，对他们的才能还是十分信任的。在论及入仕的资格时，孔子对弟子基本持肯定的态度。这是当然，以孔子的标准，当政者多为斗筲之人，而其多数弟子毕竟从学孔子多年，比当政者自然强出一大截，用他们替换当政者，在孔子看来其政绩一定超出。

6.2　仲弓问子桑伯子，子曰："可也，简。"仲弓曰："居敬而行简，以临其民，不亦可乎？居简而行简，无乃大简乎？"子曰："雍之言然。"

这里谈的是作为治道的"简"的尺度。在繁和简之间，孔子取简，这是他一贯的主张。但简也要遵循中庸之道，要有所克制，不能为简而简，否则就失去了简的目的。一味求简，不论是对待礼制，还是对待政治，都会丧失其本意，本末倒置。

6.3　哀公问："弟子孰为好学？"孔子对曰："有颜回者好学，不迁怒，不贰过。不幸短命死矣。今也则亡，未闻好学者也。"

从《论语》中看，颜回性情温和，清醒自省。这样的人能很快察觉自己的过失，发现自己情绪的波动，把本来就不多发的怒气消解在萌芽里，而不是引向他人，所以能不迁怒于人；因为知道过在何处、失在哪里，所以下次遇到类似情况也就知道如何避免同样的错误。这的确是一个好学者应有的素质。所谓好学，不仅是向老师学、向同道学，而且还能从自己的错误中学。在这一点上，颜回继承发扬了孔子的好学。

6.4　子华使于齐，冉子为其母请粟。子曰："与之釜。"请益。曰："与之庾。"冉子与之粟五秉。子曰："赤之适齐也，乘肥马，衣轻裘。吾闻之也：君子周急不继富。"

"周急不继富"，在孔子这里，不只是作为有德者之君子的个体行为准则，而且还用作有位者之君子的政治原则，这与孔子"不患寡而患不均"的言论源于同一思路。孔子这一思想，似乎从统治秩序角度考虑多于从公平、正义角度考虑，不能将其拔高为人道主义。但如当政者执行这一原则，其结果是每个人的利益都会得到平等的考虑，于处于弱势中的群体以及整个社会，都不失为一件好事。可惜，如此切中政治肯綮的原则，其实施与否最后还是只能取决于当权者的德性。被统治者缺乏讨价还价的资本，当权者多不愿向其让权让利，他们宁愿继富而不愿周急，于是只有通过朝代兴衰、王权更替，完成财富和权力的再分配。一次饥荒就足以颠覆一个王朝，其根源就在不均，在统治者的继富不周急。

周急不继富的另一好处，是充分发挥财、物的功效，物尽其用，创造福利。我们知道边际效益递减，继富所创造的效用有限，而如果把这些财富转移给急需的人，效用则大得多，从而创造更多幸福。

6.5　原思为之宰，与之粟九百，辞。子曰："毋！以与尔邻里乡党乎！"

粟九百，或是当时家宰的标准薪俸，或是孔子因原思家贫而额外添加后的数量。原思辞，或是因为孔子多付了，或是出于对老师的尊敬。不管是哪种情况，这个数量用来养家绰绰有余。对多余的部分，孔子的思路依然是"周急不继富"，建议原思分给有需要的乡邻。通过财富的再分配，实现"仁者爱人"。《论语》中记载孔子与下层平民间的交往并不多，我们熟悉他这方面的教导，却并不熟悉他的事迹。这一节记录的虽不是孔子与平民的直接交往，但从里面还是可以窥见孔子的真实态度和做法：对处境不佳的弱势人群，孔子充分体现出仁爱、慷慨的德性。一个人所交往的对象，可以粗分为三类：比自己强势的，和自己平等的，以及比自己弱势的。在对待比自己弱势的人方面，孔子言行一致，是真正的仁者。

6.6　子谓仲弓曰："犁牛之子骍且角，虽欲勿用，山川其舍诸？"

冉雍是孔子的得意弟子。这句话中，孔子对他的满意赞美之情溢于言表。冉雍出身贫贱，漆雕开出身手工业者，而且受过刑，但孔子因其品德而鼓励他们入仕。这是对以出身授职位的世袭制度的革新。在这一点上，孔子没有一贯的守旧崇古，而是顺应了社会的变化。

6.7　子曰："回也，其心三月不违仁，其余则日月至焉而已矣。"

孔子眼中颜回冠绝群弟子之处，就在于他在仁德上达到的成就："其心三月不违仁"，精神能长久地不离仁。心不离仁，可能是指动机、心思与仁合一，所思所想处处与仁一致。颜回去世时不过41岁，比照孔子自述志于学的几个阶段，孔子40岁之前也不过只达到"而立"和"不惑"的境界，离不违仁的境界还有很大距离，可知颜回进境神速，甚至超过乃师，如天假以寿，在修养境界上甚至有望超过孔子。其余弟子虽不过日月至焉，毕竟已经亲身体验到了与仁合一，也是不凡的成就。

6.8 季康子问："仲由可使从政也与？"子曰："由也果，于从政乎何有"曰："赐也可使从政也与？"曰："赐也达，于从政乎何有？"曰："求也可使从政也与？"曰："求也艺，于从政乎何有？"

季康子问的这三位弟子，都是孔子口中"其馀则日月至焉"的人物，即在仁德上初窥门径、有一定成就的人。除德性以外，孔门这三位优秀弟子还分别兼有果敢决断、通达事理、多才多艺的长处，称得上德才均备，在季康子手下从政任职，当然可以胜任。孔子推荐弟子，并没有从一贯的德性评价入手，而是从性格和能力入手，因为他知道，对方看重的不是德性，而是性格和能力。

6.9 季氏使闵子骞为费宰。闵子骞曰："善为我辞焉！如有复我者，则吾必在汶上矣。"

以一次事件写出闵子骞的清高。闵子骞此举，大有孔子的风格：坚持原则，保持操守，申明立场，但又足够委婉，给彼此充分的空间，而不是正面对抗。

6.10 伯牛有疾，子问之，自牖执其手，曰："亡之，命矣夫！斯人也而有斯疾也！斯人也而有斯疾也！"

孔子寿长，弟子多人先他而去，孔子对此莫不伤怀，这是师生之情的自然流露，也是仁者应有的情感反应。一种宗教，一种生命哲学，对苦难必须做出反应、给出解释，提出在精神上克服或消解苦难的对策，否则便不完备。冉耕"斯人也有斯疾"、颜回"不幸短命死矣"，作为哲人，或宗教家，孔子应该通过理论有所言说，而不能只是哀痛叹息。不过孔子显然并不以哲学家或宗教家自命,他像普通人一样回应生活中的苦难,只是比普通人更深情也更克制。

6.11 子曰:"贤哉,回也! 一箪食,一瓢饮,在陋巷,人不堪其忧,回也不改其乐。贤哉,回也!"

孔子这段话可做两种解读。首先,颜回三月不违仁,而仁的状态和仁的德性其本身就是对为仁的报偿,即"心不违仁"的人能体会到仁德之乐,这样,虽身在"人不堪其忧"的客观处境中,但"回也不改其乐"却是顺理成章的事。这里颜回的乐是一种精神之乐,对精神之乐,每个人都并不陌生,但颜回之乐与一般比如听音乐"三月不知肉味"的乐不一样,这是因德性而获得的快乐。德性是一种品质,没有表现为实现活动之前为什么能带来快乐? 正如人有利他的冲动,但冲动本身并不能带来快乐,只有冲动的满足才能带来快乐。这应该是因为,仁德除了是一种品德,也是而且首先是一种关于社会和人生的观念体系,是综合性的知识。颜回虽身在陋巷,没有机会施展抱负,把仁德转变为实现活动,但关于仁德的知识本身就带给他知识上的收获、俯瞰世界的神思清明、从日常种种超脱出来的解放、对人对世界的温情、以及克服自己私欲的成就等感受,其中不仅有"乐",而且可以不改其"乐",也就是说,别的东西转移不了他对仁德的专注。

其次,注者多把"回也不改其乐"中的"乐",理解为快乐之乐,但"不改其乐"的乐,也可以是"好之者不如乐之者"之乐。这样,"不改其乐"就是说颜回不放弃他所乐于从事的事,否则,如果乐作快乐讲,"不改其乐","改"和"乐"这样的搭配不协调;而"人不堪其忧"也不能解为"别人承受不了那种忧愁",而应该是"别人承受不了颜回所忧愁的事",但颜回偏偏乐于为那些事而忧患。按照这样的理解,这一句中的"其忧"、"其乐"其实指的是同一件事。

6.12 冉求曰："非不说子之道,力不足也。"子曰："力不足者,中道而废。今女画。"

孔子相信,自己是自己品德的决定者,正像自己是自己意志的决定者一样,这就是所谓"为仁由己","有能一日用其力于仁矣乎?我未见力不足者。盖有之矣,我未之见也"。冉求以力不足为自己的不努力辩解,是找错了借口。

孔子不关注"意志是自由的还是被决定的"这样的形而上学问题,他多次提到思想环境和道德环境对一个人识仁和为仁的重要性,根据孔子的思想,如果一个人从没接触过仁者、没有学习过关于仁的学说,仅凭他自己的努力,他不太可能会成为一个仁人。从这一点而论,为仁并不由己,而是受制于他所身处的环境。孔子的意思是,一旦这个人了解并且决心"用其力于仁",则是否能达到仁的状态,就完全取决于自己的努力了。但即使经过如此的限定,孔子的观点还是大有可质疑之处。我们知道,意志本身既不充分自由,也不充分有力,而是受制于之前和同时的多种因素。孔子未必没有意识到这一点,但作为教育者,对学生强调意志和决心的作用,是适当的,否则学生更会怨天尤人而不反躬自省。

6.13 子谓子夏曰："女为君子儒!无为小人儒!"

儒为一种身份和职业。既为身份和职业,就会有高下、雅俗、妍媸之别,就像今天同为教师,其人格和境界大不同一样。孔子针对子夏的教导,是告诉子夏,不能以进入、操持这种职业为终点,而应以居于这种职业的上游、成为这种职业中的典范为目标,取法乎上才是正路。

6.14 子游为武城宰。子曰："女得人焉耳乎？"曰："有澹台灭明者，行不由径，非公事，未尝至于偃之室也。"

公私分明，不以私害公、援私交入公门，虽不是努力去做什么，而只是不去做什么，在人情社会和人治制度之下，其实难得，否则澹台灭明也不会凭此一点给子游留下深刻印象。另一方面，子游不因下属不来主动结交而不快，对人的评价不受私交影响，也十分难得。

6.15 子曰："孟之反不伐，奔而殿，将入门，策其马，曰：'非敢后也，马不进也。'"

这一节孔子虽然只是在陈述"孟之反不伐"的举动，但无疑对其充满欣赏，不过孟似乎匿功太过而近伪了，一贯主张"直"的孔子，在这里表现得与之前有些不一致。孟殿后，显示了其非凡的勇气，别人的赞美、国家的奖励，都是他应得的荣誉。欣然接受，对别人的利益不会造成妨害；拒不接受，也不会增加别人的利益，除非他有意让荣誉于别人，但这不是助长他人作伪，有碍公正原则吗？不论军队还是社会，赏罚分明才会走上良性循环。

6.16 子曰："不有祝鮀之佞，而有宋朝之美，难乎免于今之世矣！"

对"而有"有"上下相因"和"上下相反"两种理解，[1]不论哪种理解，这句话重点都是在最后一句，是孔子对世道人心的感慨。孔子心中有明确的理想社会和理想制度，其慨叹与一般人心不古之叹并不一样。一般人的

---

[1] 李零：《丧家狗》，第135页。

叹息多只是用伦理语言表达对个人境遇的不满,对时代和社会的批评是盲目的、以个人为中心的,而孔子之叹显然不是如此。孔子并非从个人际遇出发,而是从他心中的理想——也是历史事实出发,在对等的比较之后得出的结论。所谓对等的比较,指的是同类事物之间比较,即制度与制度、社会状况与社会状况、个人表现与个人表现的比较,这样比较得出的结论才是有意义的。普通人经常展开错位的比较,比如以当下某些人的道德表现去与另外的制度进行比较,这就是无效的比较,得出的结论也是无意义的。

6.17　子曰:"谁能出不由户? 何莫由斯道也?"

在孔子的信念里,礼崩乐坏的解决之路明明白白摆在那里,但人们却偏偏绕路而行。对孔子来说,难的不是找到正确的路,而是如何让更多的人选择这条路。如果有足够多的人选择此路,整个社会就会走向治世。终其一生,孔子试过许多方法,行之有效的还是理念的传播,即教育和著述。孔子广收弟子,有教无类,为的就是让越来越多的人接受他的理念,这样就壮大了理念实现自身的力量,也赢得了未来,其意深长。

孔子有一个庞大的弟子群,这些弟子虽不是同时就学,但即便分散到孔子教育生涯的各个时段,每一时段从学的也颇为可观。这是一个团队,尽管组织并不严密。关于孔子如何管理他的弟子群,有一种来自"江湖"的视角,细节虽不够严谨,但这种"自组织"的思路,或可弥补"正史"的不足:"旧时代的拳师收徒弟学孔子。孔子有子贡帮他结交官府,有颜回帮他传学问,有子路帮他管人……从《论语》中可以看出,别人提问,孔子会耐心解释,子路提问,孔子一句话就驯服得他五体投地,这是在训练他一言以服众的能力,去管理其他徒弟。教师教育方法的不同,也是这个徒弟用处的不同。"[1]按这种说法,孔子是在有意识地建设自己的弟子团队。

---

〔1〕　李仲轩:《逝去的武林》,北京:当代中国出版社,2006 年,第 31 页。

如果此说有道理,则其许多言论作为,或可以加入这一维度来理解。

6.18 子曰:"质胜文则野,文胜质则史。文质彬彬,然后君子。"

"质"和"文"是人的精神气质中的两个方面,把质和文之分理解为内在、外在之别并不合适,因为它们都是内在的,但又都可以表现于外。孔子认为质和文,即气质中的质朴和文采应该是相互配合和制约的关系,这样才能成就丰富的精神世界,和得体的举止行为。孔子的这一理念,表达了人们对理想人格的普遍期待。

6.19 子曰:"人之生也直,罔之生也幸而免。"

这里道出了孔子看重"直"这种品质的原因。在孔子看来,"直"呈现了生命的本色,是最真实、最直接的情感表达,同时也是最基本的道德要求、最重要的生存法则,重要到只有直的人才能生存,背离直的人为生活和人群所不容、托庇于侥幸、靠搭便车才能活下来。孔子这里依然坚持道德本身即为报偿的信念,他对直之于个体生存的重要性的说法,与我们的生活经验不尽一致,不能令人信服;但他对直之于社会的重要性的说法,与前文所引的麦金太尔关于人类共同体必有最基本的道德规则才能存在之说不谋而合。我们知道,"直"的反面是"伪",即孔子所说的"罔",作伪、说谎、制定假的规则等等,都属于伪。按照康德和麦金太尔的有说服力的论证,伪只能充作个人谋取利益的手段,却永远没有资格成为社会规范和行为规则,因为作为规则的伪会自我解体,无法被普遍化。而如果一个社会道德良好,人们普遍具有高度的道德意识,或虽然人们的道德意识不高,但人与人处在一种相对固定的关系之中,那些一贯不直的人必遭整个社会的唾弃,无法展开其人际交往,其"生"真的就只能"幸而免"了。比较一下会发现,孔子的"直"的概念,与西方伦理中的自然法之说有相近之处。

6.20　子曰："知之者不如好之者，好之者不如乐之者。"

　　知、好、乐之说，可专指学道，也可泛指一切活动。这是逐层深入的三种境界，知之，只是将其作为认识的对象，没有情感带入，是"零度情感"；好之，开始有情感带入，但未深入其中，尚在过程之外；乐之，则是深入其中，享受其过程，以此为乐。颜回对孔子之学"欲罢不能"之说，指的就是这种境界。活动本身带给从事活动者以快乐，道德修养本身带给修养者以快乐。孔子道德本身即为道德的报偿的思想，不是没有道理，但需明确，这里道德的报偿只是指从活动中收获的满足，不能误认为一切有价值的东西都可从道德而来。实际上，许多时候，许多有价值的东西比如财富、权力，恰会因为奉行道德而有所失。

6.21　子曰："中人以上，可以语上也；中人以下，不可以语上也。"

　　根据学生的智力和知识程度选择教授的内容和教授方式，这也是一种因材施教。孔子强调好学，他自然知道，通过学习，中人以下，不论其材质还是知识，都可逐渐升级为中人，再继而升级为中人以上。正像今天我们知道的，智商也在变化中，一个人越经常地学习、思考，智商会越高。孔子对智力的两个端点上的人即"上智"和"下愚"——生而知之和怎么学也不知的人，持本质主义的看法，认为他们不可改变；对其余的人，则持反本质主义的看法，认为通过学习可以改变。教育家孔子主张因材施教，充分重视弟子的个体差异，重言传也重身教，这些在今天仍然不乏借鉴意义。

6.22　樊迟问知。子曰："务民之义，敬鬼神而远之，可谓知矣。"问仁。曰："仁者先难而后获，可谓仁矣。"

　　在5.18"臧文仲居蔡"一节，孔子谈到过何为"不智"，与这里谈的何为"智"正相对照。我们看到,孔子关于智的思想中有一个重要考虑,就是对鬼神的态度。这一节因表达了孔子的宗教观,而被人们反复提起。孔子对鬼神存而不论,持的是一种不可知的、实用主义的态度。这种态度对中国文化和政治的走向影响深远,其后果复杂微妙,多种因素纠结难分,对其利弊难有一言以蔽之式的总结——如果有那也肯定是错误的,因其牵涉极广,是一个大的问题簇,而不是简单的一个问题,用同一个答案回答不同的问题,结论的荒谬可知。

孔子此论本来是针对政治而发,如将其延伸至知识领域,主张在经验认识和哲学思考中对鬼神问题也存而不论、敬而远之,其利弊会各有显现。首先看其利。孔子这种态度是一种与先民感应思维相对立的彻底的理性态度,"在中国,理性态度大约在周朝逐渐兴盛……到了春秋时代,贤人智者更多和人道一并来理解天道,或径称人道来取代天道"。比如,孔子在德性上所特别推崇的子产,有"天道远,人道迩,非所及也,何以知之"的论述,"子产看重的是可由经验了解的周遭世界,是可得而知之的人道,而非经验不及的天道"。"子产、孔子这些人代表着理性态度在中国的兴起。整部《论语》简直就是理性态度的范本……从世界观的转变来说,从认知态度的根本转变来说,孔子的思想是革命性的。"[1]

另一方面,鬼神观念为世界各民族所共有,是人类思维发展到一定阶段的产物。对鬼神的思考、探求,与人类的形而上学冲动相关,是一种很难遏制的求知激情。这种激情有刺激思辨的作用,利用得好,可以从中产生宝贵的思维副产品,就像中世纪时神学之于哲学和科学,神学的结论固然不为今天的我们所看重,但通过神学的辩论却带动和发展了其他学科,拓展、提升了人类的理智世界。直到科学出现并成型以后,才接替了神学的这一功能。总之,鬼神本就是人类好奇、求知的对象,鬼神虽子虚乌有,但对鬼神的探求思考却意义重大。儒家生命哲学,是为传统社会的知识

---

〔1〕 陈嘉映:《哲学·科学·常识》,第37—38页。

精英而打造的，并不十分适合于精英之外的广大人群。对普通人群来说，神、灵魂、来世等观念才能安顿他们的心灵，平复他们生活中的苦痛。所以才有佛教传入后的迅猛发展，才有民间宗教的久盛不衰。佛教、民间宗教的这一发展空间，其实是儒家学说预先留下的。

这一节的后面一句，"仁者先难而后获，可谓仁矣"，杨伯峻译作"仁德的人付出一定的力量，然后收获果实，可以说是仁德了"[1]，这一解读不妥。仁是至高的要求，而且仁德必与他人有关，先劳动然后收获，这是人人可知的简单道理，在这一点上仁人不比农夫高，知道这怎么就称得上仁了呢？如此，则人人都是仁人了。钱穆将其译为"难事做在人前，获报退居人后"更恰当。[2]

6.23　子曰："知者乐水，仁者乐山。知者动，仁者静。知者乐，仁者寿。"

这节用比喻的方式解说智者、仁者的心理、性情，想还原孔子的意思，需要了解水山、动静、乐寿这些意象在当时的文化中代表着什么，但这些现在已无法确切推知，各种注本多根据《论语》中其他章节关于仁、智的说明反推水山等意象的意义，这样做并没有增加我们对孔子仁、智的了解，其贡献无非是说通了这一句话，使这句话变得可以理解，但不能认为这些解释就是孔子原意。用比喻的方法论理说事，如在语境中，尚有迹可寻，若无上下文语境，几无达诂之可能。这句话中用到的比喻权且不论，其逻辑实际上存在问题。孔子把智者和仁者并举，似乎认为智、仁不能兼得——从"知者动，仁者静"可读出孔子的这一层意思，因为不可能同时又动且静，除非玩弄辩证法——但我们看不出为什么智者不能同时有仁心，或仁者不能同时有智德。以当时的标准，孔子自己就是智仁兼备。

---

〔1〕　杨伯峻：《论语译注》，第 69 页。
〔2〕　钱穆：《论语新解》，第 158 页。

6.24 子曰："齐一变，至于鲁；鲁一变，至于道。"

这是孔子对两国政制风俗的比较、评价。"齐一变，至于鲁；鲁一变，至于道"，这表明在孔子心中齐、鲁去周道并不遥远，这是孔子对政治抱有信心和热情的重要原因。

6.25 子曰："觚不觚，觚哉！觚哉！"

这句话一般解作孔子对当日事物名实不符的慨叹，[1]是孔子触景生情，感时伤世，借题发挥，托物言志。句子再长一点，音韵再美一些，就是孔子的抒情诗了。

6.26 宰我问曰："仁者，虽告之曰：'井有仁焉。'其从之也？"子曰："何为其然也？君子可逝也，不可陷也；可欺也，不可罔也。"

宰我和孔子的对话，是对仁者是否可欺（不是可不可以欺骗仁者，而是仁者能不能被欺骗的意思）、仁德中是否兼有智的讨论。孔子的回答是，仁虽是至高的德性，但仁并不包含智，仁者未必一定是智者，所以仁者可欺；仁者虽未必是智者，但仁者一定不会是愚者，所以仁者之被欺骗也不会无限度地被骗。不合情理的事，自相矛盾的事，都不会让仁者上当。孔子阐明了仁和智的关系，告诉想作仁者的人，仁者不需要在才智上超凡入圣，从来不犯错误，从来不上当，仁者是从普通人中产生出来的，只要具备普通人的才智——普通人也不会被不合情理的事迷惑，通过努力就可以成为仁人。

---

〔1〕 杨伯峻：《论语译注》，第70页。

6.27 子曰:"君子博学于文,约之以礼,亦可以弗畔矣夫!"

孔子的主张,与现在的习惯说法"思想自由,行为保守"有相通之处。博学,就会见多识广;见多识广,就容易"思想复杂",既不会固执己见,也不会固执他见;对传统和权威的说法产生怀疑,在行为上就容易离经叛道。约翰·密尔会说,这正是保证思想自由的目的,自由的思想者穷尽各种可能性,这种试错有益于全社会,因此应该鼓励。孔子不会这么想,他知道博学的可能后果,因此给博学者加上了一道栅栏,博学的同时要"约之以礼",这样思想者就能回归主流,恪守传统,尊重权威了。只是如此一来,思想者的意义也就只在传承人文学术,不在创新、试错、求变了。

6.28 子见南子,子路不说。夫子矢之曰:"予所否者,天厌之! 天厌之!"

单就年纪而论,孔子对子路,既可以为长辈,也可以为兄长。两个人交深情深言也深,不仅"缓急可共,生死可托",而且也能"道义相砥,过失相规"。子路对孔子见南子不满,认为不合礼法,而形诸颜色。亲密的人之间,因为没有外在的礼、利的约束,彼此都是以本我相见,因此最容易失去耐心。孔子当然深知这一点,否则不会有"色难"的评述,但对子路之怒,还是忍不住急躁,而罕见地指天发誓,看起来竟然有些急赤白脸,是孔子不多的"失态",也正因为一反日常之态,才见出师生两人相交的实情。

6.29 子曰:"中庸之为德也,其至矣乎! 民鲜久矣。"

孔子把中庸推到德目中极高的位置,但《论语》中只此一处提到中庸,而且语焉不详——我们只知道中庸重要,但什么是中庸,孔子却没有告诉我们。于是只好根据"中"和"庸"的字义推测"中庸"的涵义,知道所谓中庸是平常、适度、中道、"过犹不及"等等意思。但中庸凭什么具有"至矣"的地位,仁不是最高的德性吗? 中庸与仁的关系是什么?

作为德性,中庸与其他所有德性全不相同。其他每一种德性都对应一项具体的要求,因为《论语》行文的问题,有时我们不明确某一德性具体要求什么,但我们知道,它一定表达着某种具体要求。中庸则不然,它不表达什么内容,不与什么具体要求对应。它与对其他德性的运用相关,在其他每一种德性的发挥中显现出来——它指的是处事为仁的分寸。处事为仁恰如其分、不多不少、不偏不倚,这是一种长期锻炼获得的能力。其他所有德性,当其得到运用时,都离不开中庸这种能力。从这一角度来看,才有"中庸之为德也,其至矣乎"的定位。

孔子没有向我们详细解说如何中庸、如何在过和不及之间取中。在传播和应用中,中庸之道特别容易流为"平庸之道":凡事不出头,不敢为天下先;为折衷而折衷;说话做事模棱两可,两头讨好,既不敢肯定也不敢否定。总之,就是把中庸之道解读成明哲保身之道,为思维、判断上的模糊混沌、不求甚解,为行动上的不敢承担责任找借口,这些做法与孔子的真实主张相去甚远。以前常有人拿孔子的中庸和亚里士多德的中道说做对比。孔子学说和亚氏学说确有两点非常接近,首先,两种学说都以培养君子——在亚氏那里是成功的公民——为鹄的;其次,两个人都强调中道、适度在伦理实践中的重要。参照亚氏对中道的说明来阐释孔子的中庸思想,这不是简单的比附或生拉硬拽、为比较而比较,而是以两位哲人在这一点上的心有灵犀为依据。亚里士多德写道:

"在每种连续而可分的事物中(根据译者注,连续而可分即可分割),都有较多、较少,和相等。这三者可以相对于事物自身而言,也可以相对于我们而言……就事物自身而言的中间,我指的是距两个端点距离相等的中间。这个中间于所有的人都是同一个一(即对所有的人都一样,笔者注)。相对于我们的中间,我指的是那个既不太多也不太少的适度,它不是一,也不是对所有人都相同的。例如,如果 10 是多,2 是少,6 就是就事物自身而言的中间……但是相对于我们的中间不是以这种方式确定的。如果 10 磅食物太多,2 磅食物太少,并不能推定教练将指定 6 磅食物。因为这对于一个人可能太多或太少,对运动员米洛来说太少,对一个刚刚开始体育训练的人又太多……每一个匠师都是这样地避免过度与不及,而寻求和选择这个适度,这个不是事物自身的而是对我们而言的中间。如果每一种科学都要寻求适度,并以这种适度为尺度来衡量其产品才完成好;如果每个好技匠都在其作品中寻求这种适度;如果德性也同自然一样,比任何技艺都更准确、更好,那么德性就必定是以求取适度为目的的……在适当的时间、适当的场合、对于适当的人、出于适当的原因、以适当的方式感受这些感情,就既是适度的又是最好的……所以,德性是一种适度,因为它以选取中间为目的。其次,错误可以说多种多样的,正确的道路却只有一条。也是由于这一原因,过度与不及是恶的特点,而适度则是德性的特点……德性是两种恶即过度与不及的中间。在感情与实践中,恶要么达不到正确,要么超过正确。德性则找到并且选取那个正确。所以虽然从其本质或概念来说德性是适度,从最高善的角度来说,它是一个极端。

"但是并不是每项实践与感情都有适度的状态。有一些行为与感情,其名称就意味着恶……这些以及类似的事情之所以受人谴责,是因为它们被视为自身即是恶的,而不是由于对它们的过度或不及。所以它们永远不可能正确,并永远是错误的……如果认为,在不公正、怯懦或放纵的行为中也应当有适度、过度与不及,这也同样荒谬。"[1]

之所以长篇引用亚氏的论述,是因为他在论适度中有三点可用来补充孔子的中庸之说。首先,适度不是数量上的平均,而是对我们而言的恰如其分;其次,相对于恶,适度是一个极端,这正可以用来理解孔子"中庸

---

[1] 亚里士多德:《尼各马可伦理学》,北京:商务印书馆,2003 年,第 45—48 页。

之为德也,其至矣乎";最后,邪欲恶行没有适度,所以,有些事只在人群中取其中并不是适度。比如,如果有吏皆墨,无官不贪,而我在其中既不不贪,也不大贪,我并不因此而具有德性——这只是我的生存保官之道,不是培养德性之法。当年如果孔子也像亚氏这样一番条分缕析,相信后世对中庸的误解和滥用会少很多。

"中庸"一般英译为 mean, moderation;中庸之道译为 golden mean, middle of the road。我友朱山之女朱晓婕,8 岁时听其父为她讲解中庸,随口译作"just right",这一译法十分传神。

6.30 子贡曰:"如有博施于民而能济众,何如? 可谓仁乎?"子曰:"何事于仁! 必也圣乎? 尧舜其犹病诸! 夫仁者,已欲立而立人,已欲达而达人。能近取譬,可谓仁之方也已。"

圣人是孔子树立的做人的最高境界。圣人和仁人的不同,不在于其内在情感和修养德性,而在于其外在的功业。仁人可看作圣人的预备队,其内在已经具备作圣人的品质,但圣人需要时运,需要有权有位才能实现兼济天下的政治理想。按孔子自己确定的标准,孔子在世时还不是圣人,只是仁人;但孔子死后,他教导的弟子、他传播的理念帮他部分实现了博施于民而能济众的心愿,后人尊之为圣人亦不为过。

孔子强烈的入世精神和济世愿望一直保留在儒家学说中,这既给儒家信徒以用世的动力,也带给他们以精神的紧张;当这种志向实现无望,许多人会因此产生挫败和失落感。孔子学说受诞生时代的限制,对生活理想的设想十分单一,而且有浓重的完善主义色彩,[1]无论是它当作个

---

[1] 有两种意义上的完善主义,第一种认为人有其本性,将这种本性发挥出来,即为完善,从亚里士多德到马克思,都是这种意义上的完善主义;第二种认为人生有单一的理想生活方式,每个人都应按照这种方式生活,这种完善主义在政治上容易但不必然导向专制。孔子学说属于第二种完善主义无疑,但应该不属于第一种。

人的生活方式还是当作现代政治图景，都应该注意它的这一局限。

"己欲立而立人，己欲达而达人"是孔子对仁的正面定义之一。忠恕之道是推己及人，不是舍己为人，两者都体现了道德精神，但却是不同的道德要求。推己及人不要求牺牲自己，而是以自己为本位，努力把别人当成和自己一样的人看待；舍己为人是以他人为本位，认为他人比自己更重要，要牺牲自己成全他人。如前文所说，后者达到的道德境界更高，前者作为道德要求更切合实际。

述而篇第七

7.1 子曰："述而不作，信而好古，窃比于我老彭。"

述而不作是孔子自述自己一生的作为，他旨在传承礼乐文化，而不是有所发明；信而好古，说的是孔子的思想旨趣，崇信传统，希望回到古代。返本和开新，继承传统和鼎故革新，两种倾向在文化和社会中都不应偏废，应取其中，在这里孔子恰恰忘记了自己视为至德的主张，一味崇古——虽然在述中有作，但不是自觉自愿地作，而是不得不作，而且与述相比，作非常之少——这决定了传统文化整体态度习惯回头看，从过去寻找当下作为的合法性，即使意识到要改革，也经常要托古改制。传统文化氛围中，提到革新先就气短，气势上比主张传统者首先矮了一头。过去和未来的势力对比严重失衡，为过去而牺牲了未来，这种状况在历史中虽并不一无是处——文化和价值的稳定和连续自有其价值，但为此错失的机会、付出的代价也很可观。

造成孔子这种价值倾向的，除了他本人的心理、性格因素外，与孔子"志于学"时所面对的传统也有关。在孔子的思想视野里，传统深厚、强大而且完美，令孔子不由不心向往之，于是对传统选择了述和信的态度。从我们现在还原出的周代社会政治状况来看，由周公所开创的礼制社会，大部分时期和谐安定，秩序井然，与其配合的文化礼仪也"郁郁乎文哉"。孔子投入这一传统,沉浸其中,思想和情感都不能自拔,于是终生作了传统的守护者和鼓吹者。

面对传统,多数人都会有和孔子相近的反应。作为哲学教师,常被要求为外系同学推荐哲学阅读书目。每逢此时,都会告诉对方,如果只是浅尝,领略一下哲学的风味辄止,最好不要直接阅读经典。因为每一经典,不管其中有多少错谬,对初学者来说,都如深海高山,只要读进去,就很容易被它说服,成为其信徒,从此被牵着走,难以自拔,直到遇到下一部经典,才有脱身的希望。但既是浅尝,不是专业修习,认真阅读下一部经典的决心和机会不会很多,于是头脑就成为这一部经典的跑马场(叔本华语),经典左右了思维,它的误区成了你的误区,它的偏执成了你的偏执。在不知情者看来,思维达到经典的水平,是值得庆贺的事。殊不知,多数哲学经典不过反映了过去时代的精神,虽然衡量哲学发展的时段远远长于衡量科学发展的时段,但"精神的丝缕牵着已逝的寂寞的时光"(鲁迅语),或许还有些审美的意味,而思维和见识停留在过去时代的水平上,就只能称之为落伍了。

7.2　子曰:"默而识之,学而不厌,诲人不倦,何有于我哉?"

如上文所说过的,孔子从来不忌谈自己的好学。这与伐善、施劳无关,他没有夸耀自己的博学而是肯定自己的努力,实话实说,是"直";而且,孔子也可以此示范、激励诸弟子。所以,杨伯峻认为孔子此处自谦为"这些事情我做到了哪些呢?"[1]是不准确的。孔子谦虚,更多表现为不夸大和谨慎,不是自我贬低。我们想象一个手不释卷、每事问、韦编三绝的人,对别人称"我不够好学",这该是一副多么滑稽虚伪的嘴脸啊。

---

[1]　杨伯峻:《论语译注》,第 75 页。

7.3 子曰："德之不修，学之不讲，闻义不能徙，不善不能改，是吾忧也。"

孔子自信自己的好学和敬业，不自信自己的德性。孔子列举的这几项对他不是什么难事，但依然使他忧虑。唯因为使他忧虑，所以不断警醒自己不可大意松懈。孔子特别看重德性修养，所以面对德性的要求，才不免有惶恐的感觉。

7.4 子之燕居，申申如也，夭夭如也。

这一节一般多解为孔子闲居在家时，神态和舒轻松。孔门弟子虽也不免神化孔子，但只限于神化其思想，不会神化其人——一个有日常生活的人，是很难被神化的。孔门弟子记载、描述中的孔子，可信可亲。孔子没有神通，也不会行神迹，只是一个博学、有德性的普通人。对闲居中的孔子的描述，让我们认识一个多侧面、真实的孔子，有"望之俨然，即之也温"的效果。孔子闲暇中呈现的一面，让后世的人能了解一个仁者的日常，了解一个安居于仁的人的愉悦松弛。

7.5 子曰："甚矣吾衰也！久矣吾不复梦见周公。"

这是孔子晚年回到鲁国后发出的慨叹。当其时也，孔子的道德修养已臻至善至美的境界，"从心所欲不逾矩"，但恢复周礼已经完全无望。从这一句喟叹中，我们看到的孔子是志不得伸、理想不得实现的怅惘和无奈。这大概是孔子晚年心境的写照，与他之前的得失观——"求仁得仁，又何怨"，和对未来的信心——"其或继周者，虽百世可知也"，大相径庭。

7.6 子曰:"志于道,据于德,依于仁,游于艺。"

这是孔子确立的做人准则。游于艺,以使求道为仁张弛有度,为以道德为主线的生活增加色彩和节奏的变化。这里孔子将"道"、"德"并列,因为"'道'与'德'本系两个概念,道是行为应该遵循的原则,德是实行原则而有所得"[1],后来"道德"成了一个概念,与"伦理"同义,但与"伦理"相比,仍保留着"有所得"的意思,比如我们会说一个人有道德,不会说一个人有伦理。

7.7 子曰:"自行束修以上,吾未尝无诲焉。"

孔子愿意传道于四方,这既是他的仁者之心,也是扩大其影响、实现其抱负的重要途径。所以只要有人以礼求教,孔子从不吝赐教。这不是孔子的自我标榜,而是他的实际作为。弟子三千的说法,以及"互乡难于言"一节,都可作佐证。

7.8 子曰:"不愤不启,不悱不发。举一隅不以三隅反,则不复也。"

但也不是人人都可得孔子其门而入,孔子对学生的资格有基本的要求。首先要以礼求教,"自行束修以上",孔子非爱其肉,乃爱其礼。求学需要有求学的态度,漫不经心,满不在乎,既看不起老师也看不上学问的人不可能学有所成。以礼而入,其实是检验求学者的诚意,端正其态度。教育者没有权威,教学效果不可能达到最佳。当然,教育者的权威与教学中的平等讨论不相排斥。其次,孔子要求学生有基本的智力水平,懂得举

---

〔1〕 张岱年:《中国伦理思想研究》,上海:上海人民出版社,1989年,第一章第一节。

一反三,活学活用。孔子非常看重这一点,颜回"闻一以知十","退而省其私,亦足以发",就是因为这种能力而大得孔子称赞。这项要求也容易理解:孔子教学,虽然所获不菲,但这并不是他收入的主要来源,他是以此传道,而不是以此为生,因此他不需要去维持、扩大学生人数。那些资质驽钝的,于孔子的传道事业无助,因此不必把时间、精力投入到他们身上,"举一隅不以三隅反",虽未必是下愚不移之人,但孔子还是选择不再教他。

至于"不愤不启,不悱不发",则表达了教学的基本理念。从中可以看出孔子在教学中重视学习者的主动性,不以知识的简单传授为目标。这种火候的把握,也只有在一对一的个体化教学中才有条件做到。

7.9　子食于有丧者之侧,未尝饱也。

这一节和下一节说的都是孔子参加丧礼的表现。死生事大,哪怕与我们不相关之人的死亡,也会令作为同类的我们恻然同悲,如约翰·邓恩所说,"每一个人的死亡都使我们减损,因为人类本是一个整体"。这既不必上升到礼,也不用上升到仁,这是情感的自然反应,是人类本性的流露。主子逢妻之丧鼓盆而歌,今日民间也颇有把丧事办成喜事、在丧礼中聚饮唱闹的,不知这些人究竟是全无心肝,还是果真超然于生死。阮籍葬母时饮酒食肉,[1]似乎以此反抗礼法,越名教则有,任自然就谈不上了。因为这时悲伤哀戚才是顺从自然本性的表达。

7.10　子于是日哭,则不歌。

上文提到阮籍葬母。据说阮籍爱母至深,侍母至孝,母亲下葬时号哭至吐血,但之前偏偏要"蒸一肥豚,饮酒二斗","饮啖不辍,神色自若"。[2]

---

〔1〕　刘义庆:《世说新语·任诞》第九。
〔2〕　同上。

我们知道,按正常人的情感,丧母的哀伤不可能继之以享受美食之乐,两者更不可能同时出现,阮籍如此的表现,只能说他或是心理扭曲,或是精神异常。这样的行径,孔子不为也。即使不满,孔子也不会用扭曲自己的方式来表达。何况,这样做也是对逝者及其亲人的不敬。"亲戚或余悲,他人亦已歌",这不正是凉薄之世的景象吗?

7.11 子谓颜渊曰:"用之则行,舍之则藏,惟我与尔有是夫!"子路曰:"子行三军,则谁与?"子曰:"暴虎冯河,死而无悔者,吾不与也。**必也临事而惧,好谋而成者也。**"

"用之则行,舍之则藏"是孔子对颜渊和自己的评价,当然也是孔子提出的一项原则。孔子在对子路的棒喝中,对"勇"虽不明确否定,但多有保留,这可能出于下列三方面的原因。孔子主张息兵止戈,而勇与战争相关,所以孔子不欣赏;勇更多是武士的德性,就像勤劳是农人的德性,他们都不是孔子的培养目标;勇与孔子特别重视的谨慎容易有冲突。

7.12 子曰:"富而可求也,虽执鞭之士,吾亦为之。如不可求,从吾所好。"

"富而可求",富指代官职,"可求"指的是不违礼法的机遇。如果有这样为国家服务的机会,即使职位很低,孔子也愿意去争取。但如果没有这样的职位,或即便有,但无法合乎礼法地求得,孔子宁愿"从吾所好"。好的是什么呢?不能解释为好的是道,因为好道与作执鞭之士并不是非此即彼的选择。"所好"指的应该是与执鞭之士对等的职业选择,指的是孔子正在从事的事,即传道、授业、课徒。在孔子的职业选择和价值排序里,哪怕很低级的官职,也高于他正从事的教师职业。从今天的眼光看,这似乎不免有官本位的意思。

7.13 子之所慎：齐、战、疾。

齐（通斋），斋戒。斋戒以迎祭祀。敬鬼神，慎重祭祀，是孔子一贯的主张，兹事体大，不管是对国家、对家庭，还是对个人。另两件慎重的，都与人命有关。李零说，"古人认为，祭祀和生命延续有关，是古之大事"[1]，如果真如此，则令孔子戒惧的，都围绕生命。后文中"'伤人乎？'，不问马"，表达的是同一种价值观。很久以来汉语中即有"人命关天"的说法，溯其源，或许可追到孔子这里。

7.14 子在齐闻《韶》，三月不知肉味。曰："不图为乐之至于斯也。"

孔子热爱音乐，造诣也高，每日弦歌不辍，乐此不疲，对音乐的感染力深有体会。《韶》"尽善尽美"，不仅有音乐本身的诸般妙处，而且承载和传递儒家所推崇的价值理念。孔子闻《韶》时刚过有所立之年，政治抱负正待展开，等待他的似乎是理想社会的复临。在这种心境之下欣赏《韶》乐，精神和音乐合一，长时间沉醉其中，不能自拔，亦属自然。三月和不知肉味虽有夸张，但这种夸张并不是凭空捏造。

7.15 冉有曰："夫子为卫君乎？"子贡曰："诺。吾将问之。"入，曰："伯夷、叔齐何人也？"曰："古之贤人也。"曰："怨乎？"曰："求仁而得仁，又何怨？"出，曰："夫子不为也。"

子贡和孔子的问答，听起来像是子贡担心孔子因帮助卫君而玷污了

---

〔1〕 李零：《丧家狗》，第149页。

自己的名声,因此用言语为孔子设下的圈套。子贡知道老师求仕心切,为此不惜冒天下之不韪去见南子,故不直接问以切近之事,而是用与孔子利益无关的伯夷、叔齐的故事征询老师的看法。以子贡之聪明和对老师平素教诲的了解,当然知道孔子对这件事的评价,"求仁而得仁,又何怨"。老师出言肯定伯夷、叔齐在先,卫国发生的事又与当年伯夷、叔齐之间的事属同一性质,以后再提到卫国政事,孔子必不能出尔反尔,于是老师的名声可保。子贡为老师名节苦心盘算,其情可悯。不过即使没有子贡的这一番设计,孔子应该也不会辅助卫君,当时卫国战争在际,孔子不从道德角度考虑,也会因"危邦不入,乱邦不居"的保身之道而选择离开卫国。

这段话中,重要的是"求仁而得仁,又何怨?"的教导。伯夷、叔齐最终有没有怨悔,我们不得而知;孔子对自己一生求仁虽无悔——让他重新选择,他还会这么做——但怨言还是免不了的。用马斯洛的说法,这些算是孔子的高级牢骚。

7.16　子曰:"饭疏食饮水,曲肱而枕之,乐亦在其中矣。不义而富且贵,于我如浮云。"

孔子自道的这段话,常与他称赞颜回"人也不堪其忧,回也不改其乐"的一段话放在一起,因为说的都是物质贫乏和精神愉悦之间的对比。孔子多次表达对富贵的肯定和向往,如"富而可求也,虽执鞭之士,吾亦为之",这一句话可看作对前述的重申和澄清:富贵是好的,但富贵的前提是义,义比富贵更重要,义有至上性,而富贵没有。合乎义的富贵,应该求;不合义的富贵,要回避。富贵是好的,但没有富贵,"义与之比","仁以为己任",同样可以快乐生活。

这段话,有意象有节奏,音韵流畅和谐,读来琅琅上口,很有语言的美感。

7.17 子曰："加我数年，五十以学《易》，可以无大过矣"。

对这句话的注解，都是和"五十而知天命"联系起来。这是注解者的自然的反应——两句话都是孔子自述，都出现了五十——这种反应当然很有道理。孔子关心时政，同时也关注天道，时政的走向必须放在天道的大背景下，否则必定一叶障目，不知庐山面目。通过学《易》，孔子希望获知天道运行的法则，这样就把天道、时政和个人的作为三者联系起来，就明白自己的进退了，"可以无大过矣"。这和今天人们熟悉的投资的考虑角度很像：国际经济环境，国家政策，行业的走向，三者相联，综合把握，富而可求。

7.18 子所雅言，《诗》《书》、执礼，皆雅言也。

这是一段有信息量且有趣的记载。语言、文字、口语与文明的关系，讨论已经十分充分，这里我们只看孔子如何区别使用两种口语。

雅言之外是方言。孔子在日常生活中，也就是当他以一个鲁国人的身份而出现、而活动时，使用鲁国的方言；生活之外，讲学、执礼时，也就是当他以周文化传播者的身份而出现时，使用雅言。估计在鲁国以外，也会用雅言。这容易理解，每种活动都有与此活动关系紧密或曰承载这种活动的语言，从事这种活动时操这种语言是自然而然的事，否则就会发生语言使用错位，比如执礼时使用鲁方言就是，日常中使用雅言也是。前者会使庄重的事变得滑稽，后者会使便宜的事既生硬又不方便。我们可以想象一下孔子用方言讲学、执礼，用雅言应付日常，立刻可以看出孔子原来的做法多么合理。

当孔子时代，教育并不普及，不同方言区的人之间的交流也不频密，操持雅言的人数肯定不会很多，所以雅言其实也就是一种官定的方言，其语言表现力不会比其他方言丰富很多。这和我们如今的"雅言"——普通话大不一样。今天普通话的使用人数极其广大,超过任何方言,而这么多人投入到这一种语言的使用和再创造中,其丰富性和表现力会越来越强大,这是任何一种方言都远远不及。此外,普通话的书写和口语也高度一致,这一优势也是方言所不具备的。孔子在今天,一定乐于顺应这种语言上的变化。

7.19　叶公问孔子于子路,子路不对。子曰:"女奚不曰:其为人也,发愤忘食,乐以忘忧,不知老之将至云尔。"

孔子说这番话时 63 岁,即便在今天,也足以算得上一个老人了;而在春秋时代,已是人生的暮年了。孔子从 15 岁开始志于学,随时随处都在学,年近五十学易,年过六十还在发愤忘食。对于孔子,学习成了一种需要,一种享受,甚至一种信仰:别的人以宗教抗拒对衰老和死亡的恐惧;而孔子以学来抗拒;别的人从宗教获得平安,孔子在学中收获喜悦,忘却忧虑。学是一个精神世界不断扩大的过程,同时也是一个不断自我超越的过程。孔子必是有强劲的生命力,才能驱使他一路"好学不厌",直至晚年。年轻时候好学,这不稀奇,因为年轻人有好奇,而且要学以致用。垂暮之年而好学的,就少见了,因为老人已失去了对世界的好奇,而且学也不再是谋生的需要了。这时候还能好学,一定是那种充分体验到学习的喜悦的人才可能。

孔子这一番话,是对其学习型的人生的总结,也是对《论语》开篇"学而时习之"的呼应,告诉我们一个能从学而习中感受到喜悦的人,当"走到人生边上"时,将是怎样的一种表现。这一节中"乐以忘忧"之乐应该解作"好之者不如乐之者"之乐,而不作"快乐"讲。乐以忘忧,不是因为快乐而忘忧,而是因为全心投入,到发愤忘食的境地,而忘记忧愁。孔子努力忘记的是什么忧愁呢?下一句孔子和盘托出:老之将至。老之将至并非不带给孔子忧虑——孔子为此多有感喟,怎么不忧虑了呢;而且,老之将至,不能为理想奔忙,实现理想的希望渺茫,怎么可能不忧虑?

7.20 子曰:"我非生而知之者,好古,敏以求之者也。"

孔子看重并孜孜以求的古代礼仪制度,都是经验的知识,不是康德所谓先天知识,即先于经验的知识,更不是先验知识,即关于认知形式的知识。经验知识不可能生而知之,必须通过学习、记诵才能掌握。孔子清楚自己学习的过程,知道自己知识从何而来,所以坦承,他不是生来就知道这些事,而是勤勉学得的。孔子自述知识的来源,并以此勉励弟子好学。只是,对经验性的知识生而知之者,孔子真见过有这样的人吗?估计孔子把周公算作这类人了,即把首创出这些知识的人算作生而知之的人。

7.21 子不语:怪、力、乱、神。

根据其不语,可以推知其语。朱熹《论语集注》,"谢氏曰:'圣人语常而不语怪,语德而不语力,语治而不语乱,语人而不语神。'"孔子不语怪、力、乱、神,是理性态度的体现,也是出于教化的考虑,因为政权和政治治理应该以常、德、治、人为基础。但作为自然现象或心理现象的怪、力、乱、神应该是认识和理论探讨的对象,不应该先入为主地排除于谈论范围之外。

7.22 子曰:"三人行,必有我师焉;择其善者而从之,其不善者而改之。"

他人是我们性情、品德的一面镜子。通过这面镜子,可以映照出我们自己的善良或不堪。与人一路同行,遭遇同样的事,更能对照出每个人态度、反应的差异,也就更能发现各自的长处和短处。这样,与不同的人交往,也就是向不同的人学习。从这一自述中,可以见到孔子的谦逊、好学、以及"能好人,能恶人"。对一个善于学习的人,看别人又何尝不是在反思自己。

7.23　子曰:"天生德于予,桓魋其如予何?"

孔子的身份和德性,及其"危邦不入,乱邦不居"的保身避祸主张,使其能避开许多危险、不与人直接冲突,至多受冷遇或被讽刺而已。即便如此,作为理想主义者的孔子,还是难免遭人嫉恨和陷害,也使我们有缘得见孔子面对突发事件或极端处境的反应。既是突发的不寻常的危险,神态如常并不是正常的反应,不同寻常的反应才正常,但这个不同寻常也不能一反常态,否则说明平时的修养功夫全没用处。孔子此时的反应合乎这些标准。他不同寻常地提到"天"与他自己的关系——孔子提到天,必定是情不能已,深有触动;但孔子不会十分失态,面对迫害,虽然愤慨、无奈,但其对自己使命的自信并不动摇。"天生德于予",这是一种自我期许,也是有益的宗教性的信念。更可贵的是,孔子不会偏执于这种信念而丧失现实感,而无视危险,他还是马上行动,远离了是非之地。

7.24　子曰:"二三子以我为隐乎?吾无隐乎尔。吾无行而不与二三子者,是丘也。"

孔子的胸怀、抱负,以及他从事的职业,都决定了他不会向弟子隐匿所学,但弟子未必全了解这一点,他们中一些人不免以一般的师徒关系去拟想与孔子的关系,以为既然那些传授技艺的人经常隐匿自己的技巧,孔子或许也会如此。他们忘了孔子传授的知识与匠人传授的技能有本质区别,技能是谋生的手段,徒弟与师傅存在潜在的竞争关系,而孔子与弟子之间并不存在这样的竞争。孔子诲人不倦，传授知识唯恐不尽。人难免被人误解，襟怀坦白如孔子亦不例外。人不知而不愠，即便受到学生的猜疑，孔子也只是心平气和地剖白澄清，并不居高临下，大发雷霆。

7.25　子以四教：文、行、忠、信。

文、行、忠、信，孔子教学的这四项内容应该是并列关系，不是递进关系。不能想象孔子教授文、行的同时，不教授忠、信，而一定要先教完文、行才教忠、信。教授内容中既有言传，也有身教。

7.26　子曰："圣人，吾不得而见之矣；得见君子者，斯可矣。"子曰："善人，吾不得而见之矣；得见有恒者，斯可矣。亡而为有，虚而为盈，约而为泰，难乎有恒矣。"

这一节中，因为"善人"的标准不明，很难给孔子提到的这四类人排出高下次序，而且，甚至很难说孔子提到的就是四类人，善人和君子很可能就是同一类人。"亡而为有，虚而为盈，约而为泰"难以恒久，如果把这些表现反过来，有恒就不那么难了。由此可知孔子所谓有恒，指的是何种品行。

7.27　子钓而不纲，弋不射宿。

据说这是孔子的环保思想，也有人说这是孔子仁心的体现。环保思想可解，仁心的体现不通。钓和纲、射宿和不射宿之间，在仁心方面看不出有意义的区别。[1] 这和孟子的"见其生不忍见其死"不同。孟子之说

---

〔1〕　钱穆："一鱼之于多鱼，飞鸟之于宿鸟，若所不忍，又何辨焉。"《论语新解》，第189页。

尽管已经十分牵强，毕竟还可以做一些区别。这可能是为了不助长贪得之心，不过为己甚；或只是古人渔猎时的禁忌，当时别的人已经置若罔闻，孔子好古，对此遵行不怠，所以弟子记录下来。

7.28　子曰："盖有不知而作之者，我无是也。多闻，择其善者而从之，多见而识之，知之次也。"

不知而作，所作之伪劣可想而知。实践领域和经验认识中的不知而作，容易被证伪，思辨玄学领域的不知而作很难被证伪，这一领域因此成为无知妄说的重灾区。孔子把自己的言谈尽量限制在经验范围内，或许就是有鉴于此。在经验和知识的诸般组合中，孔子保留了生而知之的可能性，并将其设为第一等的智。但孔子自己不神化自己的智和知，而是坦诚相告，他的知识得自"多闻多见"，是在多闻多见基础上的整理归纳。这和亚里士多德 saving phenomena 的方法异曲同工。在知识论上，孔子和亚里士多德一样，是经验主义的。如果一个思想者的方法是他知识体系中最基础的部分，那么完全可以想象，孔子的政治-伦理主张会随所积累经验的增加而有所调整，甚至是完全改变。在这一意义上，后世自称追随孔子的人恰恰是背离了孔子。

7.29　互乡难与言，童子见，门人惑。子曰："与其进也，不与其退也，唯何甚？人洁己以进，与其洁也，不保其往也。"

这里孔子展现出来的态度，非常令人敬佩。这既显示了孔子观念传播者、风俗教化者的情怀，也反映出孔子思维清晰、分辨能力超群的特点。孔子知道可以总体评价一个人，也懂得需要从不同方面具体分析其德性；知道看他的主流，也懂得区分他的既往和以后的可能方向。只有孔子这种真正致力于道德教化的人，才会见善心喜，珍视向善之心,不忽视增进善的每一次机会,既不怨天尤人,也不悲观失望。"洁己以进":当他有醒悟、悔过、改正之心,不论他过去如何,这都是善的根苗,抓住时机培育鼓励,或许就可以发扬光大。孔子既是仁者,又是智者。

7.30　子曰:"仁远乎哉?我欲仁,斯仁至矣。"

"我欲仁,斯仁至矣",孔子这句金言说得无可挑剔:仁——善端或曰善的动机,不在别处,就在我自己这里;"我欲仁",就是我的意志决定顺从仁的要求,这时的意志就成为善良意志,仁就显现或被激发了出来。仁既然不远,为什么作仁人却那么难?这就是做好事和一辈子做好事的不同。激情之下的善心和持久的善心善行,利益无关时的良知和牵涉自我利益时的公正仁慈,两者本来就有极大的差别:做到前者并不算仁人,做到后面的才算得上仁人。做仁人就是通过长期的修养跨越前者与后者之间的这一鸿沟,实现起来当然艰难。

7.31　陈司败问:"昭公知礼乎?"孔子曰:"知礼。"孔子退,揖巫马期而进之,曰:"吾闻君子不党,君子亦党乎?君取于吴,为同姓,谓之吴孟子。君而知礼,孰不知礼?"巫马期以告。子曰:"丘也幸,苟有过,人必知之。"

这是陈司败为孔子设置的礼的困境:如果孔子承认昭公不知礼,则孔子违反了为尊者讳的礼的要求;如果孔子坚称昭公知礼,则与同姓不婚的礼法规定相矛盾。孔子进退都将违礼,于是选择了后者作为答案,以保全在他看来可能更重要的为尊者讳的要求。陈司败之问,向孔子提示了坚守礼法可能产生的两难,孔子以自己的回答,给出了解决这种两难的思路:当发生冲突时,牺牲相对次要的规定、保全相对重要的规定。对孔子来说,诚实或直言不讳似乎并不是一种强的道德要求,所以他可以选择放弃诚实。但在今天,诚实已经成为一种非常强的要求,出于为尊者讳而放弃诚实,是现代人很难接受的选择,而且我们也可以论证出来在一般情况下,诚实的要求的确应该优先于为尊者讳或守礼——实际上,为尊者讳在今天已经被多数人认为是一个陈腐观念。

孔子以自己的选择回应了陈司败设置的礼法两难。在孔子这里,这个选择是唯一适当的选择,既如此,孔子为什么还会在事后承认自己"苟有过"?这个过当然不是指孔子的选择这一行为,而是指他的回答的内容:他的行为合礼法,他的话本身却不合礼法,换言之,他以不合礼法的话完成了合礼法的行为。

7.32 子与人歌而善,必使反之,而后和之。

孔子不仅随时以省,随时以学,而且还随时以歌,随时以乐。毕达哥拉斯学派用体育强健身体,用音乐和数学训练头脑,使精神和谐、头脑敏锐。孔子对音乐的功能,没有强调到这种地步,他更多是把音乐当作陶冶性情、颐养心神的手段。不过,在中国文化传统中,像孔子这么重视和喜爱音乐的哲人,也是仅见。孔子是懂生活、懂得享受物质和精神之乐的人。维特根斯坦临终说,"告诉他们,我度过了美好的一生";孔子也可以说,我度过了丰富充实和悦的一生。

7.33 子曰:"文,莫吾犹人也。躬行君子,则吾未之有得。"

孔子自信其能力和学识,但不自信其德性,因为能力和学识是已经完成时,而德性只要活着就永远没有完成时,哪怕老了,还是有可能犯错,"及其老也,血气既衰,戒之在得"。这是孔子在不同场合向不同弟子表达相同的忧虑,借以提醒自己,劝勉他人。

7.34 子曰:"若圣与仁,则吾岂敢? 抑为之不厌,诲人不倦,则可谓云尔已矣。"公西华曰:"正唯弟子不能学也。"

孔子不以圣、仁自居,在这些方面,他只肯定自己的努力,不肯定自己的成就。公西华善交际斡旋,应对机智精彩而且精辟。为之不厌,诲人不倦,看似平凡,其实不然。不厌不倦,非有极大的兴趣和热情不可得,而且热情和兴趣,来自对仁礼的深切热爱,这的确不是一般人所能仿效的。

7.35 子疾病,子路请祷。子曰:"有诸?"子路对曰:"有之。诔曰:'祷尔于上下神祇。'"子曰:"丘之祷久矣。"

孔子婉拒子路代祷,与孔子对待鬼神和祭祀的一贯主张一致,没有因为自己病重而放弃原则、修改章程。对孔子说"丘之祷久矣"的意思有多种猜测,按其中常见的解说,孔子认为自己的言行"无不如祷神求福,素行合于神明,故曰祷久矣"[1],正体现了孔子"敬鬼神而言之"的态度。孔子不特意祷告于鬼神,而是把对鬼神的敬贯彻在生活中,力求每一事都合乎神明的要求,这是一种将日常生活神圣化的做法:庄重地对待生活日常,认为日常生活有神圣价值。按宗教哲学的说法,这一思路有泛神论色彩。如果寻找孔子思想中的神圣性的话,神圣性就内在于生活中。

7.36 子曰:"奢则不孙,俭则固。与其不孙也,宁固。"

骄傲不逊可以通过种种方式表现出来,炫耀财富权势是最直接、最粗

---

〔1〕 钱穆:《论语新解》,第 196 页。

鲁的一种。奢侈豪华到超出身体享受的限度，满足的必定是心理的深层需要，即骄傲的需要。孔子把"奢"和"不逊"连在一起，这肯定来自他对当时权贵们的观察。至于节俭则固陋，不知孔子的结论从何而来，我们只看到节俭的人在节俭（或其反面奢侈）这件事上固执坚持，看不到他在其他事情上一定或往往固执、浅见。"一箪食，一瓢饮，居陋巷"，颜回够俭的了，但孔子肯定不会认为颜回固陋，反例即在身边，孔子却忽略了。"与其不逊也，宁固"，在不逊-骄傲和固-固陋之间，不逊是更大的错误，因为不逊更容易制造过失。孔子反对奢侈，这也是他从来的主张。

7.37　子曰："君子坦荡荡，小人长戚戚。"

这一句表达的是德性自足、德性是对有德者最好的报偿的思想。这是孔子一直坚持的看法，也是孔子对人性和道德的天真信念。这话至今还经常被引用，用来说明作有道德的人多么值得，似乎有道德的人必定心态好，道德不佳的人必定心理不健康，精神不正常。我们知道，道德和心理状态的确有关联，但这种关联非常复杂，而且因人而异，不是道德好一定心理好这么单纯的关系，比如得抑郁症的就有好人也有坏人。这句话，如果把"坦荡"和"戚戚"理解为对人坦白、无须遮遮掩掩，和对人防范、算计，与常识就一致了。

7.38　子温而厉，威而不猛，恭而安。

对孔子气质风度的这一描述，必定出自深知中庸之妙的弟子之手。温和容易流为软弱、无原则、不敢坚持自己，但孔子不是一味温和，而是温和中有严厉，既温且厉，既不过分温和也不过分严厉，无过也无不及，在两种极端的态度之间取其中。威严的人容易给人以压迫感，容易咄咄逼人，孔子有威严但并不咄咄逼人，是恰到好处的威严。恭顺容易过分小心而惴惴不安,孔子恭顺而安泰,分寸拿捏得正合适。这一节三句中每一句在前的品行都由在后的品行去对治中和,在对立中获得统一,在动态中把握平衡,文字十分传神。

泰伯篇第八

8.1 子曰:"泰伯,其可谓至德也已矣。三以天下让,民无得而称焉。"

孔子推崇谦逊礼让。在所有的礼让中,让天下,无疑是最大的让;而泰伯三让天下,可为让的顶峰,"其可谓至德也已矣"。"能以礼让为国乎,何有",泰伯让王位的历史后果与孔子的信念如此一致,泰伯因此成为孔子特别称道的先贤,那个时代也成为孔子特别怀念的一个时代。这里泰伯之让,是礼让,即符合礼的要求的让,而不应该是为让而让,因为孔子在后文也提倡"当仁不让于师",是对"让"的规范和中和。

8.2 子曰:"恭而无礼则劳,慎而无礼则葸,勇而无礼则乱,直而无礼则绞。君子笃于亲,则民兴于仁;故旧不遗,则民不偷。"

礼和诸种德性的关系,规范对德性示范、匡正的意义,在这里得到具体的阐释。礼能让德性不偏离正轨,不至蜕变为原始的善意,失去其对行为的规范作用。礼为人们划定了彼此的界限,铺就了共同行进的道路。

8.3 曾子有疾，召门弟子曰："启予足！启予手！《诗》云：'战战兢兢，如临深渊，如履薄冰。'而今而后，吾知免夫！小子！"

曾子病重，自以为必死，在此心境下与弟子诀别。与一般临终时的悲伤无奈大不相同，曾子表现得平静欣然、如释重负，大有视死如归、视死如解脱的风范。曾子为之战战兢兢的是什么呢？对话中不曾提，但显然曾子平时常向弟子提及，弟子们耳熟能详，心领神会。注释者据此多从曾子的教导中去找，但曾子的教导多多，与对话能配合上的也不只一条；选出一个，并断定曾子说的就是这个，有些过分自信了。可以肯定的是，曾子应该是为恪守孔子的某一教训而如临深渊，如履薄冰，而且最后他守住了。为自己认为特别重要的信念付出一生的努力，临终之时，的确可以有此释然和欣慰。曾子此言，常让我们想起表达过类似情感的另一个著名人物——使徒保罗，"那美好的仗我已经打过了，当跑的路我已经跑尽了，所信的道我已经守住了。从此以后，有公义的冠冕为我存留"[1]。

8.4 曾子有疾，孟敬子问之。曾子言曰："鸟之将死，其鸣也哀；人之将死，其言也善。君子所贵乎道者三：动容貌，斯远暴慢矣；正颜色，斯近信矣；出辞气，斯远鄙倍矣。笾豆之事，则有司存。"

曾子对孟敬子的教训，很琐细很表面。可能是孟敬子平时的所作所为十分不堪，曾子因人施教，在临终的肃穆气氛中，有语重心长、谆谆告诫的意味。这一番教训，因为是针对孟敬子特有的问题，对别人的价值不大，所以后来也不大被引用，倒是一开头的比兴，成了惯用的习语，但这句话很有问题。"鸟之将死，其鸣也哀"或许没错，只要鸟的死有一个过程，

---

〔1〕《新约·提摩太后书》4：7—8。

不是突然的死,在人听来,其鸣叫一定是凄凉的。"人之将死,其言也善"却未必。曾子这么说,可能是认为人之将死,所有利己的算计筹划都会终止——自己将不存,利己也就无从谈起了,而利己的考虑熄灭,显现出来的只可能是利他的考虑,利他即是善,故"人之将死,其言也善"。但是几十年里养成的以自我为中心的惯性、对他人的仇恨敌视,真的能因为自知生命即将完结而瞬间消散吗?其实,爱能够超越死亡——不因死亡将至而停止爱,恨同样也能超越死亡。

8.5　曾子曰:"以能问于不能,以多问于寡;有若无,实若虚,犯而不校。昔者吾友尝从事于斯矣。"

曾子提到的德性就是好学、谦虚、宽容、不争。犯而不校,一般解为被冒犯但不计较,也有解为被欺负而不反抗,程度不同,意思一样。朋友之间,犯而不校,是一种美好的品德。但如果不是朋友关系,而且屡屡被犯,不计较、不报复就未必是好品德、好策略了。勇于捍卫自己是一种正义,也是自己的权利。孔子并不主张无原则、无限度地退让,而是主张以直报怨。曾子此说,以及上一节所说,都以人性本善为隐蔽的前提,但人性本善论在道德哲学、社会生物学中都没有有力的证据支持。

8.6　曾子曰:"可以托六尺之孤,可以寄百里之命,临大节而不可夺也。君子人与? 君子人也。"

曾子被孔子评价为迟钝,"参也鲁",但曾子表达能力很强,说话行文富有文采,常用形象有质感的语言把孔子的三字教、四字教里的意蕴淋漓尽致地展现出来。这一节表达的不过是"忠",曾子设定托六尺之孤、寄百里之命,把忠作为德性的凛然、恢宏推向极致。短短一句话,前面部分用7言排比,后面用了设问,节奏变化,读起来有斩截之势,更增添了表达的感染力。

8.7　曾子曰"士不可以不弘毅，任重而道远。仁以为己任，不亦重乎？死而后已，不亦远乎？"

曾子的刚强坚毅，与"昔者吾友"的"犯而不校"，是两种不同方向的气质。"仁以为己任，不亦重乎"，可见曾子视为重负的是仁。以仁为重负，不是对仁有所厌恶，而是重视、不敢掉以轻心的意思。所以前文中"'战战兢兢，如临深渊'"一节，将使曾子战战兢兢的，解为"守身免毁"、"免于祸害刑戮"，不如解为守"仁"更合适、更直接。

8.8　子曰："兴于诗，立于礼，成于乐。"

这三者是孔子培养君子的三个步骤：从诗起步，以礼确立，完成于乐。开始于具体的形象和熟悉的情感，继之以明确的规范礼仪，最后以有节奏变化、有流动旋律的乐来结束。虽是以有明确内容的礼为核心，但之前之后的阶段都从情感和精神气质入手，非常重视诗歌和音乐的教化功能。如此培养出来的君子，行动坐卧、言谈举止，都像舞台上戏曲人物一般，中规中矩而富有美感；其情感思想，与礼法的要求，若合符节。如此才能"文质彬彬"，"从心所欲不逾矩"。

8.9　子曰："民可使由之，不可使知之。"

孔子口中的"民"指的是被统治者，是在与统治者"君子"相对的意义上使用这一概念的。孔子反对使民知，但不可使民知的是什么，是统治者的意愿、政事，还是礼制？这些又为什么不可使民知？是因为民智太低没有能力知，还是因为知道了于民或于统治者不利？这些《论语》里面都没有述及。我们只是知道，在"知"这个问题上，孔子把统治者和民，置于不同的、隔绝的地位。在《论语》中，孔子多次表达上行下效的思想，认为在上者君子具有德性、谨守礼制，可以使在下者民受到教化，这表明在德性、礼制上，他绝不赞成将上下隔离开来，或不认为上下能够隔离开来。按照孔子的理想政治模式，使民知不仅不会妨碍反而有利于推行和加强礼制秩序；相反，使民不知的益处倒不明显。如此，不可使民知的就只可能是统治者的意志或政事了。那么孔子为什么主张不可使民知政事呢？许多人猜测，孔子此说或许出于对当时民智未开状况的考虑。基于当时的民智，不可使民与闻政事，会大大节省社会运行成本，免去许多口舌纷扰，统治会更有效率，社会也会更有秩序。此说有为孔子开脱之嫌，因为按照这种说法，孔子不可使民知之说，只是着眼于当时民智状况的权宜，但孔子用的"不可"，表达的却是很强的否定的语气，"不可"二字其实断绝了使民知的任何努力和尝试的可能，听起来并不像有何权宜的意思。

孔子这句话里愚民的意思是很明确的。这其实也不奇怪，我们不能期望孔子完全超越那个时代，达到现代人的观念水平。一个思想者能在某一点某一方面超越时代已经非常难得，何况孔子是在许多方面超越了那个时代。一定指望孔子为我们留下民主观念的遗产，这对孔子的要求就太高了。孔子反对使民与闻政事，可能是出于他更根本性的政治主张：在其位，谋其政；"不在其位，不谋其政"。在孔子看来，民当然是不在政位的，而与民相对的君子则在政位，不在政位的当然不必去谋政事，否则就会政治失序，而不使民与闻政事就从根本上断绝了民不在其位却谋其政的可能。

孔子说这话的确切考虑今天已不得而知，但这句话在今天广为诟病，也不十分冤枉。柏拉图也宣扬过为巩固统治可以散布"高尚的谎言"，但柏拉图口中的高尚谎言仅限于一个帮助城邦公民结成兄弟之情的神话，除此之外，他并不主张限制公民知情的权利。孔子这话提示了后世的愚民政策，或为后世愚民政策提供了合法性依据。有孔子的支持，后世统治者更可以有恃无恐地推行黑箱政治。这样，事关百姓生计和身家性命的政治决策，百姓不仅不能参与，而且还不能旁观和议论。

8.10 子曰："好勇疾贫，乱也。人而不仁，疾之已甚，乱也。"

贫富悬殊、政治暴虐，是社会安定的隐患。不过，仅此两点，并不足以引发动乱。只要臣民逆来顺受，对不公习以为常，对暴政见怪不怪，不知道他们原本可以过更好的生活，以为普天之下，凡有权力处皆有不公，凡官吏皆贪墨，而他们身陷贫困，是命该如此、只能如此，则他们也不会选择反抗。但一旦他们知道，通过重新安排政治制度，或重新分配政治权力，"彼可取而代之"，就可以有更公正的制度、更有价值的生活，那么他们必定会蠢蠢欲动、伺机而动。所以维持秩序、保持安定的上策，是放弃不公义的制度，改变统治方式。但改变制度也就改变了权力和财富的分配方式，非势不得已，既得利益阶层不会做出改变。维持统治的中策，是推行愚民政策，不让被统治者知道有改变的可能，[1]或打击被统治者的勇气，给被统治者灌心灵迷魂汤，消磨他的反抗意志。上策和中策算得上不战而屈人之兵了。下策就是剑拔弩张，武力相向，暴力威胁。

孔子的话，可以看作对弟子的提醒，也可看作对当权者的提醒。

8.11 子曰："如有周公之才之美，使骄且吝，其余不足观也已。"

"骄且吝"只能是富贵者对待穷困者的态度，不可能反过来，因为贫困者骄横不起来，也无吝啬可言。根据前文中孔子和子贡的对话，孔子对富贵阶层的最低要求是"富而无骄"，更高的要求是"富而好礼"。而如果连

---

〔1〕 如果《论语》章节在话题和意思上有连续性，那么把这一节和上一节联系起来可得出，在"民可使由之，不可使知之"中，那不可让民知道的，是理想的政治状态、改变的可能和自己的困窘处境。此为一解。

最低要求都达不到，按孔子的道德一票否决制，即使有圣人的才能，也无济于事。孔子表达否定意思时，说话向来委婉，如果去掉其委婉，孔子的意思很可能是：这样的人不仅无济于事，而且越有才智为害会越大。柏拉图用有毒的公蜂为喻，说的也是同样的意思。

8.12　子曰："三年学，不至于谷，不易得也。"

孔门弟子问学于孔子，大多带有求仕进的明确目的。这也是孔子所鼓励的。但孔子同时也要求弟子谦逊谨慎，不主张弟子冒进，要先修养好自己再入仕途，故对漆雕开"吾斯之未能信"大加赞赏，以为只有以这种小心戒惧的态度，才能不负国家之命。这一节表达的是先事耕耘，再问收获的意思。

8.13　子曰："笃信好学，守死善道。危邦不入，乱邦不居。天下有道则见，无道则隐。邦有道，贫且贱焉，耻也。邦无道，富且贵焉，耻也。"

孔子在这里给出了个人和政治之间的总的原则。通过政治可以造福更多的人，实现更大的善。圣人就是通过政治而成就的，而圣人是孔子学说中的理想人格，是为人的楷模。孔子赞成并鼓励学生从政，但从政是为实现理想政治，而不是为个人名禄，这是一条根本的原则。当有利于实现理想政治时，一个人不应该退缩回避，而应积极投入其中；不如此，就是逃避责任，是君子之耻。当无助于实现理想政治时，他也不应该贪恋富贵，而应该远离政治，以免同流合污；不如此，亦君子之耻。

本节最后，孔子用政治的两种状况来具体说明一个士人应有的表现，并将其反面定位为耻，但两种耻性质并不完全不同，其实不应该并列。邦有道，而士不见，这是失职，是道德上的耻。但邦有道而贫且贱，也有可能并非士人不思报国，而是他无力或没有机会富且贵，这并非道德上的耻，而只能是力不足;而力不足不论是今天还是在孔子那里,都很难被认为属于一种耻。

这一节的教训和"君子之与天下也,无适也,无莫也,义与之比"可以互相补充。

8.14 子曰:"不在其位,不谋其政。"

不在其位而谋其政是僭越,如此则打乱了政治秩序,是天下大患。休谟从整体正义的角度论述过:单从某一件事来看,破坏正义的规则或许会带来好处;但从总体效果来看,某一件事带来的好处远不能抵消它破坏规则带来的负面影响。孔子这里的告诫也有这个意味在里面。

柏拉图对正义的定义是每个人各安其位,各尽其能,孔子和柏拉图的思想在这里是相通的。

8.15 子曰:"师挚之始,《关雎》之乱,洋洋乎盈耳哉!"

"洋洋乎盈耳"一句,生动形象地传达出孔子的感受。满耳都是音乐,满世界都是音乐在回响,说明精神专注于音乐,心灵为音乐所充满,心随乐而动,心乐合一,完全沉浸在音乐之中,忘记自我的存在。这是一种出神和沉醉,在2500多年前我们文化的开创者就能对音乐如此沉迷,这是值得骄傲的,因为这标志着一种精神的高度,也体现了当时文化的质量。

8.16 子曰:"狂而不直,侗而不愿,悾悾而不信,吾不知之矣。"

依人的自然倾向,狂放的人往往直率——狂放的人不屑于计较,不屑于隐瞒;糊涂的人往往老实——自己糊涂还要和人斗智斗勇,是自取其败;无知无能的人往往重信用——自己处于弱势,守住道德底线才有可能和别人平等相处。所谓失之东隅,收之桑榆,尺有所短,寸有所长,在自然气质上往往有失有得,不会兼得兼失。但孔子认为,在自己时代人心已经不古,狂放的人失去其直率,糊涂的人已经不老实,无知无能之辈偏偏要不讲信用。如此一来,只见其失不见其得,只见其短不见其长。对这类人,孔子当然无话可说。

8.17 子曰:"学如不及,犹恐失之。"

孔子要求弟子,对学习要重视到诚惶诚恐的地步,在知识上要患得患失。

8.18 子曰:"巍巍乎,舜、禹之有天下也,而不与焉!"

对这一节中的"不与"可有多种理解,整个句子也因此而有多种意思。有认为这是称颂舜、禹无为而治的,有认为是称道禅让制的,还有认为是说舜、禹掌有天下而不自满的。[1] 这三种说法分别指向政权的交接、政治治理的方式以及政权拥有者的心理。三种说法所表达的事件的重要性依次递减。从句子的语气和与此节并列的下一节中对尧的赞美看,这一节采用第二种说法更合适,是赞美舜、禹的治理方式的。

8.19 子曰:"大哉尧之为君也!巍巍乎!唯天为大,唯尧则之。荡荡乎!民无能名焉。巍巍乎其有成功也!焕乎其有文章!"

这一节极言尧的伟大,但尧伟大在何处,本节没有指明,可以从孔子在别处的言论中去找。尽管本节满是感叹抒情,但还是提供给我们许多

―――――――――――

〔1〕 钱穆:《论语新解》,第 215 页。

信息，就是孔子对尧所代表的政治方式的完全认同。知道孔子心中的尧是什么形象，也就知道了孔子心中理想政治是什么样的，这一点对理解孔子思想的意义是无论如何强调都不过分的。

8.20　舜有臣五人而天下治。武王曰：“予有乱臣十人。”孔子曰：“才难，不其然乎？唐、虞之际，于斯为盛。有妇人焉，九人而已。三分天下有其二，以服事殷。周之德，其可谓至德也已矣。”

治理国家靠人才，而人才难得，这是浅显明白的道理，任何欲有所作为的人对此都会感同身受。孔子时代的人对这一点的感受只怕会更深，因为那时候更多依靠人治，人才的作用也就更加凸显出来。

孔子歧视女性，相关言论虽不多，但态度明确，不易辩白。这段话里，把女性排除在“人”或“人才”的行列以外，哪怕她贤且能，哪怕武王自己将其列为能臣。当然，孔子不会真的不以女性为人，只是他概念中的“人”有专指而已。但孔子认为女性是低等的，而且他的这种说法不是事实描述——当时女性在社会和家庭中地位确实低下，而是价值判断，这是确凿无疑的。因为武王提到的那位女性能臣文母，其社会地位和道德水准都并不低，并不“难养”。

周拥有绝对优势仍然服事殷，获得孔子的最高赞赏，因为孔子反对以力胜人。权势齐天而不滥用，是克制、谦逊，不骄、守礼，这些都是孔子欣赏的德性。更重要的，周没有恃强去争，孔子把争看做乱象的根源。周不争，当然获得孔子的认同。

8.21　子曰：“禹，吾无间然矣。菲饮食而致孝乎鬼神，恶衣服而致美乎黻冕，卑宫室而尽力乎沟洫。禹，吾无间然矣。”

此节中孔子所描述的禹，是一个兢兢业业、克己奉公的形象，这样的品德和表现,的确值得极尽赞美。孔子熟悉禹的事迹,当然知道禹除了这一面,还有专断跋扈、私天下的一面;而这并不是可以轻易忽略的一面:总要找出一个原因来解释黄金时代是如何结束,伊甸园是如何陷落的。作为一个对人类负责的思想者,应该找出其原因,设计其对策,而不是选择性地惊叹其成就,掩饰其过失。

子罕篇第九

9.1　子罕言利,与命与仁。

注释者统计,《论语》中言"利"的地方只有 6 处,所以,就《论语》而言,"子罕言利"是写实。孔子很少言利,提到利的时候也多持否定态度,原因在于,他倾向于把"利"和"仁"、"义"看作对立的关系,似乎一心不可二用,追求利必定不顾仁、义。这种态度影响了后来者,比如孟子的"何必曰利",再后来更有"正其谊不谋其利,明其道不计其功"的说法。如果孔子稍深入思考下去,就会发现,利不只有个人的私利,也可以有国家之利、众人之利,这样的利并不与仁、义冲突,而且如果没有这样的利,就无从实现仁、义。只要不违反仁义,孔子不反对个人追逐财富,但财富不也是利吗? 如亚里士多德所说,如果没有财富,很多时候我们想帮助他人也不可得。孟子"明君制民之产"、"无恒产者无恒心"说的也是利的重要作用。可见,利在孔孟这里其实是一项重要的考虑,只是他们可能没有意识到他们谈的是利,这就造成他们在利的问题上的思想混乱。

与命与仁,即肯定天命、赞成仁德。《论语》中孔子谈命的次数也不多,但肯定天命是他的基本立场。这一节可以说是对孔子思想主题的总括。

9.2 达巷党人曰："大哉孔子！博学而无所成名。"子闻之，谓门弟子曰："吾何执？执御乎？执射乎？吾执御矣。"

从语气看，达巷党人对孔子是真心称赞，而非语带讽刺。[1] 孔子谦逊地回应别人对他博学而精的称赞，真诚得体，尽显谦谦君、温厚长者的修养气度。

9.3 子曰："麻冕，礼也；今也纯，俭，吾从众。拜下，礼也；今拜乎上，泰也。虽违众，吾从下。"

孔子向来不以众为准，认为人数的多寡与正确与否无关。他鼓励弟子独立思考，不盲从，不乡愿。这一节谈到时人对待礼的态度变化，孔子时而从众，时而违众，因为他不是以时人的选择为标准，而是把是否体现了礼的精神，设定为他由以判断的标准。

可以看出，孔子并不排斥礼在具体形式上的改变，他甚至认为有些改变更能体现礼的精神。这一节里，他显然认为俭和谦而非其反面才体现礼的精神。沿这一思路往前推进，是不是能只保留俭、谦，而完全或近于舍弃礼的一切形式呢？

9.4 子绝四：毋意，毋必，毋固，毋我。

意、必、固、我，是分析问题、判断是非的四个误区，破除它们就成了一种必要。孔子的四个告诫，反映的是一种不想当然，不自以为是，以问题为中心，向事实敞开，随时准备修正自己的求真态度。我们一般认为谦虚

---

〔1〕 李零：《丧家狗》，第176页。

是对待他人的意见的态度,其实谦虚也可以是对待事实的态度。孔子这里倡导的,就是对待事实的谦虚。

9.5　子畏于匡,曰:"文王既没,文不在兹乎? 天之将丧斯文也,后死者不得与于斯文也;天之未丧斯文也,匡人其如予何?"

子畏于匡,是孔子生平遭遇的最严重的一次人身威胁。大难临头,最考验一个人的信仰和定力;这时候的独白,往往是最真实的信仰表白、终极关怀的最直接呈现。从这一段独白可以看到,孔子以文王之道的传承者自居。他把自己的生命、命运、使命,与文王之道、与天意紧紧捆绑在一起。为证明这种关联,也为了坚定自己的信念,孔子甚至罕见地用了一个推理:如果天不认可斯文,那么就不会让它留下来,我孔丘也就无从学习它;但既然我孔丘学了斯文,证明天并不想失去它,证明天想让它留下来;既然天想让它留下来,而当今之世只我孔丘知道它,所以天不会让我未完成传承它的使命就死;我现在尚未完成传承它的使命,所以我不会死,所以匡人也威胁不到我的生命。这个推理当然大有问题:我们可以把第一句中的"文"替换成任何被继承的东西,比如"板凳",而把"文王"替换成东西传递这一东西的那个人,比如"我祖父";这样,按孔子推理所循的逻辑,就有"我祖父既殁,板凳不是在我这儿吗? 天之将丧斯板凳也,我就不得获斯板凳也;天之未丧斯板凳也,某人其如予何?"以今天的逻辑和学理审视孔子的推理和学说,不难找到其思维上的纰漏。不过我们更关注的,是从中可以看出孔子的真实心意,看出他对"斯文"的真诚信念。孔子借此不只是获得了自信,应该说,孔子借此确立了自己的使命,构建了人生的意义:通过"斯文",孔子的整个生命及日常活动与天意建立起了联系,而这种联系又赋予他的生命和日常活动以意义。

按上面的解读,孔子思想中有外在的超越性的信仰对象,这与对 7.35 一节的解读不尽一致,因为在那一节我们看到,孔子肯定生活具有内在神圣性,而无须一个外在的超越的对象。两节的不一致表明,孔子在这一问题上尚处于摇摆状态。

9.6　太宰问于子贡曰:"夫子圣者与? 何其多能也?"子贡曰:"固天纵之将圣,又多能也。"子闻之,曰:"太宰知我乎! 吾少也贱,故多能鄙事。君子多乎哉? 不多也。"

虽称"鄙事",但孔子还不至于以"多能鄙事"为耻,不过也的确不以此为荣。孔子主张在其位谋其政,也主张在其位有其能,鄙事只与生计有关,与君子的根本关怀没有直接的关系,与"圣者"的认定资格更没关系,故孔子对其淡然处置。但与生计有关,岂是细事? 何况,正因为没有鄙事之能,不甘心于鄙事,多少人丧失了人格独立。如果斯宾诺莎不会磨镜片,只能或是饿死,或是屈服,不可能成为品德高尚、人皆敬仰的哲学家吧? 人至少应该会一门手艺,免得以出卖思想为生,这一犹太教的训诫很有道理。

9.7　牢曰:"子云:'吾不试,故艺。'"

这一句承上一句话而来,再次解释孔子多才多艺的原由。上面提到的犹太教的训诫是对自由思想者说的,对官员也同样合适。作官为吏是一种职业,如有一技之长在身,即使不见用,也可免冻馁之患,不至做出投靠、依附的行为。

9.8　子曰:"吾有知乎哉? 无知也。有鄙夫问于我,空空如也。我叩其两端而竭焉。"

承认自己在某些方面的无知,这正是孔子教导子路的"知之为知之,不知为不知"。"叩其两端而竭焉",意思是从问题的两个方面追根问底,获得答案。孔子对这个农夫所问的问题本不了解,但我们知道,有些问题可单从问题本身入手,借助常识和思维规则,通过澄清问题即可获得答案。农夫请教孔子的,应该就是这类问题。

9.9　子曰:"凤鸟不至,河不出图,吾已矣夫!"

孔子对自己命运的感叹。"凤鸟不至,河不出图",或许是时运不济的比兴说法,而非实指其事,否则与孔子在认识上的经验主义、理性主义态度很不一致。凤鸟河图之说,虽然是一种宗教性的信念,但这是宗教信念中可验证的那一部分,因此与认识相关。

9.10　子见齐衰者、冕衣裳者与瞽者,见之,虽少,必作;过之,必趋。

这是孔子情感和修养的自然流露,表现了他对丧、祭的敬重态度,和对有不幸命运之人的体恤同情。孔子内仁外礼,仁而且礼,其德性修养尽善尽美。不过,对瞽者,或许以对待正常人的态度对待之,是他们更乐见的。

9.11　颜渊喟然叹曰:"仰之弥高,钻之弥坚。瞻之在前,忽焉在后。夫子循循然善诱之,博我以文,约我以礼,欲罢不能。既竭吾才,如有所立卓尔。虽欲从之。末由也矣。"

这是从一个从学者的角度描述作为导师的孔子。在颜回的描述中,孔子像是看不尽的风景,自然而然地吸引着弟子一路走去,步步深入。颜回眼中孔子的高度,和黑格尔眼中孔子的高度自然不同,其原因或是像寓言"小马过河"说的那样,观察者的高度决定了他看到的高度;或是黑格尔对孔子思想缺乏全面的认识，因此不识庐山真面目。但那个因为身在此山中，而不识庐山真面目的，不更像是在说颜回，而不是黑格尔吗？

由此引出一个问题，到底谁更有资格评判孔子？这个问题再扩大一下就是，到底谁有资格评判中国传统？

我们民族历尽坎坷，但每一次劫难之后，总能迎来新生。这个民族的生命力旺盛，似乎有承受、消解苦难的无穷力量，它可以不必像其他民族比如犹太民族那样，需要一个超自然、超历史的崇拜对象来支撑。这样的民族本身很容易成为个人生命的意义之源和崇拜对象，也很容易让这个民族文化的热爱者生出一种未经反思的信心和豪情。于是，尚未见任何确定的征兆，大众舆论中便充满了诸如21世纪是中国文化的世纪，中国哲学必将大兴于天下，中国文化可以拯救西方文明的没落，该中国哲学登场了，等等言论。

陈嘉映教授说过，这种说法背后是一股不服输的争胜的劲头。不服输是可贵的，但仅有不服输是不够的。我们总是不仅要问，你说"21世纪是中国文化的世纪"，果真如此，对中国乃至全世界意味着什么？如果你不过是通过这些言论表达个人的期望，这当然毫无问题；但如果你认为你给出的是一种评判或预测，那么你要告诉我，你是如何得出这些结论的？从总体上判断中西文化的优劣，需要对两种文化进行比较，而比较要基于对被比较者的充分了解，这是比较的基本前提。在此前提下得出某一结论，才谈得上正确或错误；若不具备这一前提而做出判断，我们甚至不需要认真对待其言论。

有此常识，回过头来我们再看一看持这些言论的那些人尤其是其首倡者，差不多就可以知道，在他们那里，这样的言论表示什么意思，起什么作用，是否可信。

就中西文化的某一局部进行比较，只要选取的局部相对集中，总能进行下去，而且也总能有所收获。在各类事情上，我们都免不了要比较，有些比较能影响我们未来的选择，有些比较没有实际意义，而只是出于好奇，出于思维的习惯。

当比较所涉及的范围扩大,其中的内容增多,比较如何进行,比较的结果是否可信,就出现了疑问。文化是一个涵盖非常广泛的概念,因为"所谓文化乃与自然相对而言,凡人类的创造,皆为文化"[1]。于是中西文化比较就成了中国人的一切精神的、物质的创造与西方人的精神的、物质的创造之间的全面比较。这样的比较可以拆解成中西方文化中各个部分的比较,比如中国医学和西方医学的比较,中国音乐和西方音乐的比较,而且这种比较是有实际意义的,因为我所接受的比较的结论影响着我下一步的行为选择。如果我认为中医比西医更高明,看医生时我会选择中医;如果我认为中国音乐不如西方音乐,我就会倾向于让我的孩子学习钢琴而不是二胡。不过除了这种拆解性的比较,人们更关注另外一种总体的比较,而且许多人热衷于拆解性的比较的目的,其实为的也是得出整体性的结论。所谓整体性的比较不是方方面面的全面比较——这样的话就又回到了拆解性的比较,而且这样的比较的结果差不多可以一望而知,因为中国文化全面胜过西方文化,或反之西方文化全面胜过中国文化,其可能性都不大,中西文化各擅胜场应该是接近事实的说法。

要知道整体性的比较中的整体指的是什么,我们只需追问,通过这种比较我们想知道的是什么,就明白了这一种意义上的整体指的不过是作为文化核心的根本的生存方式和基本的价值观念。这样,中西文化的比较实际上就是中西生存方式和价值观念的比较。进行比较即已经设定了它们是可比的,但生存方式和价值观念是否可比是哲学中不断讨论的问题。且不说不论是从常识层面还是从哲学层面我都看不出认为不可比的站得住脚的理由,只从效果而论,比较促进思考,比较带给我们重新审视自己所身处的文化、自己所习而不察的生活方式的契机,从而把我们的生存提升为自觉的生存。除了反智的蒙昧主义者,这其中的价值是没有人否认的。

问题在于,如何获得支撑一种文化的根本的生存方式和基本的价值

---

〔1〕 唐逸:《幽谷的风》,杭州:浙江大学出版社,2008 年,"文化研究方法论"。

观念？它们是隐蔽的，但不是无迹可寻的，而是"可观察、可验证的对象"，它们持续影响着人们的生活，因此，它们就在生活中，在人们自觉或不自觉的观念中，而且，"特定文化中人，有相类似的心理反应和语言行为"。从这里入手，不难发现它们。这是一种社会学的工作，就此而言，我们在日常生活层面做出的文化对比，可以说是一种不够系统不够严格的准社会学的工作。这种方法之外，哲学家习惯于通过解读被一种文化奉为经典的文本来寻找生活于该文化中的人们的生存方式和价值观念。这么做的依据是，经典是在时间的淘洗中沉淀下来的文本，是形诸文字的传统，是每一代人的共同的导师，通过阅读经典，可以找到文化的发展脉络。唐逸先生把后一种方法称为分析与诠释的方法，这种方法"并非惟一，亦不必为最佳之研究文化的方法，却不失为一种可行的方法。其逻辑的自律，方法的严缜，并无异于自然科学，但并不以预测、控制对象为目的"。

9.12　子疾病，子路使门人为臣。病间。曰："久矣哉，由之行诈也！无臣而为有臣。吾谁欺？欺天乎？且予与其死于臣之手也，无宁死于二三子之手乎？且予纵不得大葬，予死于道路乎？"

孔子对子路此番行诈虽大不满，但通过这一事件及孔子的一通呵斥，更能见得子路对老师的敬爱，和孔子对子路视如亲人，没有隔阂。孔子晚年，迭遭打击，孔鲤逝，颜回夭，子路横死，但毕竟老有所养，老有所依。孔子留给我们的形象，不是众叛亲离的孤独的圣人，而是弟子相随，弦歌不辍，其乐融融的受爱戴的教育者。孔子"纵不得大葬，予死于道路乎"之说，也说出了孔子对自己在弟子心中的地位的自信。

9.13　子贡曰："有美玉于斯，韫椟而藏诸？求善贾而沽诸？"子曰："沽之哉！沽之哉！我待贾者也。"

《论语》中，孔子与子路的对话最见性情，与宰我的对话最见思辨，与子贡的对话最见对答唱和之妙。子贡通于言辞，又深知孔子，两个人的对话往往不是开门见山，直来直去，而是点到为止，心有灵犀。前此在卫国时子贡问伯夷、叔齐事如此，这一节用象征的手法叩问孔子价值观和意向也是如此。

孔子待价而沽，他等的是能帮助他实现政治理想的买主。

9.14　子欲居九夷。或曰："陋，如之何?"子曰："君子居之，何陋之有?"

孔子的话表现了对自己的文化以及自己的自信。托马斯·曼有"我所在处，即为德国"的豪迈自负之言。孔子的话和托马斯·曼有相似之处，但孔子说的不只他自己，而是君子这一类人。清华大学校长梅贻琦的名言，"所谓大学者，非谓有大楼之谓也，有大师之谓也"，其实就是现代大学制度语境下的"君子居，之，何陋之有"。

9.15　子曰："吾自卫反鲁，然后乐正，《雅》《颂》各得其所。"

孔子自述其文化贡献。谦虚，但不因谦虚而掩盖贡献。这也可以看作"君子居之，何陋之有"的一个具体例证。

9.16　子曰："出则事公卿，入则事父兄，丧事不敢不勉，不为酒困，何有于我哉?"

孔子把"不为酒困"提到事公卿父兄、"丧事不敢不勉"的高度，表明孔子对酒之害德有清醒的认识，也表明在孔子时代，虽然酒的酒精度不高，但沉浸于杯杓之乐、因酒废事的现象早也有之，这与孔子倡导的节制、审慎、保身、成己的生活方式，自然格格不入。

9.17　子在川上曰："逝者如斯夫！不舍昼夜。"

这句话有多种引申的阐释，但其本意不过是说"光阴如流水一样逝去"。这应该是孔子见到奔流的河水时生出的最直接的感慨。如本文序中所说，千百年来，因为孔子这一句感慨，我们已经不假思索地从河流而联想到时光，从这一个例子可以充分见到孔子对我们文化和精神的影响。

整部《论语》，孔子多只是面对先圣、面对社会、面对文化，而很少面对自然、面对宇宙；也就是说，孔子面对的是一个人化的世界，他前可见古人后能见来者。独在这一处，他似乎摆脱了文化的限制，不靠文化的折射和缓冲，直接面对自然宇宙，终于前不见古人后不见来者，由此而生的感喟也就格外动人。

9.18　子曰："吾未见好德如好色者也。"

休谟将德性[1]分为自然的和人为的两类，人为的德性是指为"应付人类的环境和需要所采用的人为措施或设计"[2]，自然的德性与此相反，是不依靠人为的措施或设计的德性。按休谟的论证，自然的德性或本身就令人愉悦，或能带给我们快乐，因此我们出自本性地喜爱这些德性，正如我们出自本性地喜爱姣好的容貌（即慕少艾）。所以，"好色"有其生物学基础，"好德"——喜爱自然的德性——同样有其生物学基础。不过休谟承认，好德虽同样可出自本性，但不如好色之强烈。

按休谟的分法，孔子所述及的德性多为人为的德性，而人为德性对情感的吸引力不如自然德性，更加不如美好的姿容。故"未见好德如好色者"，实有其生物本性的依据，但孔子出此言有惋惜和不以为然的意思，他显然希望看到弟子或国人中有好德如好色者，甚至好德胜好色者。好色虽有更强的生物

---

〔1〕　德性这里指事物的卓越性、完善性，而非仅指道德品质。

〔2〕　休谟：《人性论》，北京：商务印书馆，1983 年，第 517 页。

学基础,但经过长期努力,对德性投入更多情感,好德如好色也不是不可能,相信孔子就能做得到。孔子叹息的,是他没有见过有足够投入、充分努力的人。

9.19 子曰:"譬如为山,未成一篑,止,吾止也。譬如平地,虽覆一篑,进,吾往也。"

孔子教育弟子,不论是做事还是修养,要把注意力放在当下的努力上,而不是事情本身的进展上。对待即将完成的事,要像对待刚起头的事一样,不能自满,要善始善终。对待刚起头的事,要像对待即将完成的事一样,不能气馁,要勇猛精进。

9.20 子曰:"语之而不惰者,其回也与!"

《论语》开篇,孔子向弟子讲述自己学习的体验,报告说学而时习,喜悦自在其中。对于孔子,因学因习而悦,是自然的结果,真实的过程,因为孔子不是在学和习之外,而是已经进入学和习这一活动之中,因此能获得活动本身的喜悦。但对许多人,学和习并无快乐可言,原因就在于他们尚未进入学和习的活动内部,而只是看起来像在学而习而已。这是在其内和在其外的区别。孔子未曾说谎,在其内的确有学而习的喜悦;普通学习者也没有说谎,在其外的确体会不到学习有何快乐可言。弟子中,颜回是已经完全进入到学和习的活动内部的人,他能从中体会到快乐,所以乐此不疲,所以语之不惰。孔子的话与其说是报告颜回的行为表现,不如说是在报告颜回的精神活动。

9.21 子谓颜渊曰:"惜乎!吾见其进也,未见其止也。"

颜回好学颖悟,孔子不吝赞美。颜回是孔门弟子中的模范生,孔子的赞美是对颜回的肯定,但首先是对其他弟子的激励,因为身边的榜样最能让人见贤思齐。

9.22 子曰:"苗而不秀者有矣夫! 秀而不实者有矣夫!"

长苗、生穗、结实,是庄稼生长的三个阶段,被孔子用来类比人才成长的三个阶段。成才要靠个人的努力,也要靠各种机缘。孔子弟子众多,成才的也不少,但算一算成材率,只怕也未必乐观。当然,孔子不是对着数字而感慨,他是因想到一个个具体的人而感慨。

9.23 子曰:"后生可畏,焉知来者之不如今也? 四十、五十而无闻焉,斯亦不足畏也已。"

孔子说后生可畏,不过是因为后生的未来不可知,尚有多种可能性。对后生的敬畏,其实是对可能性的敬畏。"焉知",怎么知道,从整句话的语气看,对来者胜过今者并不特别看好,只是肯定有这种可能性而已。我们今天对后来者敬畏,是因为我们知道后来者可以以前代的成就为基础,站在前代的肩膀上,因此必定能胜过前代。孔子时代知识进步、学术发展缓慢,后来者的优势不明显,孔子能肯定后来者的发展前景,有赖于孔子一贯的谦虚,也得益于颜回、子贡的聪明颖悟留给孔子的深刻印象。"这话在贵古贱今的时代,很可贵,特别是由大保守派的孔子来讲。"[1]孔子后生可畏的说法,对他参与建立的森严的长幼秩序是一个小小的中和。

9.24 子曰:"法语之言,能无从乎? 改之为贵。巽与之言,能无说乎? 绎之为贵。说而不绎,从而不改,吾未如之何也已矣。"

这是把"毋固,毋我"的原则用在对别人话语的判断上。孔子教导弟

---

[1] 李零:《丧家狗》,第186页。

子，不必计较、在意说话者的态度，要关注、分析对方说出的话是否有道理，如有道理，就应该听从，不能因人或因其态度而废弃或采纳其言论。这正是孔子一直坚持的面对问题的分析的态度。

9.25 子曰："主忠信，毋友不如己者，过则勿惮改。"

此句重出。

9.26 子曰："三军可夺帅也，匹夫不可夺志也。"

孔子这句话掷地有声、豪迈大气，其刚毅不屈、不可动摇的气魄，激励过许多身处逆境、险境中的人。与此类似，孟子也说过"自反而缩，虽千万人，吾往矣"。"志"是意志，"不可夺志"是说不可让别人改变自己的意志。"不可"不是"不能"，如果"不能"就不必谈论"不可"。意志能够被别人改变，但不可以让别人改变，必须保持自己意志的自由，即忠实于自己的信念。此处的自由与卢梭"人生而自由"的自由不是一个意思。卢梭所谓的自由，也是指意志自由，但他所谓意志自由，说的是人的意愿的自由，这个自由是别人无从改变的自由，和孔子此处谈论的"志"不是同一个意义。

9.27 子曰："衣敝缊袍，与衣狐貉者立，而不耻者，其由也与？'不忮不求，何用不臧？'"子路终身诵之。子曰："是道也，何足以臧？"

"衣敝缊袍与衣狐貉者"明显分处两个阶层，身份、地位有高下之差。那时没有人人平等的观念，但子路能完全无视这种差别，源于其极其强大的内心。不是对自己高度自信的人，不会如此。品德、才智、学识、价值观甚至出身，都能带来这种自信。能做到这一点十分难得，值得骄傲，难怪子路要终身诵之。颜回、子贡同样有美好的品德和过人的才智，但他们都不具有子路"行行如也"气质，所以他们还做不到这一点。

9.28　子曰："岁寒，然后知松柏之后凋也。"

这是孔子自我激励，同时也激励弟子的名句。越是逆境，越能显现君子的品德——凭借这样的信念，苦难困窘获得了新的意义，成了试炼和成全君子品德的辅助。这种观念类似犹太教中越是苦难深重的时候，救世主出世的日子越是临近的信念。

9.29　子曰："知者不惑，仁者不忧，勇者不惧。"

智者不惑，勇者不惧，这两句像是对智者、勇者的定义，是分析判断。只有仁者不忧才是提供了新知识的综合判断。仁者不忧，一种说法认为，仁者不是不忧虑，而是没有私虑。但没有私虑的忧虑不也同样是忧虑吗？另一种说法认为，"乐天知命，故不忧"，这种说法于理倒通顺，因为忧虑都指向未知、未来之事，如果对未来之事不论顺逆都视之必然，的确会有安神去忧的效果，这样理解之下的"仁者不忧"，与斯多亚学派的主张有相契合之处。

9.30　子曰："可与共学，未可与适道；可与适道，未可与立；可与立，未可与权。"

向学、求道、守道、通权达变，这是学习的四个阶段，也是友谊的四种类型。与道的距离越近，友谊越难得，可交的朋友越少，不过相应地，友谊的质量也就越高。

9.31　"唐棣之华,偏其反而。岂不尔思? 室是远而。"子曰:"未之思也,夫何远之有?"

中国文化中有两种强大的传统,可分别称之为文人传统和哲人传统。以生活趣味为中心,吟咏风月,品鉴日常,玩味忧喜,风流自赏,这是文人传统。以天下为己任,铁肩担道义,不避艰险,强调责任,这是哲人传统。孔子显然在哲人传统之列,甚至称得上哲人传统的开创者。而文人传统也源远流长,《诗经》中许多篇章的作者或润色者,其精神气质和审美趣味已经开始具备上述特点。这种气质和趣味不加节制,容易流为自恋式的多愁善感、无病呻吟。传统文化中有一大批这种类型的诗人和作品。当然,《诗经》时代毕竟还是心灵质朴、情感自然的时代,这时候即使是"靡靡之音",与后世的造作扭曲的作品也有很大差别。从前面我们知道,孔子非常注重诗歌、音乐的教化功能,不断引用《诗经》里的句子,以谈论诗歌之名,行培育道德情感之事。孔子征引《诗经》的一大特点,是不遵守其原意,而赋予其道德修养的新意,有时候简直可说是在篡改原意——这没办法,哲人传统和文人传统本来就是不相容的两种传统,虽然有很多时候一个人可以身兼哲人和文人的角色。孔子要言必称《诗》,而《诗》又不是按孔子的价值观念写的,不改则无以谈诗。不过有些诗句实在改无可改,孔子也就只好摆明自己的态度了。这首逸诗就是如此,从留传下来的两句看,这首诗应该是歌咏者害了相思,恨不得马上见到恋人,但又畏首畏尾,患得患失,欲进不进,耽于无谓的思虑中。这种态度和表现正是沉着勇毅、道之所在一往无前的哲人所不屑的。正因如此,孔子很不以为然地直指诗人的虚情假意和畏缩不前。

乡党篇第十

10.1　孔子于乡党，恂恂如也，似不能言者。其在宗庙朝廷，便便言，唯谨尔。

见不同的人说不同的话，对不同的人说话态度不同，这好像是一种自然反应。猴群中，地位高的对地位低的猴子的态度，和地位低的对地位高的猴子的态度就大不一样。休谟说我们见到成功人士，哪怕他是俘虏，尊重不会带给我们什么好处，我们也会油然而生一种敬意。休谟解释说这反映了我们对功用本身的喜爱。或许他有道理，不过我们也可以说，这反映了我们对于权势的谄媚，这种谄媚根深蒂固、习惯成自然到哪怕对一个实际上已经丧失权势的俘虏，我们依然还会因为他曾经有权势而高看一眼、区别对待。我们会从对权势的服从中得益，或免祸，这是丛林世界的法则，而人类社会在许多方面保持着丛林世界的本色。但是休谟革命性的理论告诉我们，从关于"是"的判断中推不出关于"应该"的判断。世界曾经是什么样或实际上是什么样的，不能用来支持世界应该怎么样。太多人看到了世界实际上是什么样的，然后就蜕变成了玩世不恭的人；更不堪的，则变成冷血的道德虚无主义者。愤世嫉俗的人至少还怀抱着道德理想，和玩世不恭的人相比，他们把道德看得太重要了，而后者根本不承认道德。符合逻辑同时也符合道德的做法是，即使世界是或曾经是一团

150

糟,也不能得出世界应该是一团糟,或我们应该和它一起糟。具体到这里讨论的话题,我们可以说,即使权势在社会中有如此极大的影响力,我们也未必一定要服从它,除非你在道德上论证说,服从权势是我们的义务。

孔子见什么人就用什么态度讲话,倒不是出于对权势本身的敬畏,而是出于对那种社会结构以及背后的礼制秩序的认同和尊重。我们对孔子本人的真诚和操守没有怀疑,但对他所崇拜的这套制度却不尽认可。今天我们依然肯定,不同场合,说话的态度应该不同,但态度的选择只应该基于场合,而不应该基于权势、地位。平等应该成为人与人之间的底色,社会等级越弱化越趋近平等的理想。有此价值背景,对本章中孔子的许多表现,现代人委实不能认同,对有些方面甚至感到肉麻。尤其在这种流毒依然未去,反而有愈演愈烈之势的今天,人们的反感就更强烈了。孔子不是等级制度的始作俑者,但却是其辩护者和强化者。当初如果孔子思想里的平等因素多一些,他的表现里的平等色彩多一些,中国社会在这方面会好出许多——当然,孔子学说有可能因此而无缘成为主流意识形态,传统社会因此而更其恶劣。历史是复杂的,我们还是停留在道德哲学的考察上吧。

10.2　朝,与下大夫言,侃侃如也;与上大夫言,訚訚如也。君在,踧踖如也,与与如也。

同在朝廷,下大夫和上大夫之间还要有所区别,等级制度的细密森严,可见一斑。每一种制度都有它所服务的对象、所行使的功能。再恶劣的制度也有这种制度的受益阶层,他们也会为这种制度提供辩护——这简直是一定的,否则谁来行使和维持这一制度呢?制度之间可以比较,尤其在道德层面上更可以比较,这和文化可以比较是一样的道理。道德哲学特别不欢迎相对主义,而且驳倒相对主义也不是什么难事。[1] 当我们

---

〔1〕 彼彻姆:《哲学的伦理学》,北京:中国社会科学出版社,1990年,第61—64页。

说某一种制度好或不好时,总是相对于另一种制度而言的,否则我们说它好或不好有什么意义呢?即使那些坚守儒家政治学说的人,也不能不承认这一点。他们需要而且也总是力图向我们证明,儒家的政治学说比当今的任何学说都更优越,或更适合中国。他们不能只是简单地说,因为儒家政治是中国固有的,所以中国必须继续采用它。这既不合史实,也不合道理,几乎不值一驳,因此稍有思考的人都不会用这理由来为自己论证。[1]

孔子时代,他所尊奉的这一套制度,相对于夷狄的制度,或许先进,或许更合乎道德。但在今天,如果坚持认为这一套制度或制度背后的基本观念是好的,就不能只限于和夷狄的制度进行比较,而至少要和现在通行的几种制度进行比较。

10.3　君召使摈,色勃如也,足躩如也。揖所与立,左右手,衣前后,襜如也。趋进,翼如也。宾退,必复命曰:"宾不顾矣。"

这是完成君王指派的外交礼仪时的神态。外交中,宾主关系平等,只要做到庄重优雅就够了。

10.4　入公门,鞠躬如也,如不容。立不中门,行不履阈。过位,色勃如也,足躩如也,其言似不足者。摄齐升堂,鞠躬如也,屏气似不息者。出,降一等,逞颜色,怡怡如也。没阶,趋进,翼如也。复其位,踧踖如也。

孔子最让我们感到不堪的,就是他在君主面前的种种表现。如果生逢专制时代,我们应该不会有这种反感吧;如果我们从来不知道可以有另一种人与人之间的关系,另一种对待上级官员的态度,我们也不会有此反感吧?

---

[1]　但是我们稍一留意就会发现,持此主张的人中,用这种理由论证自己观点的不在少数,理由的荒谬性一点都没影响相信这理由的人数和他们的坚定,可见在这一问题上"稍有思考"者的比例并不乐观。

什么是道德进步？道德进步是从哪里开始的？是什么力量推动人格平等的观念，使其成为人们普遍接受的道德原则？[1] 这都是非常值得思考的问题。

10.5　执圭，鞠躬如也，如不胜。上如揖，下如授。勃如战色，足蹜蹜如有循。享礼，有容色。私觌，愉愉如也。

孔子的这一副仪态，今天人们差不多只在宗教场合才能见得到。信徒觐见他们眼中那些半人半神的宗教领袖时，也是这样诚惶诚恐的表情。对宗教领袖的惶恐容易理解：在信徒心中，宗教领袖有决定他们此生和来生命运的神奇力量，有无上的权力；而宗教领袖只赐福给那些令他感到喜悦的人。于是取悦领袖就成了信徒惟一的选择，取悦的方式不是给领袖讲笑话、谈八卦，而是服从领袖的命令，通过降低自己以显出领袖的权威。这些因素造成了宗教场合的肃穆气氛。教堂里总是唱赞美诗来敬拜上帝，不大可能用说相声来作崇拜。不过这不是绝对的，选择什么样的崇拜方式，要看在信徒的理解中他们的神喜欢他们做什么。如果神像老祖母一样，就愿意看着子孙吃吃喝喝，那么礼拜很有可能就发展成信徒的聚餐会了。

在君主面前孔子虽有这一系列表现，但不能就此认为在孔子心目中君主具有和信徒心中的宗教领袖一样的地位。宗教领袖的权威来自其据信具有的超自然能力，而君主的权威来自礼制赋予的正当性。宗教领袖对信徒的权力是绝对的，而君主对臣下的权力则受礼制的约束，正如我们前文所分析的，"君使臣以礼，臣事君以忠"规定了双方的相互的义务，如君违背礼，臣可以选择不事君，"无道则隐"或"乱邦不居"。孔子君臣论的问题在于，如君主无道，春秋时代的孔子还可退隐或移居到别国，但普通百姓恐怕就没有这种选择余地了；而到了后世，连孔子这样"从士大夫之

---

[1]　普遍接受不是人人接受，正如普世价值不是每个人或每个群体都接受的价值一样。关于道德观念中普遍的意义，可参见本人的"重审价值观念的普遍性"一文，载于《学术月刊》，2010年第10期。

后"的人都没得选择了,除非真的"乘桴浮于海","居九夷"。但浮于海、迁居九夷真的是一种可能性吗? 新大陆发现了,但新大陆只有一个。休谟反驳社会契约论者把臣民留下来当作他们默认政府主权的论点时,否定的不就是这种可能性吗? 而且,有什么说得过去的理由可以说明国家是属于君主的,百姓只是借住在君主的家中呢? 综上所述,如果君主无道,既无理由也无可能让百姓离开故国远走他乡。这样一来,如果君主不受礼制的约束,治下的百姓就只能受其荼毒了。

孔子很可能根本就没想到过他的理论会置百姓于上述绝境,大一统的格局还没有出现,他的想象力有限,也无法预见这样的局面。在他以及之后孟子所处的时代,诸侯国的处境像极了现代企业的处境:关起门来,它们都自成一体,但它们的行为选择同时又都受着外部竞争关系的制约。经营不善,人才和资源就会另寻出路,而竞争失败就意味着被淘汰。正因如此,如非疯狂到要自取灭亡,当权者不会为所欲为,这为德政的实施争得了一定空间。孔孟都没有注意到德政对外部环境的高度依赖性,乐观地以为这个空间还可继续扩大,于是有种种很阳光很天真的道德中心主义论断。

10.6　君子不以绀緅饰。红紫不以为亵服。当暑,袗绤绤,必表而出之。缁衣,羔裘;素衣,麑裘;黄衣,狐裘。亵裘长,短右袂。必有寝衣,长一身有半。狐貉之厚以居。去丧,无所不佩。非帷裳,必杀之。羔裘玄冠不以吊。吉月,必朝服而朝。

服装在保暖蔽体的实用功能外,还有审美和礼仪两重文化功能。孔子时代的服饰文化以繁复为美,贵族更以衣饰繁复作为身份地位的象征。其中的道理很简单,那时候有能力繁复的,只有上层社会,于是繁复就成为上流社会的标志。繁复可体现在面料、色彩、款式,以及不同服装的搭配上。服装搭配不是任意而来——那时候混搭还体现不出文化品位,而是要照固定模式来搭配才好。孔子这套穿戴经,应该是按礼的规定而来的,不会追随当时的流行时尚。孔子处处用心,让自己生活在礼中,让礼融化在生活中。这个身高马大的准巨人在生活中也并不以散漫粗率为荣,更不会把粗鄙无文当个性。

10.7　齐,必有明衣,布。齐必变食,居必迁坐。

"齐"是子之"所慎"之首。这一节告诉我们在斋戒中孔子是如何慎的。斋戒中的慎,是通过改变日常习惯体现出来的。改变日常,以突出斋戒的特别,显示斋戒者的郑重。

10.8　食不厌精,脍不厌细。食饐而餲,鱼馁而肉败,不食。色恶,不食。臭恶,不食。失饪,不食。不时,不食。割不正,不食。不得其酱,不食。肉虽多,不使胜食气。惟酒无量,不及乱。沽酒市脯不食。不撤姜食,不多食。

"食不厌精,脍不厌细"至今还被不断引用。这句话不是鼓励人们沉浸于口腹之欲,过度追求美食之乐,而是认为对待饮食应该认真、慎重、节制。这话之后罗列的饮食禁忌,表明其原意正是我们理解的这样。两千多年以前孔子对合理饮食的理解和今天科学的结论并不冲突——今天科学所达到的高度当然是古人无法企及的,以孔子知行合一的品行,只要条件允许,他必定也是这么做的,这就难怪孔子在古代如此落后的条件下还得享高寿了。今天我们对健康饮食的理解已经远远超过古人的认识水平,这些具体的饮食宜忌,在今天价值不大,但孔子对待饮食的态度一点也没有过时,而且还特别具有启发、匡正当今观念的价值。一方面,饮食带给我们快乐,饮食之乐是生活价值的一部分,关注和享受饮食之乐无可厚非。另一方面,饮食关乎健康,健康关乎生命,生命是一切作为的基础,饮食之乐既非生命中全部价值,也非生命中最高价值,不能为它而牺牲生命中其他的价值。这些都是显见的道理,孔子和亚里士多德也早就这么谆谆告诫人们,但时至今日对待饮食舍本逐末的人不仅大有人在,而且还自以为风雅。岂不知,在饮食上糜费无度,不仅损害自己的健康和德性——有碍于节制和自我完善,而且加剧食物资源的全球分配不公。今天的世界,固然有人为节食减肥而苦恼,但每年死于饥荒和营养不良的,却也达到数百万之众。

10.9　祭于公,不宿肉。祭肉不出三日。出三日,不食之矣。

这还是在说吃肉的禁忌。人类食谱中,肉食难得,肉因此特别珍贵,珍贵到往往使人们忘记肉食本来是为健康和享受而设,而并不具备超出这两者的独立的价值。因为人们常有这样的认识误区,而且因为腐败的肉食对健康危害特别大,所以孔子特别再次提示弟子。这些禁忌背后,都是人类惨痛的教训和令人哀伤的故事。

10.10　食不语,寝不言。

这是养生的经验之谈,同时也是在培养一种敬事的态度。即便对待进餐和睡眠,也要庄重、专注,不能漫不经心、一心二用。寝不言容易做到,食不语几乎不可能——在特殊人群中当然可能,比如佛教僧人。这是因为对人类来说,进食的意义不仅在于获取营养,它同时还可以用作社会交往,甚至可以是一种仪式。共同进食可以促进双方的信赖,"与人一起进餐可以是一种深层次的社交方式,一种分享营养、口感、美味以便将世界结合到我们自己体内、进行交流、共度时光的方式……当我们通常的身体界限松弛下来,以便摄取食物时,融洽关系和亲密关系大大增加;我们经常建议与人共同进餐,这种行为绝非偶然"[1]。作为社会

---

〔1〕　诺齐克:《经过省察的人生》,北京:商务印书馆,2007 年,"日常生活的神圣性",第45 页。

交往方式的共同进食，其摄取营养的需要已经退居次位，而既然是交往的方式，怎么离得开最直接、最基本的言语交往呢？比如外交场合的宴会显然是在行使社会交往功能，能想象两个国家的官员在宴会上一言不发，闷头猛吃吗？

10.11 虽疏食菜羹，必祭，必齐如也。

杨伯峻注说，必祭是指"祭最初发明饮食的人"[1]。宗教中有每饭之前必祷告谢恩的，与孔子的做法相近，只是感谢的对象不同。最初培育粮食的人和发明饮食的人当然重要，种粮食供给我们需要的也重要，孔子只祭前者不祭后者，是因为前者已逝，后者还在；前者对文明有巨大的贡献，后者没有，他们提供食物别人，是等价换取别人的劳动。

10.12 席不正，不坐。

"席不正不坐"，看似挑剔，其实不然。席不正既可能有违礼制，而且也有悖审美。端正之后再坐，是礼仪和日常中应该有的态度。

10.13 乡人饮酒，杖者出，斯出矣。

这是尊老。以这种举动肯定年长者的社会权威。

10.14 乡人傩，朝服而立于阼阶。

这是表示对鬼神、福祸的敬畏。

---

〔1〕 杨伯峻：《论语译注》，第 119 页。

10.15　问人于他邦,再拜而送之。

孔子时代,出使外邦是件大事,路途艰难时日长,对受委派出使者"再拜而送之",工作的辛苦和重要配得上隆重的礼节。在今天,再像孔子这样对待外事出访,礼节就过分隆重了。

10.16　康子馈药,拜而受之。曰:"丘未达,不敢尝。"

孔子的应对非常得体,既接受了对方的善意,又没违反自己的保生之道。孔子对待自己身体的谨慎态度,十分明智。

10.17　厩焚。子退朝,曰:"伤人乎?"不问马。

对这句话有很多争论。有一点是历代以来大家都认可的:孔子的问话说明他对人的安危的重视。至于马的安危,孔子关注也好,不关注也好,对后世影响都不大。西方许多哲学家,从休谟、卢梭、边沁一直到今天的彼得·辛格等人,主张仁慈对待动物,在伦理学和社会中反响很大,但孔子时代见不及此,偶有生态学的考虑,也是以人类为中心,比如"钓而不纲,弋不射宿"之类就是。

10.18　君赐食,必正席先尝之。君赐腥,必熟而荐之。君赐生,必畜之。侍食于君,君祭,先饭。

这还是讲对待吃的态度,但主要是讲对待君的态度。食虽为国君所赐,也依然还是食,其功能依然在食用。孔子敬国君,但也没有像后世供芒果一般,把所赐封起来,作参观展览之用。

10.19　疾，君视之，东首，加朝服，拖绅。

这里孔子把国君的探视看作公事，故以公服见人。这或是由于在孔子看来，凡国君做的事，甚至凡与国君有关的事都是公事，或是由于国君来探视孔子是在例行公事——代表国家或政府来探视他。两者之中，前者的可能性应该更大，孔子时代还没有我们现在的公私区分的观念。

10.20　君命召，不俟驾行矣。

依然是表达孔子对国君的诚惶诚恐。孔子的观念，出于君命的一定与国家有关，须严肃对待。如果国君派人叫孔子去打桥牌，孔子是不是也会这么急着赶过去？按孔子的信念，君违礼在先，臣即不必事之以忠。对这样的君王，如臣下匆匆赴会，但这就不是出于对礼的敬重，而是出于对权势的谄媚、惧怕，或臣下自己也急着打牌。由此可知，孔子虽"事君尽礼"而近谄，实际上原则性很强。孔子之事君，既不以君也不以己为中心，而是以礼为中心，以原则、规范为中心，这是孔子和以谄事君者的根本不同。这样的人是有风骨的，而谄媚者只有媚骨。

10.21　入太庙，每事问。

此节重出。

10.22　朋友死，无所归，曰："于我殡。"

朋友是伦常中重要的一伦，《论语》开篇即谈到朋友的重要性，"有朋自远方来，不亦乐乎"；接着又多次谈到对待朋友的德性"与朋友交而不信乎"、"与朋友交,言而有信",以及选朋友的原则,"无友不如己者",等等。亚里士多德曾讨论过达到至善境界的人——幸福的人是否需要朋友,对孔子来说不存在这样的问题,达到至善的人——圣人也罢仁人也罢当然需要朋友,只是他们对朋友要求很高,友谊也就愈发珍贵。孔子为无人殓葬的朋友办丧事,于情出于自然,于礼和于理,出于责任。这应属完全责任范围,不如此,则其人的冷血无情就令人齿冷了。

10.23　朋友之馈,虽车马,非祭肉,不拜。

孔子舍家财殓葬朋友,从中可以见到孔子对朋友和财产两者关系的理解。正因为有此理解,所以哪怕朋友送很重的礼物,也不会行大礼感谢。但祭肉因有神圣意味,其价格虽大大低于车马,孔子还是会行礼感谢。

10.24　寝不尸,居不客。

对睡姿的讲究没有什么道理,可能是出于避讳,认为直挺挺地躺着像死尸不吉利。居不客,和孔子燕居时的神气举止一致。

10.25　见齐衰者,虽狎,必变。见冕者与瞽者,虽亵,必以貌。凶服者式之,式负版者。有盛馔,必变色而作。迅雷风烈,必变。

这与"子见齐衰者、冕衣裳者与瞽者"一节,意思和道理是同样的。盛馔背后必有盛情,面对盛馔神色改变,是感其盛情。疾风迅雷神色改变,于未成年人和胆子小的人,应该是自然的反应,疾风迅雷容易让人紧张恐惧;于孔子这样有深度修养的人,而且是"必变",当然不可能是自然反应,而是故意的反应,是通过这一略带夸张的表情表示对天的敬畏,如"每事问"表达对礼的敬畏一样。

10.26　升车,必正立,执绥。车中,不内顾,不疾言,不亲指。

把意外风险降到最低,这是孔子的小心谨慎,也是其公德心的体现。驾车而行,虽是马车,速度有限,但孔子依然事事谨慎,以免伤人害己,这是对自己和他人的应有态度。这不只是一种风度,更是一种责任,甚至可以上升到法律责任,因为驾车者的举动同时也涉及到他人的安危。

10.27　色斯举矣,翔而后集。曰:"山梁雌雉,时哉时哉!"子路共之,三嗅而作。

这一节背景不明,向无达诂。

先进篇第十一

11.1　子曰："先进于礼乐，野人也；后进于礼乐，君子也。如用之，则吾从先进。"

这一节是孔子对两代弟子的评论，同时也表达了孔子对礼乐的态度。在前期和后期弟子之间，孔子更认可前期弟子，因为他们的气质表现和对礼乐的理解，与孔子宁俭勿奢、宁俭勿泰的理念是一致的。

教师的名气是慢慢积累的，开始时名不见经传，越到后来越会声名远播。前期弟子入师门时，孔子虽不至于默默无闻，但名气也不会很大。这时来从学孔子的，一定是志于道，对礼乐有发自内心的兴趣和热爱的人。这是他们作为一个群体和后期弟子们的区别。到了晚年，孔子的名气越来越大，许多对礼乐未必有真正兴趣的，因父母之命或仕进的需要，也来跟孔子学习。发乎兴趣、以礼乐本身为目的而学的，和并非出于兴趣、把学习礼乐当作手段的，其行为、品德、成绩，自然会有很大不同。孔子更欣赏前者，也就不足为奇了。

11.2　子曰："从我于陈、蔡者，皆不及门也。"

孔子晚年时回顾，看到与他一起蒙难的早期弟子纷纷离散，都已不在身边，不禁感慨怅然。这种感慨不只为自己的衰老失意，也为弟子们的命运遭际担忧。教师对今昔对比会比别人更敏感，因为对他来说，今昔的反差更强烈：他在自己最好的年华遇到了正当最好年华的早期弟子；随着时光流逝，他不只亲历了自己的衰老，也见证了弟子们由年轻到不再年轻，由盛年到开始衰老。

11.3　德行：颜渊、闵子骞、冉伯牛、仲弓。言语：宰我、子贡。政事：冉有、季路。文学：子游、子夏。

这是按学习的成就对孔门弟子的分类。四类人之间没有重合，但我们知道，德行好的自然也可以长于政事、言语出众。这里不过是按他们本人表现最突出的方面来分类的。

11.4　子曰："回也非助我者也，于吾言无所不说。"

颜回采用的是"默而识之"的学习方式，不是今天提倡的讨论、辩难式的学习。作为教师，孔子当然知道教学相长的道理，知道越是好辩、尖锐的学生如宰我，对教师本人的思想发展越有助益。但孔子因为对谨言慎行的推崇，还是免不了更喜颜回而不喜宰我。

11.5　子曰："孝哉，闵子骞！人不间于其父母昆弟之言。"

一个人除非恶劣到极点，或除非其父母兄弟恶劣到极点，否则在亲人眼中,这个人总是好的,至少要好过亲人以外的人对他的评价。对一个人的评价受到关系亲疏的影响,爱屋及乌几乎成了一个通例。正因为有这通例,父母称赞其子女聪颖诚实,子女夸耀其父母慈爱正直,大可不必太当真,不是说它们一定是假的,而是说它们不足凭信。闵子骞了不起之处,是他的至亲称赞他,而外人认为准确客观,可知闵的为人确实无可挑剔。《论语》中孔子每评论人,尤其称赞人,表达得都非常巧妙:孔子很少直言其品质,而往往是选取某一观察角度,描述该人的表现。这样的评判既理据充分,又帮助听者找到了一个新的认识视角。

11.6 南容三复"白圭",孔子以其兄之子妻之。

此句是肯定南容的谨慎保身,以及孔子对这种品行的赞许。

11.7 季康子问:"弟子孰为好学?"孔子对曰:"有颜回者好学,不幸短命死矣!今也则亡。"

此句与之前提到颜回好学的章节意思相同。

11.8 颜渊死,颜路请子之车以为之椁。子曰:"才不才,亦各言其子也。鲤也死,有棺而无椁。吾不徒行以为之椁。以吾从大夫之后,不可徒行也。"

孔子器重、喜爱颜回,情感真挚深沉。尽管如此,给颜回治丧时,孔子还是依礼法而行,不因自己的悲恸而有违礼之处。孔子所坚持的原则或可商榷,但他对原则的认真、不苟且,不因涉及自己的关切而例外,难得而且可敬。这就是前文中我们谈到的孔子对道德的至诚,这是人群中普遍缺乏的一种品质。

11.9 **颜渊死。子曰:"噫! 天丧予! 天丧予!"**

这是孔子对承其衣钵的弟子的深情。《论语》中孔子呼天的记载不过寥寥几处,每一次都是情到最深、最激烈时才发出的。《论语》没有记载孔子对孔鲤早逝的反应,想来尚不至于伤心至此,否则其中必有记录,可见孔子对颜渊甚至超过了对孔鲤的感情。

11.10 **颜渊死,子哭之恸。从者曰:"子恸矣!"曰:"有恸乎? 非夫人之为恸而谁为?"**

《论语》中记录孔子哭泣的唯此一事,可知孔子确实伤心到了极点。孔子一向极为看重生死,陌生人之死,尚且让孔子动容变色;对弟子冉耕、颜回的死,更是伤心欲绝。颜回之死之所以引起孔子如此大的反应,是由多种因素促成:颜回好学,品德高,受器重,此其一;其二,颜回抱负不得施展,中年而夭,孔子对此深为惋惜;其三,孔子的老年心境,白发人送黑发人,自是更加伤恸。

11.11 **颜渊死,门人欲厚葬之。子曰:"不可。"门人厚葬之。子曰:"回也视予犹父也,予不得视犹子也。非我也,夫二三子也。"**

这节写颜回的后事。孔子悲恸之中不失原则,而颜回的师兄弟出于同门之情厚葬颜回,虽违礼制,也难以厚非。不过门人和孔子的行为两相对比,孔子在道德境界上还是高出一截。另外这一节通过孔子之口,肯定了孔子对颜渊亦师亦父的情谊。

11.12 季路问事鬼神。子曰:"未能事人,焉能事鬼?"曰:"敢问死。"曰:"未知生,焉知死?"

孔子这里的言论,和前文中"务民之义,敬鬼神而远之"是同一个意思,但语气更强更明确,或许是因为前一个是对樊迟说的,这一个则是对子路说的。孔子对子路说话,语气一般都很强硬。孔子的话对答机智,说出的道理看起来也明智,后人对孔子的态度肯定、称赞的也非常多,但如前文我们所分析的,孔子对事人、事鬼和生死问题的认知态度,其实并不完全经得起推敲。此处如果子路换作宰我,在孔子回答后追问一句,"未知死,焉知生",对孔子的思想当有刺激、促进作用,可惜子路也不是慎思明辨、急智善辩之人。

不论是"未能事人,焉能事鬼"还是"未知生,焉知死",孔子的用意都是让人们把注意力集中在此世,集中在现实和民生,其用意当然是好的,其效果也有可取之处,但影响所及,其流弊也很明显:这就是对探索冲动的遏制,把思想和认知限定在实用目的上。这样一种早熟的理性的态度,固然使古代中国人很早便从巫术鬼神的纠缠中摆脱出来,但也使他们的思维触角严格局限在已知的现实的世界,幸耶?还是不幸?都需要从长计议。

11.13 闵子侍侧,訚訚如也;子路,行行如也;冉有、子贡,侃侃如也。子乐。"若由也,不得其死然。"

从孔子对子路的评价和担忧来看,孔子主张谦恭谨慎,很大程度上是从全生保身的角度来考虑的,即伦理学中所谓"审慎"的角度——以增进自我利益为指归的考虑。孔子对子路百般呵斥,不失时机地挫其锐气,恰是出于孔子对子路未来的担忧。可惜改变观念易,改变性格难,子路的脾气至死未变,而且也果真如孔子所忧虑的"不得其死"。

11.14 鲁人为长府。闵子骞曰:"仍旧贯,如之何? 何必改作?"子曰:"夫人不言,言必有中。"

闵子骞的建议出于何种考虑,婉讽的是什么事,注释家们莫衷一是。但他既列在德行科,孔子这里肯定的多半是其德行。这个德行或者是节俭,或者是忠实于礼,因为闵子骞建议的内容是"仍旧贯"。

11.15 子曰:"由之瑟奚为于丘之门?"门人不敬子路。子曰:"由也升堂矣,未入于室也。"

流俗之见认为,价值观、性格气质、审美,三者一致,故有"文如其人"、"字如其人"的说法,许多人对此深信不疑。但这种说法是想当然,其实并无道理。前人根据《论语》中子路的性格表现,推断子路鼓瑟有"杀伐之声",未必有真实的凭据。气质急躁刚强而喜闻、善奏婉转悠扬乐曲的,也大有人在。这一节只是对子路鼓瑟水平的评论,应该没有另外的深意。

11.16 子贡问:"师与商也孰贤?"子曰:"师也过,商也不及。"曰:"然则师愈与?"子曰:"过犹不及。"

过度和不及只在一种意义上可以等同,即相对于中庸、适度,过和不及都是偏离,因此可以说"过犹不及"。但稍具生活经验的人都知道,过度和不及的实际后果不可能相同,修正的方式也很不一样。仍然以亚里士多德的例子来说明:如果 6 磅食物是适度,则 10 是多,2 是少。吃 10 磅和吃 2 磅虽然都未达到适度,但对健康的效果肯定大大不同。据说,雕佛像的时候，为便于修改，会把佛像的眼睛刻小一些，而鼻子则留大一点，因为眼睛小了改大容易，鼻子大了改小轻松。但如果反其道而行，真的以为"过犹不及"，开始时把眼睛刻大，而把鼻子留小，要想雕出完美的佛像，其难度凭空增加了许多倍。

11.17　季氏富于周公，而求也为之聚敛而附益之。子曰："非吾徒也。小子鸣鼓而攻之可也。"

孔子对冉有的批评相当严厉，很有革出师门的架势，不仅如此，还号召弟子批斗冉有，与冉决裂。冉有惹孔子生这么大的气，原因在于他违背了孔子关于财富分配的一贯主张。孔子特别反对贫富悬殊，主张利益平均，有"君子周急不济富"、"不患寡而患不均"等等教导，冉有聚敛附益之举，无疑公然背叛了孔子的政治原则。

"食君之禄，忠君之事"，是许多人自然的选择。这两件事叙述时如果"食君之禄"在前，则似乎暗示"忠君之事"是出于职责和感恩；但如果倒转一下顺序，先说"忠君之事"，则似乎暗示"食君之禄"才是目的。对许多人来说，后面一种叙述才是实情。这种人为食禄而忠君，而将大义置之度外。这一节中，冉有正表现出这样的特点，也就难怪孔子生气了。

11.18　柴也愚，参也鲁，师也辟，由也喭。

孔子的重要弟子性格各异，而孔子对此也了如指掌，这是他能够因材施教的前提。孔子对弟子的短处毫不讳言，哪怕是对他们师生圈子以外的人，也直陈弟子的长处和短处，这是孔子的诚恳坦率。孔子提到的这些弟子从学孔子多年，师生感情很深，但孔子不因此而美化弟子——美化弟子也就能收到拔高自己教育的效果，这是孔子的诚实无欺，不欺天，不欺人，也不自欺。

11.19 子曰："回也其庶乎？屡空。赐不受命，而货殖焉，亿则屡中。"

孔子为颜回屡空而惋惜，对子贡"亿则屡中"则欣赏肯定。以孔子对财富的态度，他肯定十分希望颜回也过上富裕无忧的生活。

11.20 子张问善人之道。子曰："不践迹，亦不入于室。"

所谓善人，指的是生性善良但未经陶冶的人。用今天的理论来解释，善人就是那种特别富有同情心、对别人的苦乐感同身受的人。这样的人在行为处事中能自然而然地破除"我执"，即自我中心，关注到他人的利益，因此更容易实现忠恕之道的要求。善人的善行出自本心的流露，而不必一定依据成法，但如今天道德心理学所告诉我们的，当对简单的事做道德判断时，人只要凭其道德情感就够了；但当我们遇到复杂的道德问题时，仅凭道德情感是无法完成的，这时就必须借助理性运算能力比照社会规范才能完成。所以单凭善良的天性，在道德判断上也不能登堂入室。孔子从其人生阅历中所领会到的，与今天实验科学的发现竟如此一致。

11.21 子曰："论笃是与，君子者乎？色庄者乎？"

孔子对内藏奸诈外售以忠厚的人非常警惕，在《论语》中他多次出言警示弟子。从这些言论中可以窥见当时的社会风气、人们的道德表现，也可以了解孔子是在什么样的环境中保持其道德真诚的。孔子不断叹息人心不古，从道德的维度看，他这么看应该有其经验依据。

11.22 子路问："闻斯行诸?"子曰："有父兄在,如之何其闻斯行之?"冉有问："闻斯行诸?"子曰："闻斯行之。"公西华曰："由也问'闻斯行诸',子曰:'有父兄在',求也问'闻斯行诸',子曰:'闻斯行之'。赤也惑,敢问。"子曰："求也退,故进之;由也兼人,故退之。"

这是孔子因材施教的典型例子。道德教育中,培养德性和传授道德准则的方式不同,前者是个性化的、一对一的教育。后者则不必如此,可以像传授知识一样传授道德准则;而前者更像掌握一门技艺的过程,需要师傅言传身教,和有针对性的指导。因为德性是实践性的知识,收获于实践并且用于实践,运用德性要懂得时机和分寸,其中的微妙之处很难通过言语来表达和传授。这一节对话,孔子就是根据子路和冉有各自的性格特点,给两个人分别开出对症的药方。培育德性,其教育方法不仅需要因材施教、因人而异,甚至需要因时而异,因为一个人的观念、性情在不同的时期会呈现不同的面貌,暴露出不同的问题,因此也就需要不同的对治手段,正所谓"时时勤拂拭,莫使惹尘埃"。

11.23 子畏于匡,颜渊后。子曰："吾以女为死矣。"曰："子在,回何敢死?"

孔子和颜回之间的一次简单对话,道出彼此在对方心中的分量。两个人都不忌谈死,听起来好像在互相"咒"对方先死,但深情却在其中。孔子挂念颜回,深恐其有不测,故有"吾以女为死矣"的话;而在颜回这边,民谚有"有福之人夫前死"之说,说的是有福气的女性会先丈夫而去,以免孤独无依。颜回愿死在老师后面,也是出于同样的思路,愿意为老师养老送终的意思。

11.24 季子然问:"仲由、冉求可谓大臣与?"子曰:"吾以子为异之问,曾由与求之问。所谓大臣者,以道事君,不可则止。今由与求也,可谓具臣矣。"曰:"然则从之者与?"子曰:"弑父与君,亦不从也。"

孔子按道德境界把人区分为数等,同时也按道德标准对臣属做出了区分。他把道德底线之上的臣属分为大臣和具臣两类,并分别给予说明。孔子对大臣的定义,再次表明他决不主张愚忠,不主张以君主为中心,而是要求以高于君主的道为中心。大臣"以道事君,不可则止",与其说他是事君,不如说他在事道,因为道是他进退的依据,也是他所致力的目标。他享有相当的独立性,非君主私有,与君主道不同,可以一走了之。这样来看,臣子和君主的关系,很像是一种契约关系。不过契约之为契约,是双方都有讨价还价的权利,等到"普天之下,莫非王土;率土之滨,莫非王臣"的局面形成时,臣子一方已经完全丧失了谈价钱的可能,拒绝为君主所用已是十恶不赦,契约关系只能中止了。

11.25 子路使子羔为费宰。子曰:"贼夫人之子。"子路曰:"有民人焉,有社稷焉,何必读书,然后为学?"子曰:"是故恶夫佞者。"

子路和孔子赞成把政治作为一种志业,而且也都把政治看作最好的志业。但在对政治的理解上,师生两个存在分歧。子路把政治看作自我实现的最佳途径,通过在政治上的作为,实现"愿车马衣轻裘与朋友共"的个人志向。所以对子路来说,政治是个人自我实现的手段;孔子对政治有自己的规划和理想,他也把自我实现和政治联系起来,通过实现政治理想达到个人的自我实现。但孔子并不把政治看作自我实现的手段,在政治理想和自我实现之间,孔子宁可让前者优先,而把后者看作前者的副产品。对政治和个人的自我实现的理解不同,导致师生两个对政治的入手方式理解不同。子路认为政治主要是操作性的,可以在做中学,既然政治要素俱备——"有民人焉,有社稷焉",又有步入政治的最佳机缘,何必一定要先读书再入仕呢?孔子和子路境界不同,孔子选择进入政治为的是实现理想的政治,而要实现理想的政治必须懂得理想的政治。孔子心中理想的政治是礼乐之治,而礼乐不存,必须通过读书才能知道何为礼乐。因此对孔子来说,读书是进入政治必须的一步,否则从政就仅仅成了职业和谋生,失去了其理想的内涵。这样的人宦海沉浮为的不过是个人升迁,每天思虑担忧的无非个人得失。子路在高柴未学成前安排他作费宰,会使高柴因此失去在人格上提升的机会,孔子故此指斥子路。

11.26 子路、曾皙、冉有、公西华侍坐。子曰:"以吾一日长乎尔,毋吾以也。居则曰:'不吾知也!'如或知尔,则何以哉?"子路率尔而对曰:"千乘之国,摄乎大国之间,加之以师旅,因之以饥馑;由也为之,比及三年,可使有勇,且知方也。"夫子哂之。"求!尔何如?"对曰:"方六七十,如五六十,求也为之,比及三年,可使足民。如其礼乐,以俟君子。""赤!尔何如?"对曰:"非曰能之,愿学焉。宗庙之事,如会同,端章甫,愿为小相焉。""点!尔何如?"鼓瑟希,铿尔,舍瑟而作,对曰:"异乎三子者之撰。"子曰:"何伤乎?亦各言其志也。"曰:"莫春者,春服既成,冠者五六人,童子六七人,浴乎沂,风乎舞雩,咏而归。"夫子喟然叹曰:"吾与点也!"三子者出,曾皙后。曾皙曰:"夫三子者之言何如?"子曰:"亦各言其志也已矣。"曰:"夫子何哂由也?"曰:"为国以礼,其言不让,是故哂之。""唯求则非邦也与?""安见方六七十如五六十而非邦也者?""唯赤则非邦也与?""宗庙会同,非诸侯而何?赤也为之小,孰能为之大?"

这是论语中篇幅最长的一节。有人说这一节像一篇散文诗,背景、情节兼备,而且意境优美,确实如此。说这一节意境优美,主要是因为曾点所描述的生活意境,让人倏然忘忧,顿生出尘之念。曾点的这一番描述,显然也感染了孔子,故孔子不自觉地喟然感叹,赞同曾点的生活理想。每个人都向往轻松愉快的生活,即使身怀远大抱负的人也不例外。或许越是他们,回归日常生活的愿望愈强烈,尽管真让他们选择,他们未必会真的回归,但回归的念头萦绕心头,挥之不去,这也是人性的常态,不能一概斥之为虚伪——每个人的梦想中都愿意过有声有色五彩斑斓的生活,愿意享受生命所能提供的所有价值。孔子显然也在此列,钱穆说"孔子骤闻其言,有契于其平日饮水曲肱之乐,重有感于浮海居夷之思,故不觉慨然兴叹也"[1]。这话不错,孔子的确曾发过浮于海、居九夷的感慨,那两处表达的心愿,和此处一致。

有一种说法,认为这一节中孔子"非与曾点,与三子也",孔子对曾点是"明与而实不与,理由是孔子期待子路等弟子能各行其志,救世济民,而时衰运蹇,道不得行,各人志也不得伸,因此当孔子"适闻曾点旷达之言,遂叹而与之,非果圣心契合。如果契合圣心,在子当莞尔而笑,不当喟然而叹"[2]。这种解说也不无道理。

---

〔1〕 钱穆:《论语新解》,第 299 页。

〔2〕 袁枚:《小仓山房文集》卷 24《〈论语〉解》之四,转引自钱锺书:《钱锺书集·人生边上的边上》,北京:三联书店,第 140 页,第 141 页。

颜渊篇第十二

12.1　颜渊问仁。子曰："克己复礼为仁。一日克己复礼，天下归仁焉。为仁由己，而由人乎哉？"颜渊曰："请问其目。"子曰："非礼勿视，非礼勿听，非礼勿言，非礼勿动。"颜渊曰："回虽不敏，请事斯语矣。"

这是对何为仁的正面解说之一。《论语》中对仁有许多侧面的描述和否定性的说明，不能把它们看作对仁的定义。要知道孔子的仁的确切所指，需要从这些正面解说入手。目前为止，《论语》中对仁的正面解说是：克己爱人复礼。克己和爱人是同一事的两面，克己是对自己私欲的克制，爱人则是对利他冲动的释放和满足。克己爱人共同构成仁的内在，而仁的外在，即仁的行为，就是符合礼的行为。视、听、言、动，处处依礼而行即达到仁的要求。这等于是说，仁和礼是一致的，是内和外的关系，礼是外在的行为规范，仁是礼的内核，是其内在的精神。

12.2　仲弓问仁。子曰："出门如见大宾，使民如承大祭。己所不欲，勿施于人。在邦无怨，在家无怨。"仲弓曰："雍虽不敏，请事斯语矣。"

与外在的礼相对应的内在的仁因为是最高的德性，涵盖了其他次要的德性，所以达到了仁、具备了仁的德性必然就满足了其他次要的原则的要求、具备了其他次要的德性。也就是说，在通往最高德性仁的路上，必须先依次获得诸如惠、敏、敬、信等等德性，才可能达到光辉的顶点，获得仁。正因如此，每逢弟子向孔子问仁，孔子经常根据弟子的处境——他所从事的职业和道德进境，有针对性地选取一种或几种次要但是必备的德性，说明如何通向仁。知道这一背景，我们就不会把这些阶段性的要求等同于仁。孔子对冉雍解说仁时就是如此，不论是"出门如见大宾，使民如承大祭"，还是"在邦无怨，在家无怨"，都属于仁的要求，但都不等同于仁，仁有更高的要求。我们知道，在一众弟子中，颜回德行最高，能"三月不违于仁"，离仁的境界最近，因此孔子在回答颜回之问仁时，给出的答案离仁的正面、全面定义最接近——颜回已经获得了仁之外其他次要的德性，孔子不再需要教导他以这些德性，可以直言仁德了。

孔子对冉雍的教导中，"出门如见大宾，使民如承大祭"是敬、谨和俭，这些都是公德；"己所不欲，勿施于人"是恕，"在邦无怨，在家无怨"是不怨，这两种是私德。

12.3　司马牛问仁。子曰："仁者，其言也讱。"曰："其言也讱，斯谓之仁已乎？"子曰："为之难，言之得无讱乎？"

这一节又是典型的因材施教。话语迟钝当然不就是仁，如上面所说，仁是一切德性的总纲，谨言只是通向仁的初步，是仁德中很次要的要求。但司马牛德性修养刚刚起步，其个性表现与"敏于行，讷于言"的要求相去甚远，故孔子以"其言也讱"对治他的脾性。不过司马牛显然还不熟悉孔子的教育法，不理解仁那么高的德性怎么能够等同于"其言也讱"。如果孔子一开始就向学生讲明，"其言也讱"是仁者的必要条件，而非充分条件，司马牛应该就不会有此质疑了。

12.4　司马牛问君子。子问：“君子不忧不惧。”曰：“不忧不惧，斯谓之君子已乎？”子曰：“内省不疚，夫何忧何惧？”

　　司马牛此问，说明他已经越过“其言也切”阶段，继续向上提升。孔子给出的还是具体的、有针对性的答案，“君子不忧不惧”，整天忧心忡忡的，不是君子应有的形象。司马牛看来还没领略孔子教学法的妙处，仍以自己的思路把不忧不惧理解为君子的充要条件，于是不解追问孔子。孔子进一步的解说，回答了司马的问题，也解释了之前的“仁者不忧”。由孔子的解释我们知道，孔子所谓疚、忧、惧，同指向一个对象——自己的德性，这样仁者不忧的意思，也就是仁者不忧虑自己的德性。只是不知道孔子这样同语反复式的解说，能否真的去除司马的忧惧。

12.5　司马牛忧曰：“人皆有兄弟，我独亡。”子夏曰：“商闻之矣：死生有命，富贵在天。君子敬而无失，与人恭而有礼，四海之内皆兄弟也。君子何患乎无兄弟也？”

　　从这一节知道，司马之忧，并非仅忧虑其品德，同时还忧虑其命运和处境。对于这一类的忧虑，孔门用“死生有命，富贵在天”的宿命论来应对——非自己能力所及的事，祭出宿命论，也算明智之策；但真正体现儒家强健精神的，是接下来的对策，“君子敬而无失，与人恭而有礼，四海之内皆兄弟也。君子何患乎无兄弟也？”即使在有无兄弟这样的事上，儒家也能想出对策，不肯束手待“毙”，而是以后天的努力弥补先天的不足。其兄弟-朋友观，也尽显宏伟的气魄和博大的胸怀。

12.6 子张问明。子曰："浸润之谮，肤受之愬，不行焉，可谓明也已矣。浸润之谮，肤受之愬，不行焉，可谓远也已矣。"

"明"是一种能力，更是一种德性。在孔子这里，明和智不同，智是"务民之义，敬鬼神而远之"，是政策的定位；而明是识人辨事的能力，如其然地认识其人其事，不受谗言、诬告的影响。明不是聪明，聪明是先天的，而明是后天的，需要不断修养才能获得。其修养的过程，就是道德成长的过程。这一节孔子没有谈到如何获得明，只谈到判断是否获得明的根据，但其实整部《论语》经常谈及如何正确判断，如何不受自己和他人蒙蔽。基本的原则就是以礼为判断的准绳，而不是以自己或以他人为出发点；排除人情、利益的干扰，并遵守判断的规则，"毋意毋必毋固毋我"，等等。在政治活动中，尤其在孔子设想的政治架构中，明显然是一种达到目标的非常重要的技能。

道德修养提升道德境界是题中应有之义，道德修养还能同时提升判断能力则是意外之喜，"明"恰恰就是这样一种令人惊喜的德性。

12.7 子贡问政。子曰："足食，足兵，民信之矣。"子贡曰："必不得已而去，于斯三者何先？"曰："去兵。"子贡曰："必不得已而去，于斯二者何先？"曰："去食。自古皆有死，民无信不立。"

孔子列举的政治三要素，"足食，足兵，民信之矣"，用现在的语言翻译出来，就是经济、军备和对政府的信任。三者以重要性排列依次为对政府的信任、经济和军备。孔子把经济排在军备之前，也就是认为对统治者来说内忧重于外患，这或许是因为外患远而内忧近，外患不常有，而内忧经常在。但春秋、战国时期的史实似乎不支持孔子的论断，因食不足而失位的不多，因兵不足而丧国的却十之八九。三者中孔子把对政府的信任摆在第一位,也十分出人意料,如果他坚持把足食放在第一位,虽与当时的历史经验不符,但至少还符合他仁者的形象——从百姓的角度来看,食无疑是总重要的,"民以食为天",因为这与生命相关。不过我们知道,终其一生,孔子都是从统治秩序的角度看问题,而不是单纯从百姓的角度看问题。所以在解释为什么可以"去食"而留下对政府的信任时,孔子相当冷血地说出"自古皆有死"这样的话——这是从统治秩序、从维持政权的角度看问题得出的结论。在这一点上孔子或许是正确的,古今中外的专制统治者,在笼络民心上从来都不遗余力,为的就是保住被统治者的信任,为此他们要严控言论,屏蔽和编造信息,主导舆论方向,在这上面所花费的精力远远大于在发展经济上花费的精力,因为他们本能地知道,一旦失去被统治者的信任,他们就失去了一切。

12.8　棘子成曰:"君子质而已矣,何以文为?"子贡曰:"惜乎,夫子之说君子也! 驷不及舌。文犹质也,质犹文也。虎豹之鞟犹犬羊之鞟。"

对于文和质的关系,孔子主张文质彬彬。在这一点上,子贡深得孔子教导之精髓,而且用非常形象的比喻说明文之必要;其文即是质,质即是文,二者不可截然分开的说法也深入问题的核心。可惜不论是孔子还是子贡,都没有充分展开,详加论述,而只以一个文学性的比喻来结束论证。《论语》里的话语都有这样的局限,其中的论述重在说服对方,在具体语境中把自己的思想传达给对方,而没有想到过让思想脱离语境,把问题充分展开,不仅传达给对方,同时也传达给关注这一问题的每一个人。

12.9　哀公问于有若曰:"年饥,用不足,如之何?"有若对曰:"盍彻乎?"曰:"二,吾犹不足,如之何其彻也?"对曰:"百姓足,君孰与不足? 百姓不足,君孰与足?"

有若此论,遵循的正是孔子足食的主张,给出的说明,可以看作对孔子说法的补充。国君如果因为"年饥,用不足",百姓只怕会真的饿肚子。有若的建议,不是要故意唱反调,故意反其道而行,而是对当时最急迫问题的最明智反应。

12.10　子张问崇德辨惑。子曰:"主忠信,徙义,崇德也。爱之欲其生,恶之欲其死。既欲其生,又欲其死,是惑也。'诚不以富,亦只以异'。"

子张的问题是如何提升道德,去除迷惑。孔子的建议极富操作性:首先要端正自己,诚心诚意,一切以义为准,这样久而久之,道德自然会获提升。至于去除迷惑,就是排除自己情感、冲动的干扰,服从理性,不自相矛盾——"既欲其生,又欲其死",就是自相矛盾。

12.11　齐景公问政于孔子。孔子对曰:"君君,臣臣,父父,子子。"公曰:"善哉! 信如君不君,臣不臣,父不父,子不子,虽有粟,吾得而食诸?"

如前文所说,孔子的政治思路简单明确,首先是由礼制所规定的既定的政治秩序。在其中,每个人都根据职位和社会角色而领有一套固定的行为规范;通过位高权重者的示范和教化,社会中的每个人都自愿地各安其位,各尽其责,于是国家安定,社会有序,政治清宁,天下得治。孔子回答齐景公时的"君君,臣臣,父父,子子"就是对自己思路的概括陈述。抽象地看,"君君,臣臣,父父,子子"当然没错,每个社会,每一种政治体制都要求其成员遵守其规范,官员有官员的职责,百姓有百姓的本分,否则社会无法运转。但孔子的君臣父子有其确定的涵义,这就是礼制所规定的上下尊卑关系。齐景公似乎欣然接受了这种关系,但其实整套规范对君主多有约束——当然是道德约束,未必是当时的君主所乐见的。孔子的政治理想无从实现,不正是因为君主们首先不愿意接受这套体制吗?

12.12　子曰："片言可以折狱者,其由也与?"子路无宿诺。

兼听则明,片言折狱而保持公正的,除非生而知之者。子路当然不是生而知之的人,不仅不生而知之,还经常以不知为知,否则孔子就不会谆谆教导他"由,诲汝知之乎"了。这句话应该只是用折狱再次说明子路的直率果断,不过孔子的语气里的确透露出些许欣赏赞叹的意思,引导了许多注释者曲为之说,但根据孔子一贯的主张,他肯定不会赞成子路的这种做法。

12.13　子曰："听讼,吾犹人也。必也使无讼乎?"

孔子的社会理想是通过教化,使社会中每一成员都能忠厚无欺,恪守本分;成员之间相安无事,友善互助,哪怕有利益冲突也愿意互谅互让,不会争执不下,更不会诉诸武力。这种由仁人或天使组成的理想社会当然是无讼的。在听讼上,孔子并不认为自己强过别人,但他认为在对更深层的社会结构的理解把握上,他是正确的。这种思想的合理之处在于,法律反映一个社会的道德价值,社会越良善,法律越简约;社会越险恶,法律越繁复。这种思想的误导性在于,后世开始把诉讼和理想社会联系在一起,但错误地理解了诉讼和理想社会的关系,不是把诉讼看作衡量社会好坏的一个指标,而是把诉讼看作社会好坏的一个原因。于是不是去消除产生诉讼的社会根源,而是去人为地、硬性地止讼息讼。更有为了显示政通人和而压制、回避、隐瞒诉讼的。但我们知道无讼的社会终不可能实现,社会规模越大、结构越复杂,冲突和诉讼也就会越多。与其粉饰现实而"必也使无讼",不如正视现实使诉讼更专业、更公平。更何况,诉讼还可以带动相关学科比如法学、修辞、论辩的发展。

12.14　子张问政。子曰:"居之无倦,行之以忠。"

子贡问政,孔子从一个规划者的角度解答。景公问政,孔子从治理者的角度解答。子张问政,孔子则是从执行者即官吏的角度解答。同一个问题,因为身份不同,关注点也就不同。孔子对执行官吏的建议是勤勉做事,忠于职守。这算是对官员最基本的要求了。

12.15　子曰:"博学于文,约之以礼,亦可以弗畔矣夫!"

此节重出。

12.16　子曰:"君子成人之美,不成人之恶。小人反是。"

君子之为君子,因其为人有原则,不违反基本道义。成人之美,即成全别人的好事,这个"美"不是对这个人而言的美,而是对客观标准而言的美,这两者之间有重要区别。对个人而言的美,完全可能是有违公义的丑或恶;成全这样的事的人,不是君子,而是十足的小人,甚至是社会的祸害。这一区别在孔子这里非常清晰,但流俗之见则把只要成全别人的人,就视为君子。这样一来,就把最重要的原则性从君子的定义中删除掉了,君子就成了是非不分的烂好人,有时甚至是助纣为虐、为虎作伥的十足恶人。

12.17　季康子问政于孔子。孔子对曰:"政者,正也。子帅以正,孰敢不正?"

孔子对季康子的作为不满,故季氏问政,孔子回答时多指向其个人德性,这些回答算是孔子随机对其个人的讽谏,而非对政治的全面理解。在三次问政三次回答中,孔子强调的都是执政者的德性的示范效应,而且一如既往地夸大德性在政治中的效力,似乎政治的关键就在于一个人品好的执政者,只要有这样的执政者,一切政治问题都迎刃而解。这一番回答把好人政治——强调德性在政治中的作用,夸大到了无以复加的地步。

12.18 季康子患盗,问于孔子。孔子对曰:"苟子之不欲,虽赏之不窃。"

统治者的德性对政治和社会当然有影响,但影响的途径和后果却不像孔子说的这么直接、简单。在位者多欲,横征暴敛,贪污腐化,整个政治系统就会上行下效,难以做到清廉、透明、高效。但事情也不会简单到只要在位者寡欲,整个政治系统就必定廉洁,社会也因之安定有序,百姓也就知荣辱守礼节的地步。孔子总是把官员的品德看作牵一发而动全身的关键点,这不是修辞,而是他的真实看法。历史和现实一次次告诉人们,孔子这种看法不免天真。

但是不能因为否定孔子的这种天真而走向另一极端,认为官员的品德无关紧要,贪腐、渎职、不作为都无所谓。我们知道,政治之于社会,官僚系统之于政治,都有无可替代的重要功能;而官员又是官僚系统中最重要的部分,官员是否称职,直接决定了官僚系统是否能够运转自如。官员的贪腐是以滥用公权力为手段、损害公共利益为代价完成的。官员因贪腐而获得的利益的总量,远远比不上公众因官员的贪腐而丧失的利益的总量——否则行贿者得不偿失,就不会有行贿这件事了——所以公共利益的损失不能以官员收受的贿赂来计算。贪腐直接导致官员的失职,进而使这一部分的政治系统在相应的时段失效,社会因此而蒙受更大的损失。

欲望慢慢积累,永不餍足,不会因一次满足而停止生长,所以贪腐并不存在一个限度，不会贪到什么数量之后会自然中止。另一方面，贪腐也具有很强的传播性，上一级的官员贪，就无法严明纪律，节制下一级的官员同样贪，于是一官贪很快会演变成全体贪。所以，孔子强调有最高权位者以身作则，防微杜渐，是有相当依据的。他的不足是过分倚重官员的自律，或整个官僚体系的自律，以道德手段包打一切，不曾想象过以另外的方式来制约权力。

12.19　季康子问政于孔子曰：“如杀无道，以就有道，何如？”孔子对曰：“子为政，焉用杀？子欲善而民善矣。君子之德风，小人之德草。草上之风必偃。”

从几番对话看，季康子当政时鲁国的社会治安堪忧，至少在季氏看来如此，以至季氏动了杀机，想诉诸武力获得他心中的太平。从孔子的多次批评看，以季康子为首的鲁国最高当局不正、多欲、弃善，远离治道，也就难怪鲁国盗匪丛生，社会不宁了。孔子认为，鲁国之乱，根源在当政者，其余不过是外在征象罢了。因此，治理的关键在于当权者约束自身，整顿吏治，而不是简单地把作奸犯科者绳之以法，用暴力压服、威慑，随犯随杀。孔子这里的思想很明确，政治的责任，应该由当政者而不是被治者来负，治政的关键在于当政者而不是被统治者。说到底，被统治者不过是被动服从的无声的群体，有权有位、掌握主动权的阶层才是社会的管理者。社会出问题，当然从管理者和管理方式入手，而不是追究被管理者的责任。

12.20　子张问：“士何如斯可谓之达矣？”子曰：“何哉，尔所谓达者？”子张对曰：“在邦必闻，在家必闻。”子曰：“是闻也，非达也。夫达也者，质直而好义，察言而观色，虑以下人。在邦必达，在家必达。夫闻也者，色取仁而行违，居之不疑。在邦必闻，在家必闻。”

“闻”是闻名，被人知道，指名气，是别人对你的听闻、看法，是外在的；

"达"是通达、显达、练达，是自己的能力和境界，自己对外的态度和取向，是内在的。孔子素来不喜无谓的声名，对舆论中的好名声、好评价一直很警惕，对主动博取外在的名气更是不以为然。孔子是对的，因为如以取得名气为目标，则名气、别人的反应将取代义而成为行为者的第一关注，于是不免有为名牺牲义的举措。任何不以仁、义、礼为第一位的行为、考虑，孔子都持反对立场。

12.21　樊迟从游于舞雩之下，曰："敢问崇德，修慝，辨惑。"子曰："善哉问！ 先事后得，非崇德与？ 攻其恶，无攻人之恶，非修慝与？ 一朝之忿，忘其身，以及其亲，非惑与？"

樊迟的问题，子张同样问过，两相比较，可以看出孔子的因材施教，以及两个人的性格差异。孔子曾以先难后获来定义仁，"仁者先难而后获"，问答的一方同样也是樊迟。仁是德性之首，崇德即崇仁，孔子两处的回答是一致的，都是"吃苦在前，享受在后"，或"先付出再收获"的意思。至于"攻其恶，无攻人之恶"，孔子并不主张只自省，不评判、批评别人，他自己对别人的批评就很多，这里应该只是针对樊迟的过度之处提出的纠正意见。最后，孔子反对血气之勇，反对过分情绪化，认为这会干扰判断，致人迷惑，这和给子张提出的建议是一样的。

12.22　樊迟问仁。子曰："爱人。"问知。子曰："知人。"樊迟未达。子曰："举直错诸枉，能使枉者直。"樊迟退，见子夏曰："乡也吾见于夫子而问知，子曰：'举直错诸枉，能使枉者直'，何谓也？"子夏曰："富哉言乎！ 舜有天下，选于众，举皋陶，不仁者远矣。汤有天下，选于众，举伊尹，不仁者远矣。"

这里孔子对樊迟问仁的答复，是对仁的正面解说，而且与回答颜回时不同,不是从外在规范的角度,而是从内在情感的角度来界定仁。"爱人"是对仁的经典释义,是从仁的动机和目的来解说仁。在孔子的理解中,"爱人"和"克己复礼"是一致的,是外在和内在的关系。但我们知道,这两种释义等于给出了两种原则,结果可以大不一样。"克己复礼"是以礼为中心,以礼为终点。礼指示既定、明确的行为规范,而"爱人"不同,爱人指向所爱的人的幸福,不指向明确的规范,不受规范的局限,所以二者的终极的关注点不同。在某些情境中——这样的情境不只出现在哲学设想中,在现实中也比比皆是——爱人和复礼将导致冲突,这时别无退路(有退路可折衷的,就不是真正的冲突,而只是比较复杂的问题),只能在两个原则中取舍,于是有一个原则只能退居其次。

从孔子的全部主张看,在冲突发生时,他应该更倾向于保留克己复礼,而不是仁者"爱人",这造成了他思想的保守性。如果选后者,他的整个学说会有很大不同。而后者也是对道德精神的最准确定位。

12.23 子贡问友。子曰:"忠告而善道之,不可则止,毋自辱焉。"

《论语》中,孔子的朋友出场不多,有名有姓的更少(原壤更像是熟人,而不是朋友)。涉及与朋友交的,有"朋友死,无所归"和"朋友之馈"等有数的章节。从记载上看,孔子和朋友在财物往来上彼此都相当慷慨。但财物之外,从孔子的教导看,他和朋友的关系并不十分亲密。关于交友,孔门后期弟子子游曾说过,"朋友数,斯疏矣",告诫人们要与朋友保持距离。孔子告诉子贡的话,与子游的说法一致,看来这是孔门的一贯主张。孔子清晰划定出我、友的界限,可能是担心弟子在友谊中迷失自我,因朋友而改变原则,为朋友而丧失原则。孔子更希望弟子们能以道为友,而不是以友为道。接下来曾子"以文会友,以友辅仁"就是这个意思:朋友是仁德的辅助,交朋友不以本身为目的,而以仁德的长成为目的。这种目的性在"无友不如己者"中已经开始表露出来,孔子理解中的朋友,可以随着道德境界的增长而随长随弃，即所谓"可与共学，未可与适道；可与适道，未可与立；可与立，未可与权"。这样的友谊，的确是淡若水的君子之交。

12.24 曾子曰："君子以文会友，以友辅仁。"

亚里士多德认为，在人生的不同阶段，朋友起的作用不同，"青年人需要朋友帮助少犯错误；老年人需要朋友关照生活和帮助做他力所不及的事情；中年人也需要朋友帮助他们行为高尚"，"友爱不仅是必要的，而且是高尚的"。亚氏把友爱分为三类：基于有用的友爱、基于快乐的友爱——这两种友爱都"是为了对自己有好处"[1]，还有就是基于德性的友爱。到了曾子这里，干脆把前两种友爱排除在外，交友变得明确、简单：君子之交，所为何来？文、仁二事。

---

〔1〕 亚里士多德：《尼各马可伦理学》，第 228—229 页，第 232 页。

子路篇第十三

13.1　子路问政。子曰："先之劳之。"请益。曰："无倦。"

"先之劳之"，诸多注本都把两个"之"解释为"民"，而不是解为下文的"有司"，两种解法的意思大不一样。这里沿用以前注本的解法，也把"之"理解为"民"，百姓。

如果子路不是问政，而是问兵，孔子的指引或可帮助子路一路凯歌。在军队中，身先士卒虽未必保证胜利，但一定可以提振士气，增强战斗力。同理，在政治系统内部，官长以身作则，一马当先，也会对官僚体系产生激发作用。至于作用有多大，则要看其他许多因素。可以肯定的是，官员"先之"的垂范作用一般不会超出官僚体系以外，延伸到百姓的范围内。原因很简单，军队或官僚系统内部，是一个利益共同体，其间虽也有利益冲突，但有非常明确的共同利益，为所有成员所共享，因此官长的率先，的确能垂范。官僚体系和百姓之间，不存在这种明确的共同利益——当然也不是任何共同的利益都没有，比如自然灾害对上对下都不是好事，以残杀和掠夺为目的的外敌入侵也如此，这时官民就有共同利益，但这种情况不那么常见——二者是治理—被治理、统治—被统治的关系，在许多方面，利益正是相对的。官员勤政，提升的是整个官僚系统的福利，百姓看不出官员勤奋对增加自己的利益有什么帮助,很多时候,甚至他们越勤奋,百姓被搜刮得越厉害。因此,孔子的话若要成立,有一个不可或缺的前提,就是官民利益高度一致,或至少让百姓坚定地相信他们的利益是一致的,但这两个前提都非常不容易满足,孔子时代也不例外。所以孔子的建议只能让子路在政坛博得一个好名声——也不是一定的,是很可能——却未必能博得下民的拥戴。

13.2　仲弓为季氏宰,问政。子曰:"先有司,赦小过,举贤才。"曰:"焉知贤才而举之?"子曰:"举尔所知;尔所不知,人其舍诸?"

孔子给冉雍的建议的着眼点和给子路的建议其实不同。给子路的建议,意在告诉子路,如何政通人和,获得整个政治的成功;给冉雍的建议,只是要告诉他,如何在官场上成功。我们这么说的依据在于,建议子路时的"先之",提到了百姓,这就把官、民整个包括进来,所以谈论的是全部政治;而给冉雍的建议,是"先有司",只提到官吏,没有提到民,因此和建议子路时的关注对象、关注范围有所不同。

如上文所分析的,"先有司"对治吏有一定作用,但治吏也不是只靠人格魅力就唾手可得的事,此节之前孔子根本不提赏罚机制,好像整个官僚体系就是一个缺了头羊的羊群,对得失全然不觉,只对头羊高度敏感。只要命运派来一个好头羊,大家就别无所求,一心一意跟着头羊,它走到哪儿羊群就跟到哪儿——这显然是对人性和官僚系统的非常幼稚的理解。但在这一节,孔子的"举贤才"之说隐蔽地弥补了过去对激励机制的忽略。甚至对举荐的方式,孔子也给予了初步的提示:"举尔所知;尔所不知,人其舍诸?"意思是,不只冉雍,每个人都有权利和责任举荐自己所认为的贤人,这样就能选出所有表现好的人,然后再从中继续筛选。

13.3 子路曰:"卫君待子而为政,子将奚先?"子曰:"必也正名乎?"子路曰:"有是哉,子之迂也!奚其正?"子曰:"野哉,由也!君子于其所不知,盖阙如也。名不正,则言不顺;言不顺,则事不成;事不成,则礼乐不兴;礼乐不兴,则刑罚不中;刑罚不中,则民无所措手足。故君子名之必可言也,言之必可行也。君子于其言,无所苟而已矣。"

孔门弟子中,也只有子路会当面顶撞老师,用这种直接、随便的口气和老师说话。子路比孔子只小 9 岁,和孔子多年师生成兄弟,加之直爽气盛,孔子和他说话不客气,他和孔子说话也不加修饰。

孔子正名之说,和他以前论述过的施政纲领并无不同,不过修辞上的排比和一连串的顶针,推理上如推倒多米诺牌一般的环环相扣、层层递进,还是让我们耳目一新——这都得益于子路的言语刺激,让孔子的话像相声中的贯口一样喷涌而出。孔子所谓正名,就是匡正名分,还是要让政治、社会回到既定的礼制规范中去;这样,政治、社会的每一部分、每一种关系、每一角色职位,都在礼制秩序中定位自己,获得自己的名分。而一旦完成了这样的工作,整个社会就会言顺、事成、礼乐兴、刑罚中。名正则言顺,通过正名,不但解决了政治治理的问题,而且解决了政治的合法性问题。

这段话中富有新意的,其实是关于刑罚的论述,"礼乐不兴,则刑罚不中;刑罚不中,则民无所措手足"。《论语》中此处首次正面肯定了刑罚的作用,也指出刑罚失当对社会秩序和百姓生活的危害,同时还告诉我们,刑罚在政治中不是孤立的,而是礼乐——政治制度中的一部分,没有好的政治制度,也不会有好的刑罚制度。

13.4 樊迟请学稼。子曰："吾不如老农。"请学为圃。曰："吾不如老圃。"樊迟出，子曰："小人哉，樊须也！上好礼，则民莫敢不敬；上好义，则民莫敢不服；上好信，则民莫敢不用情。夫如是，则四方之民襁负其子而至矣，焉用稼？"

学稼学圃不应该到孔子之门，孔子认为这是鄙事，谋生则可，与礼乐却无关。樊迟请学稼应该在樊迟问仁之后，否则孔子不会反应如此强烈。樊迟问仁，孔子几乎倾囊而授，没想到追问完最高道理之后，樊迟不仅没有百尺竿头更进一步，反而又开始追问孔子眼中最底层的事。孔子之所以不以为然，是因为他认为樊迟混淆了上、下的分工，故接下来专门解说"上"、"民"的区分，论述上在道德上以身作则对民的决定性影响。

孔子在对话中提到礼、义、信，认为上位者在这三个方面果然无可挑剔，则下民自然远道来归附。我们知道，礼在当时是整个社会的规范，规范上也规范民，规范政治也规范日常，因此礼相当于现代意义上的法律＋伦理。义则是抽象的理念，可以看作对公正、合宜的追求；义甚至对有形、成文的礼都可以构成一种批判引领的力量。因此在上者好义，可以成为推进礼与时俱进的动力。而所谓上好信是说统治者言而有信，言出必诺，以庄重认真的态度对待礼。做到这三项要求的政府，无论是在古代还是在现代，都够得上一个好政府的标准。故此孔子认为不需要统治者用稼以取悦、号召百姓。

13.5 子曰："诵诗三百，授之以政，不达；使于四方，不能专对；虽多，亦奚以为？"

《诗经》记录的是西周朝野的生活状态，也正是孔子心中的理想政治和理想社会状态。熟读《诗经》，对孔子及弟子来说，因此就有提供治政范本的作用。此外，在孔子时代，《诗经》除了陶冶性情、培育德性的功能外，还是官员的训练手册，为未来官员提供社交礼仪用语。经过一番训练的弟子，如果不能熟练使用《诗经》应对政事，孔子认为这样的人不堪造就。

13.6 子曰："其身正，不令而行；其身不正，虽令不从。"

如何是"身正"？抽象地理解，可释为行为正当；具体地理解，可释为名实相符，既有信誉也有合法性。一个有信誉和合法性的政府，政令就能通行；而既无信誉又缺乏合法性的政府，政令会处处遭遇抵抗，因为它的权力不能转化为权利。按照卢梭的解说，权力只是一种物理力量，只有得到被管理者的认可，才上升为权利。[1]

13.7 子曰："鲁卫之政，兄弟也。"

这是对两国的历史渊源或当时政治现实的陈述、评论，是褒是贬难以确定。

13.8 子谓卫公子荆："善居室。始有，曰：'苟合矣。'少有，曰：'苟完矣。富有，曰：'苟美矣。'"

卫公子荆是当时难得的知道节用的当权者。当权者的用度来自百姓，这样他的节俭就不是私德，而是重要的政治品德。当权者一方节俭，百姓一方的负担就不会加重。

---

〔1〕 卢梭：《社会契约论》，北京：商务印书馆，2003 年，第 5 页。

13.9　子适卫，冉有仆。子曰："庶矣哉!"冉有曰："既庶矣，又何加焉?"曰："富之。"曰："既富矣，又何加焉?"曰："教之。"

这一节可以和子贡问政对照来读。在回答子贡时，孔子对政治要素的依次排列是：对政府的信任、经济、军备。回答冉有时，孔子没有提到对政府的信任，而是直接从经济谈起，经济之后是教化。没有提到，当然不是不重要，更不会是孔子没想到，而是因为问题有所不同：子贡是就整个政治提问，而冉有则是对着百姓向孔子提问，问的是政府该如何对待百姓，而不是政治该如何。把对子贡和冉有的两种解答叠加在一起，可以得出孔子思想中政治要素的次序：对政府的信任、经济、教化、军备。教化先于军备，是根据孔子整个思想排序的，单从两次回答看不出来。

13.10　子曰："苟有用我者，期月而已可也，三年有成。"

孔子时代，社会没有现在这么庞大复杂，政治的专业性也没有现代这么强，理论性的政治哲学和操作性的政治治理的分野，还没有如今这么明确。所以孔子能有此自信，而且不论是当时的人们还是现在的我们，听起来也不觉得荒谬可笑。今天的情形和那时已经大不一样，一个从未经过政治历练的学者如果口出此言，我们肯定对他不以为然，而且任何对政治有正确理解的人都不会认为我们这种态度有什么不对。

除了刚才提到的时代背景以外，虽然短暂，孔子毕竟有过从政经验，而且最重要的，孔子对自己的学说极度自信，否则他也不会四处奔走求为重用了。孔子对自己学说的自信也不是完全没有根据，我们知道，他的学说来自从前，在历史上曾经长期实施并且成功过，是经过历史检验的思想，不然，凭孔子的修养和在判断上的谨慎，不会如此自负。孔子的疏忽在于，他没有想到，历史上成功的体制可能会随着条件的变化而只能在历史上成功,移植到现在未必能成功,更不会历百世仍然成功。

13.11 子曰:"'善人为邦百年,亦可以胜残去杀矣。'诚哉是言也!"

"胜残去杀"是个伟大的理想,心怀这种理想并且为之不懈努力的,有伟大的人格。从孔子引用的这句话看,不论是原话作者还是孔子,都是把胜残去杀当作证明善人执政成功的效果,而不是作为一个追求的目标。但不论怎样,能够实现胜残去杀的确是非常了不起的成就,完全可以当作政治成功的标志。一定有善人(有政治才能、品德过硬的统治者)能带领社会达到这一状态,但孔子定义中的善人是否做得到,则值得怀疑。

13.12 子曰:"如有王者,必世而后仁。"

一世30年。王者比善人更卓越,王者30年的成就比善人百年的成就更高。孔子致力于仁,从不以仁许在世的人,因为深知仁之不易。因此,即使是不世出的王者,也一定要用一代的时间,才能推行开仁道。比照孔子的人生历程,30年正是一个人从出生到而立所需要的时间。王者接手政治,推行仁政,他获得成功之日正是生在新政下的一代兴起之时,可见仁政的成功最终依赖于接受仁道教育的一代替换之前的旧人。柏拉图建立理想国也全部依赖于教育,他要求把新生一代和旧的一代完全隔离,以免旧一代的观念影响新一代人,等到新一代长成为城邦的主导者,理想国水到渠成,自然就建立起来了。

13.13 子曰:"苟正其身矣,于从政乎何有? 不能正其身,如正人何?"

孔子时代,当政者的品德显然不符合孔子的标准,所以他反复谈到当政者端正自己、以身示范的重要。如果孔子把这当成一个起始步骤，或必要手段，则孔子的思路还是很富建设性和操作性的，因为统治者从自身入手的政治改革，一般来说其社会成本会很低；但是从《论语》看，孔子其实把统治者"正其身"当成了政治的全部，至少也是政治中最重要的部分，这样的治理效果自然就另当别论了。

13.14　冉子退朝。子曰："何晏也？"对曰："有政。"子曰："其事也。如有政，虽不吾以，吾其与闻之。"

这是孔子"正名"的一个实例。坚持"政"和"事"的区分，也就是肯定鲁国原有的权力秩序的合法性，对现实中的鲁国的权力格局持否定立场。孔子对自己的信念，"君子于其言，无所苟而已矣"，身体力行，一丝不苟。

13.15　定公问："一言而可以兴邦，有诸？"孔子对曰："言不可以若是其几也。人之言曰：'为君难，为臣不易。'如知为君之难也，不几乎一言而兴邦乎？"曰："一言而丧邦，有诸？"孔子对曰："言不可以若是其几也。人之言曰：'予无乐乎为君，唯其言而莫予违也。'如其善而莫之违也，不亦善乎？如不善而莫之违也，不几乎一言而丧邦乎？"

定公求一言兴邦，孔子回答说，如果有这样的话，那可能就是"为君难，为臣不易"了。李泽厚说孔子回答得很巧妙，因为定公想走捷径，[1]孔子告诉他，没有捷径可走，但孔子不是直接否定定公，而是通过表面上的肯定——给出了"不几乎一言而兴邦"的话，完成了对定公的否定——告诉他要知道治国之难，不能单凭一句话治国。孔子的表述，语气委婉，

---

〔1〕 李泽厚：《论语今读》，第361页。

而思想明确，的确很巧妙。

知道治国之难的，必定是对治国有所了解，这正是正确治国的第一步；知道其难，才可能以对待其难的态度对待它，才会谨慎勤勉。孔子的潜意识里，有态度决定论的倾向。基于这两点，孔子认为"为君难，为臣不易"可作为君主的座右铭。而如果君主以没有人敢违抗自己为乐，这样的君主只是在炫耀权力，以别人的服从而不是以正确行事为目的。在当时的体制中，对君主的权力没有有效的约束，这样长此以往，君主会越来越偏离正确的轨道，最后只能以丧邦来结束残局了。

13.16 叶公问政。子曰："近者说，远者来。"

孔子以善政的效果之一回答叶公问政。如果境内的人心情舒畅，而境外的人竞相来投奔，那一定是好的政治。反过来，如果境内的人心情郁闷，愤愤不平，争相移民国外，那必定是恶劣的政治。孔子的这个标准在当时相当有说服力。

13.17 子夏为莒父宰。问政。子曰："无欲速，无见小利。欲速，则不达；见小利，则大事不成。"

"无欲速，无见小利"，都是要从长计议的意思。把眼前的事置于整体中，从长时段的角度看问题，这样自然不会因欲速和小利而妨害全局大事。根据长远目标规划个人生活，这在伦理学中称为审慎，是一种重要的德性。把这种德性移入政治中，就是"无欲速，无见小利"。作为个人德性，审慎不难找到实现它的动力——每个人都关注自己的幸福，自我利益最大化就是审慎的最大动力。作为政治伦理，审慎的动力从何而来却很成问题，因为群体利益最大化未必会促成决策者利益的最大化，而如果短期效应最能促成决策者的利益最大化，那么追求短期效应便具有最大的可能性，除非决策者有孔子一样的伟大品德。有鉴于此，必须找到一种越是能促进群体的最大利益，就越是能促进决策者的最大利益的制度；退而求其次，也要找到能够及时纠正决策者追求短期效应的决策的机制。

13.18　叶公语孔子曰："吾党有直躬者，其父攘羊，而子证之。"孔子曰："吾党之直者异于是：父为子隐，子为父隐。——直在其中矣。"

围绕这节所涉及的问题近来争论激烈。[1] 叶公提出了一个既有趣又有理论价值的道德难题：父亲顺手牵了别人家的羊，儿子应该如何？ 如告发，则有伤父子亲情，有违父子之伦；如不告发，则有碍社会公义，损害他人利益。叶公乡人淡看亲情，将社会伦理引入家庭，让父子关系服从社会伦理。叶公认为这是"直"——直率、真实，在事实面前的直，不因与父亲有关而隐匿事实。孔子反对这样的做法，也反对叶公的价值判断，他认为父子互相包庇，"父为子隐，子为父隐"，才是真正的"直"。孔子同样看重直这种情感、品德，但孔子理解中的直不是面向事实的直，而是面向真实情感的直——父子之情是最本源的感情，为保护父亲而隐藏真相是人的最直接反应，也是孝的体现。也就是说，叶公主张事实优先，公德优先；孔子主张亲情优先，私德优先。

只要了解孝在孔子伦理中的基础性地位，对他亲情优先的主张就不难理解。在孔子，孝是其他一切德性可能的基础，公共德性不过是孝悌的扩展、延伸。如没有与孝悌所对应的自然亲情，一切德性都将丧失其基础和动力。出于这种考虑，孔子当然不会允许衍生的德性——社会公德、法律秩序——破坏原生的德性，否则整个德性体系就会轰然坍塌，勉强保留

---

〔1〕 可参见邓晓芒、郭齐勇围绕这一问题的争论。

下来也只能是徒有其表的条文规范。孔子亲亲相隐的主张对传统社会法律制订有直接影响，西方法律思想家也有类似的考虑。[1]

对亲亲相隐如何评价，今天在法律和伦理中是否还要继承这一传统，亲亲相隐的界限在哪里？这些都是需要思考的问题。孔子的选择有一定道理，检举至亲，把亲人绳之以法，这是对人性的极大挑战，可预见的刑罚越重，挑战越大。法律应该考虑这一人性的基本事实，给当事人留出必要的空间，而不是逼迫他们突破人性的限度，这才是一种人道的体现。另一方面，叶公的选择也有道理，如果有人愿意因公舍私，置公德于私德之上，这无论怎么说都是值得称颂的道德英雄的行为——在这样的选择中，损失的是他及他的家人，被破坏的是他的亲情，得以保全的是公共利益和公共秩序，这不正是道德所要求的克己利他吗？因亲情损害公益，难道不是出于自私之心吗？但是因为有前面人道的考虑，所以叶公的选择不应该当作完全的义务，更不能以法律的形式强迫每一个人都做如此的选择。用完全义务和不完全义务来解决叶公和孔子之争，使两个人的主张不再形同水火，非此即彼，至少从形式上看，消解了原来的道德难题。

13.19　樊迟问仁。子曰："居处恭，执事敬，与人忠。虽之夷狄，不可弃也。"

樊迟再问仁，孔子这次的回答都是从日常细节处着眼。如前文所说，这些次要的德性当然不是仁本身，而是通向仁的必备德性。这些与其说体现了孔子的仁的思想，不如说体现了孔子的因材施教。价值领域有是

---

〔1〕　孟德斯鸠："勃艮第王贡德鲍规定，盗窃者的妻或子，如果不揭发这个盗窃罪行，就降为奴隶。这项法律是违反人性的。妻子怎能告发她的丈夫呢？儿子怎能告发他的父亲呢？为了要对一种罪恶的行为进行报复，法律竟规定出一种更为罪恶的行为。""列赛逊突斯的法律准许与人通奸的妻子的子女或是她的丈夫的子女控告她，并对家中的奴隶进行拷问。这真是一项罪恶的法律。它为了保存风纪，反而破坏了人性，而人性却是风纪的泉源。"《论法的精神》，下册：第 176 页。

否存在普遍价值的争论,对于这一问题,孔子显然持肯定态度,也就是说,孔子认为有些价值是普遍的,超越了民族、文化等因素的限制,比如此处谈到的恭、敬、忠,就是如此,因为即便在夷狄,离开它们也行不通。

13.20 子贡问曰:"何如斯可谓之士矣?"子曰:"行己有耻,使于四方,不辱君命,可谓士矣。"曰:"敢问其次。"曰:"宗族称孝焉,乡党称弟焉。"曰:"敢问其次。"曰:"言必信,行必果,硁硁然小人哉!抑亦可以为次矣。"曰:"今之从政者何如?"子曰:"噫!斗筲之人,何足算也?"

子贡和宰我都喜欢追问。宰我追问的是基础性的知识,子贡追问的是系统性的知识。在子贡的追问下,孔子按职位和成就把士划分为三个等级。最高一级的士受命于君主,为国家服务;第二级的士没有担负国家使命,但能领导、影响宗族乡党,行民间教化之职;第三级连对宗族乡党的影响力都没有,只能独善其身,守得住基本的伦理原则。三个等级的士,都符合基本的道德要求,这样其社会地位越高,发挥的作用也就越大,所以孔子按地位划分等级,不是出于势利,而是出于功用。至于当时的从政者,虽有士的身份,但没有士的品德和作用,位列三级之下,是等外品。

13.21 子曰:"不得中行而与之,必也狂狷乎?狂者进取,狷者有所不为也。"

中行难得,孔子早已有言,"中庸之为德也,其至矣乎!民鲜久矣。"中行之人不可得,于是只能和次一级的人相交,否则就无可交之人。所谓次一级的就是偏离中庸的人,但如亚里士多德所说,偏离中庸的过度和不及仍然是善,所以他们依然可交,三人行依然有我师。过度的,孔子称之为"狂",是那些积极进取、顾不上小节的人;不及的,孔子称之为"狷",是那些进取心不够,但底线不失、大节不亏的人。这两类人都在底线之上,因此孔子认为可交。这是孔子对交友标准的具体说明。

13.22 子曰："南人有言曰：'人而无恒，不可以作巫医。'善夫。""不恒其德，或承之羞。"子曰："不占而已矣。"

孔子借用南人的成语强调有恒的重要。有恒、坚持当然是一种重要的品质，孔子时代如此，任何时代都如此；人如此，甚至动物也如此。亚氏伦理学的德目中，与有恒最接近的德性是"自制"，"自制者是遵守他经推理而得出的结论的人"[1]，自制的人胜过自己的欲望，服从理性的要求，这和作为德性的有恒的功能相同。

13.23 子曰："君子和而不同，小人同而不和。"

孔子的话中，这是今天最常被引用的一句之一。孔子说的本来是君子的德性，现在多用在公共生活和国际政治领域。这句话是君子和小人对举，君子、小人既可以理解为地位之别，也可以理解为德性之分。不过因为人们更多把《论语》看作政治、伦理著作，而不是历史学著作，所以多数注本都是从价值规范的角度理解这一句话的，即君子应该相容、相和而不必相同、一律，小人才会相同、一律但又不能相容、相和。

作为一种观念，和而不同首先是对他人作为一个人的独立性、自主性的尊重，对他人的价值观念、生活方式的理解和宽容，不把自己的意志强加给别人。以此为基础，才能实现人与人的和谐、共生、合作。作为一种状态，和而不同是动态的平衡，"和"要求人们不能兵戎相见，也不能不相往来，而是要在和平中合作。但利益、价值观念、生活方式的不同又给合作以压力，压力积累到一定程度会破坏合作、和平，所以"不同"的领域和

---

〔1〕 亚里士多德：《尼各马可伦理学》，第 193 页。

程度会影响"和"的状态和深度，维持"和"需要不断调解因"不同"而起的冲突，而调解的方式和目的必须为所有"不同"方认可，它们其实是不同之上的"同"，没有这些同，就永远不会有和。所以，"和而不同"中的不同，也不会是处处截然不同，不同应该是大同之下的小不同。

为什么要和而不同？"和"与"不同"的可接受的限度在哪里？在道德上，和而不同的优势在于对自主权的尊重，这一点很像社会契约论思想。我们知道，不论是霍布斯、洛克还是卢梭，他们所持的契约论都以平等、独立、自主的个人为前提，社会和政府是不同的个人的自愿的联合。平等、自主、自愿，这些因素使契约论拥有道德上的强大优势。孔子和而不同的观点当然不能和契约论划等号，但从其中可衍生出上述道德要素。而且，虽然社会契约论同样也肯定、尊重差异性，但它需要以自然状态等设定为前提，而和而不同则简单明了，不需要任何形而上学的假设。此外，社会契约论不介意尚未缔结契约的自然状态下的人们彼此为敌、以战争方式解决利益冲突。但从和而不同、胜残去杀等话语透露出来的信息让我们知道，孔子比社会契约论者更注重人与人之间、个人与政府之间、国家与国家之间的和平，而在洛克、卢梭的理论中，极刑、国家之间的战争，在现实中有必要性，在道德上有合理性，他们从来不曾设想如何去除它们，正如柏拉图在理想国中也没有设想过去除城邦之间的战争一样。

对孔子来说，和也好，不同也好，背后都有礼这一明确的规范体系。对今天的人们来说，即使接受和而不同，也只能把它当做一种价值观念，一个纲领，而不能用以指导具体的行为，因为它不再与明确的规范相连，它自身更不是规范。单凭这个观念，我们无法知道什么样的不同是可接受的，什么样的不同才可以去与之和。不论是古代的孔子还是现代的我们，都不可能对要去与之和的不同一方全无道德要求，而只以和为惟一目标，为和而和。比如，孔子不会与杀父弑君的人和，我们也不会与希特勒和。不仅不会去和，孔子还会声讨弑君者，甚至会求兵讨伐（"陈成子弑简公"一节），而不会对违反底线的行为听之任之，视而不见，袖手旁观，默然不语。但底线在哪里,由谁来判断,这些在今天还是热烈争论的话题。

我们既已确定和而不同的道德优势,自然也就知道其反面"不同而不和"和"同而不和"的错误。孔子没有谈不同而不和,只谈到了同而不和。孔子的这个提法很有意思,很多人以为不同才会有不和,既然相同、同一怎么会有不和呢? 出于这种潜在的信念,他们总是刻意避开他们眼中的对手的价值观念和生活方式,相信一定要找到和对手不一样的价值观念才能保持和对手的敌对,这样就免于被对手同化。我们且不去讨论一定要和对手对立是出于什么心态,只来看看他们的信念是否成立。其实,只要稍稍思考一下,甚至不必思考,只要稍稍观察一下,就会发现,价值观念同一而有冲突根本不足为奇。比如,如果两方都认为和为贵,应该尊重、不干涉别人,持这样的相同的观念的两个人之间不会产生冲突;而如果两方都认为,人与人的关系就是一切人对一切人的战争,是胜者通吃败者无存的关系,这样两方的观念越是高度一致,他们的冲突会越激烈。可见,冲突还是合作与价值观念是否同一没有直接关系,与什么样的价值观念才有关系。所以我们尽可以持有某些敌人持有的价值观念而依然与之为敌,而不会化敌为友,或被敌化为奴。孔子要说的大概就是这个意思:小人生活方式相同,所持的价值观念也一样,但因为他们的价值观念是错误的、不体现合作精神、会导致冲突,所以小人虽然一样,但他们之间充满冲突。

13.24　子贡问曰:"乡人皆好之,何如?"子曰:"未可也。""乡人皆恶之,何如?"子曰:"未可也。不如乡人之善者好之,其不善者恶之。"

孔子尊敬乡人,但不信任他们的道德判断能力。这也很自然:在一件事上浸淫越久,钻研越深,越超出一般水平,越不信任代表一般水平的群众的眼光。自然科学家不信任群众意见我们不会大惊小怪,同理,道德学家如此,也有一定的根据。孔子是道德学家,在道德判断上自信而且坦诚,不放任自流,也不随波逐流、模棱两可,所以对大家都称好的,即以最普通的标准衡量判断为好的,孔子很谨慎,他不相信善如此廉价;他一定要找到更客观的标准、更深邃的目光,这就是乡人之善者。他们的眼光超出一般乡人,但孔子对他们也不尽信,所以也只是说他们好于乡人,没有说他们的判断一定可靠。孔子的意思是,耕田种菜要听专家的,道德判断同样也要听专家的。

13.25 子曰:"君子易事而难说也。说之不以道,不说也;及其使人也,器之。小人难事而易说也。说之虽不以道,说也;及其使人也,求备焉。"

"君子喻于义",在君子手下做事,只要依义而行即可,都是明规则,不需要潜规则,因此易于相处。"小人喻于利",在小人手下做事,需要依小人的私利而行,没有公开、明确的规则,要处处迎合小人的心意,因此让人无所适从。和义相比,小人的心意变化多端,朝秦暮楚,难以预测,即使这一步获得他的欢心,一着不慎,下一步又会让他暴跳如雷,恨你入骨。如果孔子对事君子事小人的观察准确,不妨想想,两千多年来,帝王之中君子几个,事帝王的大臣经历的是怎样的职业生涯;每一级的官员中,君子又有几人,事他们的下一级官员,过的是什么样的生活?

13.26 子曰:"君子泰而不骄,小人骄而不泰。"

如上文所说,君子易事,小人难伺候,这个原因很明显,因为所谓君子、小人的定义中就有如何对待别人的部分。这里孔子继续说君子不骄矜,也容易理解,不骄矜是君子之为君子的必要条件。不过小人也未必一定骄矜,骄矜不是小人的必要条件——骄矜的一定不是君子,不骄矜的未必不是小人。关于泰,即安详:君子不计较个人得失,在道德上坦荡而无所愧疚,从这一方面而论,君子的确是安泰的;但人的忧虑,除了因道德而生,还可以因其他许多因素而生,所以,孔子君子安泰的说法不能成立;在另一边,小人满脑子得失胜负,似乎应该患得患失,而且自私的人不可能襟怀坦白,从这方面看,小人不泰的说法也应该成立。但自私的人未必以为自己是自私的,而且即使知道自己的自私,也未必认为这有什么错误,而且即使知道这在道德上确实是错的,也可以因为内心强大心理素质好而处之泰然,所以小人不安泰的说法同样不能成立。孔子这里又陷入德性自身即为德性的报偿的思维误区。

13.27　子曰:"刚、毅、木、讷近仁。"

近仁还不是仁本身,而只是仁的必备的德性而已。刚、毅之为仁的必备要素,容易理解。木、讷为什么也是? 当然是因为君子要"敏于行而讷于言"。

13.28　子路问曰:"何如斯可谓之士矣?"子曰:"切切偲偲,怡怡如也,可谓士矣。朋友切切偲偲,兄弟怡怡。"

士是尚未入仕的读书人。子路问士,目的性很强,其实问的就是他自己该如何与人相处。孔子的回答虽是针对子路的具体指导,但同样也有普遍的意义。孔子主张把基于社会关系的朋友和基于血缘关系的兄弟区分开来,区别对待。孔子的建议很有见识,因为不同的关系当然应该以不同的方式对待。但这里孔子显然是为突出两种关系的不同而将应对的方式截然两分,在实际的交往中这是做不到的,而且即便做到了效果也未必好。实际上,朋友之间可以怡怡,兄弟之间也可以切切偲偲。这并不是说孔子错了,孔子作出的恰恰是十分高明的区分,因为对待朋友和对待兄弟的基本规则,正应该像孔子建议的那样。

13.29 子曰:"善人教民七年,亦可以即戎矣。"

有能力的统治者用 7 年时间训练出来的军队,其战斗力可观。这样的军队在战争中,进可以完成国家使命,退可以保全自己。7 年的训练对国家、对自身都十分必要。孔子推行仁道,在政治上一派天真,但作为有治政经验的思想家,他还是知道一厢情愿的和平主义走不通,而且,他也并不以和平为目标——在这一点上,孔子是个现实的政治家,不像释迦牟尼和耶稣,一直就是有超越情怀的宗教家——他以恢复周礼为目标,而在周礼中,国家本来就是有军队的。

13.30 子曰:"以不教民战,是谓弃之。"

这句话进一步解释了教民 7 年的出发点之一。教民 7 年,不只是为提升军队战斗力,更是为保全士兵的生命,是出于人道的考虑。教民 7 年的成本不低,而孔子愿意以如此的投入减少士兵生命的损失,这算是对士兵处境和命运最富同情心的理解了;而既然孔子反对"弃之",自然就是主张不弃,不把兵士当取胜的筹码和血肉工具,而是把他们看作有内在价值的具体的个人。一个"先问人,不问马"的人有这样的立场和态度不奇怪。孔子仁者爱人的思想和情怀在谈论战争的这一节得到了充分体现。

宪问篇第十四

14.1　宪问耻。子曰："邦有道,谷;邦无道,谷,耻也。""克、伐、怨、欲不行焉,可以为仁矣?"子曰："可以为难矣,仁则吾不知也。"

这一节前面部分和之前"邦有道,贫且贱焉,耻也。邦无道,富且贵焉,耻也"表达的是同一个意思,但关注的重点不同,之前的话关注的是隐和见的原则,这里关注的是何为耻,或何为则耻。邦有道而不仕,与邦、于民、于己,都没有尽到责任。没有尽责,在道德上应该惭愧内疚,即耻。邦无道而仕,就是在助纣为虐,是鲜廉寡耻。克、伐、怨、欲的共同点都是以自我为中心,去除了这四种倾向,也不过是降低了自我中心的强度,还不能说就达到克己复礼、从心所欲不逾矩的境界,因此难则难矣,但还不是仁。

14.2　子曰："士而怀居,不足以为士矣。"

在孔子的理念里,士应该仁以为己任,天下以为己任,而心怀天下的人自然志在四方,怀德怀刑,而不会怀土怀居,耻恶衣恶食。所以尚在怀居的,在精神层面还没有达到士的境界。如我们所知,孔子以文化上的而非地理上的家乡为自己的精神家园,是当时意义上的世界主义者,所以不惧"乘桴浮于海",敢于"居九夷"。

14.3　子曰："邦有道，危言危行；邦无道，危行言孙。"

按照孔子的要求，行为正直是为人的底线，虽之夷狄，虽居乱邦，也不能改。但言语正直的要求可以随外部政治环境而有所变化，如果有因言获罪的危险，则不必实话实说，而应该实话少说或不说。孔子对行为严格对言语宽松，这是因为行为对他人有直接影响，不正直则损害别人；而言语可多可少，可说可不说，有较大的选择空间，而且对别人没有那么直接的影响。

14.4　子曰："有德者必有言，有言者不必有德。仁者必有勇，勇者不必有仁。"

有德者不伪、不欺，故言为心声，言成为其内在德性的表达，德性好因此言语也好——不是动听，而是合乎仁道。仁是一切德性之和，仁者必然有义，而义必须配以勇，否则无以实现义，所以仁者必有勇。但勇敢只是仁实现自身的一种手段，有勇未必有仁德。这些是孔子围绕德性所做的事实和概念辨析。

14.5　南宫适问于孔子曰："羿善射，奡荡舟，俱不得其死然。禹、稷躬稼而有天下。"夫子不答。南宫适出，子曰："君子哉若人！尚德哉若人！"

传说中的禹、稷都是以礼服人、以德服人的首领；而羿、奡都以勇武闻名，不以德性闻名。南宫适从上古的历史中选出这两对首领，以论证以德服人的能获得成功，单凭勇武的身败名裂。德性带来成功，这正是孔子的信念和期望,南容的一番言论,加强了孔子的信心,令孔子大悦,顺带对南容也大加赞赏。心理学里说,取相同的价值观能引起上级的最大欢心。南容不是逢迎之人,孔子也不喜欢别人的阿谀,但价值观念的一致,还是让孔子出乎意外地兴奋。

14.6 子曰:"君子而不仁者有矣夫,未有小人而仁者也。"

这句话中,如果君子、小人指有德者和无德者,则其意思是:修养到一定程度的君子还达不到仁的要求的,是有的;但小人肯定达不到仁的要求,这是一定的。这其实是从仁的高度看君子和小人之别,是一句有意义的话。

如果君子和小人指有位者和无位者,这句话的意思是:在上的君子达不到仁的标准的,是有的;在下的小人达不到仁的要求是肯定的。为什么这么说呢?仁不是自然而然能达到的要求,自然而然达到的,只能是次要的"直",不可能是至德"仁"。仁必须经过长期的学习和修养,才有可能达到。而作为芸芸众生的百姓是不具备学习和修养的条件的,因此完全无望达到仁。这样理解也通。

14.7 子曰:"爱之,能勿劳乎? 忠焉,能勿诲乎?"

两千多年前,孔子说,爱一个人,怎么能不劝勉他勤劳呢? 忠实于他,怎么能不教导他呢? 两千多年后,高尔基也说,"爱孩子是老母鸡都会做的事情,可是要善于教育他们,这是国家的一桩大事了,需要才能和全部的生活知识。"孔子和高尔基的话,表达了亿万个爱孩子又明事理的父母的想法。爱,近乎一种本能,"是老母鸡都会做的事情",爱他自然就想把一切有价值的东西赋予他,财富、地位当然有价值,品德同样也有价值,"品德是一个人的保护神",不只希腊人这么想,大家都这么想。

14.8 子曰："为命,裨谌草创之,世叔讨论之,行人子羽修饰之,东里子产润色之。"

国家政令关系重大,其内容和辞章都应慎之又慎。郑国的政令由四个贤大夫共同参与创制,孔子赞叹四人的紧密合作,肯定当时郑国政治。

14.9 或问子产。子曰:"惠人也。"问子西。曰:"彼哉!彼哉!"问管仲。曰:"人也。夺伯氏骈邑三百,饭疏食,没齿无怨言。"

对三个人德性和成就的评价。管仲剥夺伯氏骈邑,使其陷于贫困,而伯氏终生没有怨言。这一历史史实可作多种解释,一般认为,这是因为管仲公道,所以伯氏虽被夺采地,但对管仲无可指责,因此没有怨言。如真是如此,管仲公道当然难得,伯氏虽犯错在前,但真心认可、服从这种公道,其实更为难得。生活经验告诉我们,不牵涉切身利益时明白容易,涉及切身利益,尤其是切身利益受到损害时还能心平气和、客观公正,这种修养不是一般人能达到的。

14.10 子曰:"贫而无怨难,富而无骄易。"

孔子对贫困和富裕处境中该如何修养有许多论述。"贫而无怨,富而无骄"分别是对穷人和富人的劝诫。至于两者相比哪一个更难,应该没有统一的答案,而是因人而异。孔子的答案,我们看不到人性和经验的依据,或许这是孔子自己的心理历程的总结:年少时贫困,但那时修养未到家,所以感觉无怨难;成年后取得社会地位,而且修养已经到家,所以不觉得无骄难。但这里面牵涉太多个人因素,孔子的心理经验没有普遍性。

14.11　子曰："孟公绰为赵、魏老则优，不可以为滕、薛大夫。"

孟公绰寡欲，有德性，正符合孔子"为政以德，譬如北辰，居其所而众星共之"的理念，所以认为他适合作大国的大臣；而小国的大夫需要事必躬亲，仅靠"居其所"应付不来。孔子的意思是，大国和小国的治理方法有所不同，因此需要的人才也不尽一样。

14.12　子路问成人。子曰："若臧武仲之知，公绰之不欲，卞庄子之勇，冉求之艺，文之以礼乐，亦可以为成人矣。"曰："今之成人者何必然？见利思义，见危授命，久要不忘平生之言，亦可以为成人矣。"

成人即全人，全人的标准很简单，"人所应有我无不具有"即全人。孔子主要选出智、义（或清、廉）、勇、艺、文几项作为衡量的要素，并以具体人物具体说明每一项要求应该达到的高度。但由于孔子相信今不如昔，现在的社会处境更恶劣，付出和以前同样多，获得的德性却会少一些，所以降低标准（一说是子路降低标准），减去了智、艺、文这三项非道德的要素，只保留义、勇、恒，认为达到这三项纯粹的道德标准，在当世同样可以称为成人。前后两组标准，前面的说起来抽象，后面的因为都在具体情境中，而且对道德行为都是逆境——见利、见危、久要，所以给人的感觉更难达到。这样的人虽不是完全意义上的成人，但的确是道德意义上的全人。

14.13　子问公叔文子于公明贾曰："信乎，夫子不言，不笑，不取乎？"公明贾对曰："以告者过也，夫子时然后言，人不厌其言；乐然后笑，人不厌其笑；义然后取，人不厌其取。"子曰："其然？岂其然乎？"

文子是不是如公明贾所说的这样，孔子是否相信公明贾的话，都不是我们关注的重点。公明贾描述中的文子,倒的确给人以启发:德性不是一定要如何如何,而是应该怎样便怎样,即德性需以应该为标准。这样不论是言、笑还是取,都合时宜,合规范。

14.14　子曰:"臧武仲以防求为后于鲁,虽曰不要君,吾不信也。"

臧武仲是孔子为子路树立的有智德的典型例子。孔子没有因为他要挟国君就否认他的智慧,可见智德是一种独立的德性,不必要求有智德的人一定有其他的德性。

14.15　子曰:"晋文公谲而不正,齐桓公正而不谲。"

齐桓、晋文在相去不远的时代分别成就了霸业,成为一代霸主,而孔子对他们两个的德性评价正好相反,褒齐桓而贬晋文。这自然是孔子根据周礼对两个人在历史中的作为给出的评价,可惜孔子的评价具体根据的是他们哪部分作为,后世并不清楚。

14.16　子路曰:"桓公杀公子纠,召忽死之,管仲不死。"曰:"未仁乎?"

子曰:"桓公九合诸侯,不以兵车,管仲之力也。如其仁,如其仁。"
对历史人物的道德评价是件十分棘手的事。如果此人在历史中一闪而过,评价起来还不那么复杂,但如果这个人有多个侧面、参与过多个事件,往往让人无从下手,因为一个人很难前后一贯,始终如一,所以一言以蔽之式的定论,其实非常不恰当,应该对具体的人就具体的事来评价。孔子喜好评论历史人物,自然避不开这样的难题。对管仲的评价就是一例。管仲有明显的污点,也有卓越的功绩,肯定他无法忽略其污点,否定他又不能抹杀其功业。本来兄弟之争是私,事小;治理国家是公,事大。但孔子的理论恰恰认为兄弟之争事不小,而且桓公的兄弟之争与国家权力联系在一起,也不纯是私事。于是孔子只好从后果、从影响的角度来看问题。孔子认为,管仲参与桓公的兄弟之争,并且背叛原主,虽恶劣,但与后来的历史功业相比,造成的负面影响要小得多。因此,不妨碍称许管仲为仁。

14.17 子贡曰:"管仲非仁者与? 桓公杀公子纠,不能死,又相之。"子曰:"管仲相桓公,霸诸侯,一匡天下,民到于今受其赐。微管仲,吾其被发左衽矣。岂若匹夫匹妇之为谅也,自经于沟渎而莫之知也?"

孔子对管仲的评价,让孔门弟子中正直的子路和聪明的子贡都感到迷惑。子贡认为管仲事公子纠时有不信不忠的行为,违反底线,不能称为仁。孔子继续申述管仲在政治、文化上的伟大功绩,坚持认为管仲达到了仁的要求。

在回答子贡时,孔子认为同一种德性,比如信,也可以有大有小,不能等量齐观。在大的事情上应该有信,但为了大的事情而在小的事上失信,合乎德性。孔子的辩解难以服人。管仲背主的事不小,不能认为失去了小信;而且管仲背主时,也没有更大的事等着他去选择——政治作为是以后的事,这时还谈不上;而如果把将以有为当作更大的事,那么每个背信者都可以这么来为自己辩解。区别只在于管仲做到了,他有道德运气;别的人可能没有做到,他欠缺一点运气。但这样的道德判断还是道德判断吗?

14.18 公叔文子之臣大夫僎与文子同升诸公。子闻之曰:"可以为'文'矣。"

与自己相近甚至原比自己低的人获得擢升,别人的快乐增加了,在心理上会觉得自己的快乐相应地减少了,因此人之共性是不乐见这样的事发生。文子能超越这种狭隘嫉妒的共性,说明他能克制自我的自私冲动,以国家和他人为重。

14.19　子言卫灵公之无道也,康子曰:"夫如是,奚而不丧?"孔子曰:"仲叔圉治宾客,祝鮀治宗庙,王孙贾治军旅。夫如是,奚其丧?"

这是"才难"的现实例证。有人才,遇到王者如舜、武王,可以天下治;有人才,即使遇不到贤君,也可维持国家不失。

14.20　子曰:"其言之不怍,则为之也难。"

调子太高,实现起来就有困难;实现不了,就给人失信的印象。这样行事不够谨慎,对自己也不负责。但另一方面,一个认真的人,如果出言的调子高,对自己接下来的行为也是一个促进,使自己的潜能得到充分的发挥。只要当初不是故意欺骗,周围的人也不会不谅解。孔子似乎没有看到后面这种可能性。

14.21　陈成子弑简公。孔子沐浴而朝,告于哀公曰:"陈恒弑其君,请讨之。"公曰:"告夫三子!"孔子曰:"以吾从大夫之后,不敢不告也。君曰'告夫三子'者!"之三子告,不可。孔子曰:"以吾从大夫之后,不敢不告也。"

以孔子之智,这样的结果事先不会不知。之所以不计其功、明知故为,是因为他两次强调的"从大夫之后"这个身份。具备这个身份必须完成这个身份所要求的职责,这样虽没有事功,但尽到了责任,收获了道德。从这一节中,其实我们感受不到孔子做这件事时有什么热情,很像是在例行公事,是为礼制而礼制,是出于责任的行为。

14.22　子路问事君。子曰:"勿欺也,而犯之。"

孔子这话说给子路很奇怪,以子路的性格和为人,他是最不需要孔子如此告诫的弟子。或许,子路本来就是这么做的,但忽然对自己这么做有些不自信而来求证于孔子,孔子便以这话肯定他以往的做法。

14.23　子曰:"君子上达,小人下达。"

孔子思想中,君子总是和"上"联系在一起,小人总是和"下"联系在一起。而且下总是被上决定。孔子好像就没怎么思考过下对上有过什么影响,存不存在下决定上的可能。这应该和当时民的驯服以及彻底屈从的地位有关,如果孔子活到陈胜、吴广时候,思想肯定会有修改。

14.24　子曰:"古之学者为己,今之学者为人。"

孔子时代,古今是否有那么大的区别,以至于今对古事事都反其道而行之? 古、今的截然对立恐怕不是如实的描述,而是托古讽今。从历史学和社会学的角度看,凡是像孔子这样把什么东西截然分开,然后下一个全称断言的,在知识上都可疑。

为己和为人的区别在哪里? 为人不是更高尚更符合仁的要求吗? 比如,为中华之崛起而读书不就一向被我们认为是一种崇高的追求吗? 这里的关键在于学者学的是什么,如果学的是理论知识,按孔子的伦理,当然不是为了自己的利益,所以孔子这里其实特指德性的学习:这种学习是为了成就自己的德性,是为己,而不是为了炫耀给别人,取悦于别人,获得别人的称赞,不是为人。

14.25 蘧伯玉使人于孔子。孔子与之坐而问焉,曰:"夫子何为?"对曰:"夫子欲寡其过而未能也。"使者出。子曰:"使乎!使乎!"

一般认为,因为使者对答谦卑,与孔子推崇的德性合拍,所以获得孔子的盛赞。不从孔子的角度看使者,我们会发现使者对答的确高明,他肯定了蘧伯玉的决心和努力,但不说蘧伯玉的成就,这样有肯定有保留,凸现态度诚恳,言出由衷;不把话说满,也为自己和主人留下转寰余地。

14.26 子曰:"不在其位,不谋其政。"曾子曰:"君子思不出其位。"

孔子的话重出。曾子的话与孔子意思一致。

14.27 子曰:"君子耻其言之过其行。"

调子高行为跟不上,当然有损信誉;但行为高出言语,言语岂不是也未能成功行使其传达功能?孔子只对前者口诛笔伐,对后者不仅不指责,倒似乎很肯定。

14.28 子曰:"君子道者三,我无能焉:仁者不忧,知者不惑,勇者不惧。"子贡曰:"夫子自道也。"

这一节里,孔子以自己的实际表现向人们显示他在言行关系上的一贯主张。以孔子的修养和表现,他是当之无愧的仁者、智者和勇者,但孔子却谦称自己还不够格。这样,在孔子和子贡两个人之间,或者一个在说谎,或者一个判断错误。总之,不可能两个人都既诚实又正确。我们的判断,当然子贡正确,孔子谦虚,但如果谦虚到连明确的事实都不承认,除了给人造成困惑,有什么益处呢?

14.29　子贡方人。子曰:"赐也,贤乎哉? 夫我则不暇。"

孔子批评别人是用于教学和匡正风气,而子贡的批评,估计是出于好胜和攀比,因此孔子委婉劝止子贡。不是批评别人不应该,而是批评别人的目的要端正。

14.30　子曰:"不患人之不己知,患其不能也。"

如果自己没有能力,的确不应该急着让别人知道你——知道你什么呢? 知道你没能力? 应该抓紧时间去增长自己的能力。但如果自己有能力,"患其不能"就讲不通了,而"患人之不己知"并求为人知,不也是一种明智吗? 孔子如果穿越到19世纪,对着梵高如此这般讲这么一番,梵高肯定哭笑不得吧?

14.31　子曰:"不逆诈,不亿不信,抑亦先觉者,是贤乎!"

这句话的重点是前半句,如果重点放在后半句,整个句子殊不可解,因为不作有罪推定,而先觉,显然是"明"或"智",不可能是贤。重点放在前半句,不预先认定别人欺诈,也不无根据地怀疑别人不老实,不把别人往坏处想,这是厚道,是"贤"。但贤也不能落入迂和愚,所以孔子又补上了后半句,以免弟子把迂、愚误当作贤。

14.32　微生亩谓孔子曰:"丘何为是栖栖者与? 无乃为佞乎?"孔子曰:"非敢为佞也,疾固也。"

孔子的应答,不应该是对微生亩反唇相讥,这不符合孔子的品行,而且从这一节中也看不出微生亩有什么固执之处。孔子的"疾固",讨厌的应该是谈话双方之外的第三者,即当时那些固执己见、不肯接受仁、礼的人。正是因为他们的顽固,为了说服他们,孔子才忙忙碌碌,显得像是逞口舌之能一样。从微生亩的话,我们知道孔子在当时一些人中的形象。遭人误解,是圣人亦不可免的命运,孔子于此有丰富的经历,所以对众人的意见和评价一向非常清醒。

14.33 子曰:"骥不称其力,称其德也。"

这一句话可做如下解释:力气只是马的德性(卓越性)的一个组成部分,不是其全部,一匹好马应该如"成人"一样具备所有马的优点,只有如此,才称得上良马——"骥"。这种解释虽然也通,但既然孔子把"力"和"德"对举,说明它们在句中应该是对立的概念,而非部分和整体的概念。李零主张把"德"训为"得",[1]这样这句话的意思就是:良马之为良马,不在其力,而在通过它获得的结果。如此理解,和孔子之前对管仲的评价十分一致。

14.34 或曰:"以德报怨,何如?"子曰:"何以报德? 以直报怨,以德报德。"

以德报怨听起来是一种很高的境界:不计较别人的不是,超越恩怨,以爱示人,用德性和恩惠泯灭仇恨,化敌为友,等等。这似乎与孔子的学说也很一致,孔子不是一直主张仁者爱人、道德全能吗? 不过,孔子再一次让我们出乎意料,他明确反对以德报怨,主张"以直报怨,以德报德",即主张在恩怨问题上要对等,要"直",而不是高姿态地对待恩怨,对待敌手。我们知道,所谓直是直接、直率,从本心而来的即直。别人对我施之以怨,我

---

〔1〕 李零:《丧家狗》,第 261 页。

的本能反应是怨,是还以颜色,而不可能是去爱他,施恩惠于他——这太违背人的自然反应了。我们也知道,孔子珍视并善于利用自然情感,甚至把整个伦理建立在自然情感的基础上。那些有违最基础性的自然情感的要求,比如"其父攘羊,而子证之"的事,孔子不取。孔子从来不试图挑战基本的人性,这一次也是一样。不过孔子自己申述的理由很简单,如果以德报怨,"何以报德?"这不就成了既以德报德,又以德报怨了吗? 如此一来,行德和行怨的区别又在哪里? 这样不是既使行怨失去了惩罚机制,又使行德失去了奖励机制吗? 以同一种方式回应行德和行怨,会使这个世界更美好吗?

孔子的反问有道理,如以德报怨的话,那对行怨就太没有约束了。洒向人间都是怨的人,最后却被回报以德,这等于作恶却不用付出任何代价。如作恶者本性善良,终于痛改前非也就算了;但如果他生性贪婪残忍,执迷不悟,好人岂不是要一直倒霉到底?

不过我怀疑孔子不是因为想到了这一层而主张以直报怨的。最大的可能是,礼不曾要求以德报怨,而主张以德报怨的又恰恰是主张消解礼的那些人,比如老子,出于这两点,所以孔子选择了反对。

以德报怨是不是真的不可行呢? 以直报怨的确最常出现,也最容易被我们接受,但在道德价值上,以直报怨肯定不如以德报怨。道德之为道德,更多时候不是顺应人的本性,而是逆本性而动;以德报怨或有最终消解怨的可能,以直报怨则基本没有这种可能性,只会冤冤相报一直循环下去。如果想让世界更美好,报怨是以德还是以直,不应该事先安排一成不变的规则,而应该根据面对的对象来选择。对不可救药的对象不必仁慈,必须以"直"来威慑,但对误入歧途的对象,在以直报怨以外,也不妨考虑另外一种选择。

14.35 子曰:"莫我知也夫!"子贡曰:"何为其莫知子也?"子曰:"不怨天,不尤人;下学而上达。知我者其天乎!"

孔子在生活上和精神上都并不孤独,虽无缘实现政治理想,但不能因此认为他在世时就是个失败的人。孔子亲手教导出来的子路、颜回、子贡等都深知其人，都是他的知音，他"莫我知也夫"的感叹，叹息的还是没有人重用他。不过在这一点上孔子并非特别不幸，古往今来，能够实现自己政治理想的哲人有几？在这些人里孔子并不特别不幸，相反，他倒应该算是很幸运的，生活中的诸般善他都不缺。

14.36　公伯寮愬子路于季孙。子服景伯以告，曰："夫子固有惑志于公伯寮，吾力犹能肆诸市朝。"子曰："道之将行也与，命也。道之将废也与，命也。公伯寮其如命何！"

孔子虽言命，但不是听天由命的人。孔子学说中充满自强不息、积极有为的精神。孔子不采纳子服景伯的建议，一来是不喜欢暴力手法，二来必定知道公伯寮不能奈子路和他自己何：公伯寮是政坛中的小角色，道之将行、将废，非他的力量所能左右，杀之无益，何必言杀。

14.37　子曰："贤者辟世，其次辟地，其次辟色，其次辟言。"子曰："作者七人矣。"

和年轻时的乐观自信、豪情满怀相比，孔子晚年的言论不免给人以意气阑珊、心灰意冷的感觉。意志随身体的衰老而衰退，是人则不能免。避地、避色、避言还可以解释为出于明智而求自保，而另寻发展，避世就只能理解为消极无为了，而且我们知道，如亚里士多德所说，除了神明和野兽，没有人能离开社会而生活。避世之想，都是出于对现实的极度失望，和精神上的高度厌倦。

14.38　子路宿于石门。晨门曰："奚自？"子路曰："自孔氏。"曰："是知其不可而为之者与？"

孔子的追随者，历来都以"知其不可为而为"许孔子，这样更能显示孔子仁的精神的伟大,同时也使人们忽略其政治理想的失败以及孔子对历史走向的错误判断。但这样描述孔子显然不合事实。孔子早年为政治理想奔波的时候,绝不是知其不可为,而是坚定地相信其可为,他至多只是知其难为。到了晚年,孔子终于知道了其不可为,而这时他也的确不为,而是改作撰述、授徒了。所谓知其不可为而为的,其实总是怀着一线希望在做。孔子自己也不赞成作无用功。

14.39　子击磬于卫,有荷蒉而过孔氏之门者,曰:"有心哉,击磬乎!"既而曰:"鄙哉!硁硁乎!莫己知也,斯己而已矣,深则厉,浅则揭。"子曰:"果哉!未之难矣。"

孔子和这个荷蒉的隐士的分歧不在价值观上,而在对世道的判断上。孔子认为世道犹可为,荷蒉者认为世道无可为。一旦孔子认为世道的确已经无可为,他也会选择隐士的生活——道不行,事不成,明哲保身,这不正是孔子伦理一再申明的吗?

14.40　子张曰:"《书》云:'高宗谅阴,三年不言。'何谓也?"子曰:"何必高宗,古之人皆然。君薨,百官总己以听于冢宰三年。"

孔子的回答,可以用来解释之前的"三年无改于父之道"。从天子到庶人,都要守三年之丧。守丧期间不理政,其父之道自然延续下来,于是能保持三年不改。

14.41　子曰:"上好礼,则民易使也。"

如果整个社会笼罩在礼制秩序中,在"上好礼"和上不好礼之间,无疑是上好礼民易使,上不好礼民难使。因为上好礼,除了上受到礼制的约束更仁慈更得民心以外,在民眼中,还赋予礼必要的尊严,使礼具有严肃、严格的色彩。所以比之上不好礼,上好礼则民易使。孔子的意思是,统治者制定的法律、规范,统治者自己得当回事,至少做出当回事的样子让百姓看见,这样百姓才能认真看待、愿意遵守它们。

14.42　子路问君子。子曰:"修己以敬。"曰:"如斯而已乎?"曰:"修己以安人。"曰:"如斯而已乎?"曰:"修己以安百姓。修己以安百姓,尧舜其犹病诸?"

孔子借子路之问,把君子划分成三个层次,划分的依据也是按成就和影响力而来的,与对士的划分有重合的地方。最大成就的君子和圣人同义,因此可以说,圣人就是君子中成就卓著者。

14.43　原壤夷俟。子曰:"幼而不孙弟,长而无述焉,老而不死,是为贼。"以杖叩其胫。

孔子教导弟子"无友不如己者"、"道不同,不相为谋"。原壤不堪,孔子还是与他交往,所依据的是"三人行必有我师",或"入则孝,出则悌","宗族称孝焉,乡党称弟焉"等等这些规范,而不是真的把他当作朋友。孔子对异端言论口诛笔伐,"攻乎异端,斯害也已",但对持异端的人还是温良恭让,相处和睦。这正是一个既宽容待人,又认真对待理论的人应有的表现。在这一点上,孔子非常具有现代自由主义者的风范。

14.44　阙党童子将命,或问之曰:"益者与?"子曰:"吾见其居于位也,见其与先生并行也。非求益者也,欲速成者也。"

作为教师,孔子有奖掖后进的美德,从"后生可畏"、"互乡难于言"等章节都可以看出来。不过"后生可畏"之说可不是认为年轻人什么都好，后辈一定超过前辈，持这样的信念不就等于认为道德会自动进化，从而放弃了教师的教导之责吗？孔子对后辈，像对前辈和同辈一样，并不一概肯定或否定，而是视其表现给予肯定或批评。年老并不就有道德上的优势，年轻也一样。

卫灵公篇第十五

15.1　卫灵公问陈于孔子。孔子对曰："俎豆之事，则尝闻之矣；军旅之事，未之学也。"明日遂行。

孔子好学多能，懂御善射，但没听说过孔子懂得陈兵打仗。卫灵公偏偏要以此来问孔子，是告诉孔子他对礼乐之事不感兴趣，不准备任用孔子。卫灵公虽无道，对孔子的拒绝却十分委婉，不失礼貌。

15.2　在陈绝粮，从者病，莫能兴。子路愠见曰："君子亦有穷乎？"子曰："君子固穷，小人穷斯滥矣。"

"久要不忘平生之言"，孔子做到了，子路没有做到。按照社会契约论的说法，贫穷到基本生活不保，人有违反社会规范争得生存的自然权利。生存是本能，是首要的自然权利，贫穷到威胁生存，继续穷下去便什么也没有，包括生命，铤而走险这时成了最明智的选择。如果没有道德的克制，看不出他为什么不会这么选择。孔子"小人穷斯滥矣"的说法非常合乎人性的规则，但"君子固穷"吗？如果使君子穷的社会制度不正义，如果君子的穷连累到家人,他的固穷是不是也是一种罪恶呢?这时反抗会不会成为义不容辞的责任呢?

15.3　子曰:"赐也,女以予为多学而识之者与?"对曰:"然。非与?"曰:"非也,予一以贯之。"

学习的过程,是从局部到整体、从掌握材料到把握内在逻辑的过程。子贡还处在前一个阶段,没有把握到材料背后的内在逻辑,因此孔子对他有此提示。

15.4　子曰:"由!知德者鲜矣。"

知德者少,当然是感慨懂得德性的人难遇难求。但懂得德性的人真的少吗?在《论语》中孔子自己也肯定赞美了许多人的德性,他们不可谓不知德。如果这里继续把德训为"得"似乎更讲得通:孔子告诉子路,知道适可而止的人太少了,因为人们索求唯恐不多。

15.5　子曰:"无为而治者其舜也与?夫何为哉?恭己正南面而已矣。"

如果从字面意思来理解,孔子推崇的无为而治和无政府状态实在相去不远。无为而治状态下的君主只是国家或政府的象征,不行使权力——至于有无权力,孔子没提,只起道德表率的作用。奇怪的是,拥有这种贤君的国家,虽然不经治理,最后却总是井井有条,国泰民安。如果孔子真是这样的意思,则他所理解的国家,更像是洛克或卢梭描述的自然状态,区别只在于自然状态中没有政府和君主,而孔子为人们设立了一个名义上的君主。其基本精神是,压缩政治权力,尽量减少权力对社会的干预。

无政府主义行不通，这是政治学的常识。取消君主的权力，也不像是孔子的本意。后人更多把孔子的思想理解为，所谓无为而治，就是君主选贤能而治，君主的无为，表现在他不直接参与管理，而是任命官员去管理。但如果这就是无为而治，则历史上很多时候中国都是无为而治的，现代国家的治理方式，也是如此。这样的治理方式，有成功也有失败，不能保证一定达到孔子期望的效果。

15.6　子张问行。子曰："言忠信，行笃敬，虽蛮貊之邦，行矣。言不忠信，行不笃敬，虽州里，行乎哉？立则见其参於前也，在舆则见其倚于衡也，夫然后行。"子张书诸绅。

子张问行时应该入孔门不久，孔子从最基本的德性开始教起：言语诚实可信，行为恭谨厚道。孔子明确肯定，这两条是超越文化、民族、地域的普遍规范，如此，"虽蛮貊之邦，行矣"；不如此，在家门口也不行。孔子是对的，如麦金太尔所说，不以诚实忠信为规范的民族，根本无法存续。

15.7　子曰："直哉史鱼！邦有道，如矢；邦无道，如矢。君子哉蘧伯玉！邦有道，则仕；邦无道，则可卷而怀之。"

孔子要求为人正直，同时也要保全自己，"邦有道，危言危行；邦无道，危行言孙。"史鱼则不管有道无道，始终危言危行，不惜牺牲自己。尽管不符合孔子的准则，但不能否定他的"直"。不过"直"在德目中地位并不很高，因此孔子借蘧伯玉重申自己的主张，认为邦无道，行为正直但要保身。

15.8　子曰："可与言而不与之言，失人；不可与言而与之言，失言。知者不失人，亦不失言。"

应该说而不说和不应该说而说，病根都在看人不准。识人是智，智者能选择言语的对象,把握言语的分寸。

15.9 子曰:"志士仁人,无求生以害仁,有杀身以成仁。"

整部《论语》,孔子一直教导弟子求仁,同时也不断告诫弟子保身。不做无谓牺牲,既是对父母、对自己的责任,也有保全生命以求成仁的考虑。多数时候,保全生命并不妨碍求仁,或者保全生命就是仁的要求。但既然保身和求仁是两种考虑,两项原则,它们必然有发生冲突、非此即彼的时候,这时候在生命这种最高的自然价值和仁这种最高的道德价值之间必须有所取舍。孔子这段话就是对这个问题的解答。这句话斩钉截铁、铿锵有力、掷地有声,和"匹夫不可夺志"等话语一样,充分展现了孔子伦理中刚毅、坚定、豪迈、崇高的一面,其激励人心的力量至今犹存。

15.10 子贡问为仁,子曰:"工欲善其事,必先利其器。居是邦也,事其大夫之贤者,友其士之仁者。"

孔子的教导,和曾子"以友辅仁"同义。把朋友看作为仁的利器,虽是比喻,也透露出孔子对朋友的定位。朋友是实现仁德的工具,孔子不是以人为本,而是以仁为本,以礼为本;对孔子来说,人不是目的,仁才是目的。

15.11 颜渊问为邦。子曰:"行夏之时,乘殷之辂,服周之冕,乐则《韶》《舞》。放郑声,远佞人。郑声淫,佞人殆。"

颜回问学,请教的多是德性,难得一次问为政、为邦之事,所以孔子回答得十分具体。孔子治理国家的具体策略思路明确,就是像"成人"一样,把所有他认为好的东西都集中于一身。除此之外,还特别提出禁绝郑国的音乐。重视文学艺术对政治统治的功能,孔子是相当早的一个。柏拉图驱逐诗人和孔子放郑声，两人想到一起了。

15.12 子曰："人无远虑，必有近忧。"

人生需要长远规划、预先规划。尽管变化往往比计划快，但这不成为放弃规划、听天由命的理由，而成为更细致、更周密地考虑的原因和动力。道理很简单，围猎狐兔虽然常常失手，但肯定比守株待兔收获更多猎物——规划、追求总比依赖于随机成功的可能性更大。

15.13 子曰："已矣乎！吾未见好德如好色者也。"

此节重出。

15.14 子曰："臧文仲其窃位者与！知柳下惠之贤而不与立也。"

按照孔子时代的选拔制度，为官，上一级有从下一级中遴选、举荐贤能的责任。臧文仲如果不知道柳下惠之贤，是失察；知道而不举荐，是失职。对职责的判定要根据当时的规则，如果没有这一规则，就不能说臧文仲失职。

15.15 子曰："躬自厚而薄责于人，则远怨矣。"

这和"攻其恶，无攻人之恶"意思相同，但要求稍宽：不再说对别人的错误不批评，而是要轻描淡写，点到为止。这是远怨的好策略，却未必是尽职尽责的好选择。依责任而行，有时不得不得罪人；而辨清对方错误的大小以及应该承担多少责任，也是不能回避的道德要求。孔子远怨修慝的建议，应该是在不涉及原则问题时的为人技巧。

15.16　子曰："不曰'如之何,如之何'者,吾未如之何也已矣。"

所有的德性都来自修养,修养离不开思考。如亚里士多德解说德性时所说,"我们是先运用德性而后才获得它们⋯⋯我们通过做公正的事成为公正的人,通过节制成为节制的人,通过做事勇敢成为勇敢的人"[1]。也就是说,我们是通过不断遵守某种德性所对应的规则,训练自己成了一个具有该德性的人。可见,获得德性首先需要了解规则,并且知道在何时、对何事以及如何运用规则。所有这些都需要通过思考来完成,未经思考的行为即使碰巧做对了,也不是出于德性的行为,何况未经思考而正确的几率低之又低。基于此,孔子对不思考而做,持断然的否定态度。

15.17　子曰："群居终日,言不及义,好行小慧,难矣哉!"

群居是道德长进的好时机,因为可以"见贤思齐,见不贤而内自省"。群居同时也可以是道德堕落的好时机,因为群居转移了对自己德性的注意力,分散了无所作为甚至作恶的道德负疚感,强化了对当下生活状态的认可和满意,这和从众给人以安全感是一样的原理。正是因为群居有这种危险,孔子多次告诫弟子要谨慎选择群居的对象,要多与君子贤人往来。对德性处在成长中的人来说,孔子的告诫值得牢记。

15.18　子曰："君子义以为质,礼以行之,孙以出之,信以成之。君子哉!"

君子以义为内在追求,不如此当然不是君子。既然义以为质,为什么

_____

〔1〕　亚里士多德:《尼各马可伦理学》,第36页。

需要礼、逊、信的配合呢？从修养的角度，这是君子的文质彬彬；从效果的角度，只有如此，义才容易被别人接受。掌握正义并不能走遍天下，还要找到表达正义的适当方式才行。

15.19 子曰："君子病无能焉，不病人之不己知也。"

这是孔子反复强调的一点。孔子的说法有一定的道理，因为有没有能力应该是君子对自己的首要关注，其次才是是不是为人知。有没有能力取决于自己，而是不是被人知很大程度上并不取决于人自己，因此病也罢患也罢，作用不大，不如不去为此忧虑。

15.20 子曰："君子疾没世而名不称焉。"

名誉、名声或名气也是一种善。求与实相称的名无可厚非，甚至可以看作一种责任。因为要循名责实，也要循实责名。名实相副，才是一个合理的社会。人们在意自己的名誉，甚至在意自己身后的名誉，这是一种自然倾向，可以用来抑恶扬善。一个明智的社会，应该鼓励其成员看重名誉，应该以各种措施强化人们对身后之名的重视。名是对人的行为的约束和监督，其作用类似于神对于有神论者。一个"我死之后，哪管洪水滔天"的人，既没有对上帝的敬畏，也没有对身后之名的忧虑，这样无所畏惧的人，做起恶来也无可约束，是最可怕的。

一个人的名自然是人们对他的评判。孔子多次告诫弟子，不要在意别人的意见、评判，为什么这里又独独来肯定名呢？孔子这里论述的名和一般的"群众意见"不是一回事。群众意见是时空中一个个具体的人做出的评判，而孔子心中的名指的是一个抽象的人群对某一行为者做出的评判。这种区别类似于卢梭笔下的众意和公意的区别。孔子口中的名相当于由全能中立的上帝之眼观察之下给出的评判，正是在这个意义上，我们才说,名对于儒者,类似于神对于有神论者。

当然,名之于儒者,并不仅起道德监督和激励的作用。它还可以有另外的更深入的意义,比如可以抗拒虚无主义对生命意义的侵蚀破坏,可以寄托儒者对永恒和不朽的期望,等等。

孔子厚古薄今,但当时的世道人心在孔子眼中还没到完全不可救药的地步——恐怕他也不会认为哪一个时代会完全不可救药——他相信社会总有转好的可能,也相信善在人心中的力量,所以总体来说,孔子对世界持基本肯定的态度。既然社会和人心不是一团黑暗,所以有仁德的君子最终还是会被大家认可而得到与之相称的评价。如果"没世而名不称",不是特别没运气,就是自己努力不够。

15.21 子曰:"君子求诸己,小人求诸人。"

君子自强。自强之外,也需要他人的配合,但自强是前提,自强才能成就学问和德性。不自强的人,习惯依赖别人,容易怨天尤人。自强不仅是道德君子的品质,也是一切有为的文化鼓励的品质。

15.22 子曰:"君子矜而不争,群而不党。"

君子矜持自重,不与别人争持。孔子认为,争持有失风度,因此除了比赛,"君子不争"。但有些事不争则道理不明,不争则有伤正义,靠清者自清不仅消极,而且也是对社会的失责。

15.23 子曰:"君子不以言举人,不以人废言。"

君子对待自己的言论和对待别人的言论态度不同。自己的言论,要和自己的品德同一,言论即品德。但对别人的言论,不能持此假设,要把言和人、言和德分开,因为好人也会口出恶言,坏人也会说出真理。孔子在这里又一次展示了一种分析的方法和态度。

15.24 子贡问曰:"有一言而可以终身行之者乎?"子曰:"其'恕'乎!

"己所不欲,勿施於人。"

孔子让子贡终身行之的,正是子贡"我不欲人之加诸我也,吾亦欲无加诸人"的另一种表述。孔子当时认为这要求子贡还达不到,正因为达不到,所以才有必要教导他终身行之。

15.25 子曰:"吾之于人也,谁毁谁誉? 如有所誉者,其有所试矣。斯民也,三代之所以直道而行也。"

毁誉不是小事,不仅关乎被毁誉之人的名声、荣誉,而且关乎整个社会的道德风尚。毁誉重要,但毁誉的成本极低,张张嘴动动舌头即可完成。正因如此,毁誉常被当作小事,由此毁誉的教化功能也渐渐丧失。孔子深知毁誉的价值,以严谨认真的态度对待之,不考察清楚,绝不轻易褒贬。孔子认为三代时候人们都是这么做的,舆论风气如此,道德不可能不佳。

15.26 子曰:"吾犹及史之阙文也。有马者借人乘之,今亡矣夫!"

孔子反对武断独断,主张"毋意,毋必","多闻阙疑"。这里孔子以古曾有之来说明这种品德的难能和如今这种品德的失落。

15.27 子曰:"巧言乱德。小不忍,则乱大谋。"

过分花巧的话容易让人迷惑,不辨真伪,事实反倒被遮蔽。"小不忍则乱大谋"是提醒人们从整体、长远出发看问题，不能呈匹夫之勇。但这策略如果发展到极端，往往演变成无原则地忍让，使整个社会失去"直"。全社会都忍让的后果，是恶政恶霸肆无忌惮，为所欲为。而如果全社会都小不忍，这样会使整个社会对不义不公的敏感度大大增加，社会更趋向于良善。

15.28　子曰："众恶之，必察焉；众好之，必察焉。"

社会失去了直道，毁誉的舆论就靠不住。所以不能随舆论的风势说好说坏，一定要亲自考察，才能说好说坏。孔子要求弟子对加诸己身的毁誉淡然处之，对加诸别人的毁誉同样也不能尽信。这是一种对道德、对他人真正负责的态度，尽管这会给你带来额外的劳动，而当你的判断与众人的好恶不一致时，这也会给你带来额外的压力。一句话短短 12 个字，孔子对道德的认真、对他人的认真表露无遗。

15.29　子曰："人能弘道，非道弘人。"

若以道弘人，则道沦为工具。工具为目的服务，目的需要道是道的时候，道是道；目的不需要道是道的时候，道不免被扭曲。所以必须保持道的独立性和至上性，道才能保持其本来面目。孔子这里主张道在人的需求之外，道具有独立的价值，道本身即为目的。对道的这种推崇，能帮助我们在认识和实践中超越功利、实用，让目光更深邃，让追求更纯粹。

15.30　子曰："过而不改，是谓过矣。"

孔子称赞颜回，不是因为颜回不犯错，而是因为他"不贰过"。犯错难免,因为人面对未知时靠试错来认知,善于思考的人只是尽量少犯错和不重复犯错,否则试错的价值就不在了。这一句中,"过"只是认识上或实践中的失误,是能力的不足,不是道德的不足,因为当有过时,我不知道其为过;等到我知道其为过,我可以而且应该放弃它或修改它,这在我的认知和处理能力之内,这时如果不改,就不再是认知的错误,而成为道德错误了。可见这一句中前面的"过"和后面的"过",不是同一意义上的"过"。

15.31   子曰:"吾尝终日不食,终夜不寝,以思,无益,不如学也。"

从孔子这里的自述我们知道,原来孔子也尝试过苦行、冥想式的思考。孔子对求知求道的热忱由此可见一斑。与释迦牟尼多年苦行之后转为中道不同,孔子很快就察觉这种做法的无益,而转向向前人求教之路,即学。孔子希望通过思、学而获得的知识,其范围比我们今天的知识范围小得多。他所向往的知识不能通过思获得,不表示人类的知识都不能通过思获得。孔子的知识在当时与整个人类的知识相比很有限,与今天整个人类知识相比更是沧海一粟。获得知识的方式有多种,学只是其中一种,而且学本身并不为人类增加新的知识。不过以学为基础的思一般会更有效,所以作为教育者的孔子提倡思和学结合。

15.32   子曰:"君子谋道不谋食。耕也,馁在其中矣;学也,禄在其中矣。君子忧道不忧贫。"

"谋道不谋食"似乎是作为道德规范来讲的,即从道德上考虑应该如何如何。但接下来孔子借助事实的解说又否定了这句话的规范性质:如果为谋食去耕田,还是不免常常挨饿——这是当时的事实,不如学道倒是能得俸禄免于饥饿。用社会事实、用自我利益(即审慎)去说明前面的道德规范,这是逻辑的错位。不过说明一个人"为什么要有道德",本来就是一个伦理学难题,容易陷入这种思维误区。[1]孔子当然想不到后来休谟所谓"是"与"应该"的区分,但如前文所说,孔子其实很少把两者混淆起来,不过这一节是个例外。

15.33 子曰:"知及之,仁不能守之,虽得之,必失之。知及之,仁能守之,不庄以莅之,则民不敬。知及之,仁能守之,庄以莅之,动之不以礼,未善也。"

这话是讲给统治者听的,说的是统治术或领导艺术,需要智、仁、庄、礼的相互配合。所有这些德性,都是从统治者的自我利益角度论证其合理性。整部《论语》,孔子完全把民视为对象性的存在,其中惠民的主张,也不是从民的角度而是从整个社会秩序或统治者的角度论证的。孔子当然很多时候也把统治者视为对象性的存在,从礼制秩序的角度俯瞰统治者,但不能忘记统治者阶层一直是他和弟子准备进入的阶层,而民的阶层从来没有成为他们准备进入的阶层。邦无道作隐士,是不得已而为之,只是个过渡,而不是他们的终极选择。

这一节中前面的几个"之",钱穆认为指的是治民之道,[2]但理解为统治权力或统治地位也通。

15.34 子曰:"君子不可小知而可大受也,小人不可大受而可小知也。"

《论语》中讲到君子小人,首先要辨析它们是从德上的区分,还是从位即社会阶层和政治阶层上的区分。这一节中的君子和小人如果是从道德

〔1〕 刘时工:"为什么要有道德",《华东师范大学学报》2008 年第 4 期。
〔2〕 钱穆:《论语新解》,第 419 页。

上的区分，则不易解，因为德性好不等于能力强，能力弱而德性好的君子为什么可委以重任？能力强而德性好的君子为什么经不起小事的考验？当然，能力强德性差的小人倒的确不能委以重任，除非有严格的监督措施。但不管能力强弱，小人总有小人的用场，只要适合，处理小事总还是绰绰有余。所以这一节的君子小人应该是从位上的区分，

15.35　子曰：“民之于仁也，甚于水火。水火，吾见蹈而死者矣，未见蹈仁而死者也。”

李零认为这一句中，“民之于仁也，甚于水火”说的是“人民避仁惟恐不及，有甚于水火”[1]。这样理解不对，在整部《论语》中，民只是施仁政的对象，不是修养仁德的主体，仁作为德性只与士、君子有关，与民无关。所以这句话还是理解为“百姓需要仁德，更急于需要水火”[2]比较准确。整句话都是说给统治者和社会上层听的，接下来孔子劝说统治者，不要把行仁政想象得特别可怕，应该只管去做。

15.36　子曰：“当仁，不让于师。”

这是孔子专门说给弟子的话。孔门师生情谊深长，孔子之教重长幼尊卑之序。师既长且尊，弟子对老师敬重佩服，因此凡事都不可能与老师争。但仁是最高的德性要求，高过弟子对老师的服从，因此，面对仁，选择仁德而不是选择礼让、服从老师，才是恰当的行为。孔门中当然并不存在选择仁还是选择礼让老师的冲突，因为孔子言行处处不违仁，从这一角度说，孔子即仁，仁即孔子。孔子只是用在弟子看来最不敢想、最不该作的事说明仁德的至高地位、仁的要求的绝对性。在孔子学说中，仁就是绝对

---

〔1〕　李零：《丧家狗》，第 281 页。
〔2〕　杨伯峻：《论语译注》，第 191 页。

命令。

15.37　子曰:"君子贞而不谅。"

伦理学中,后果论认为义务论者只关注自己的德性,关注自己的行为是否符合规则,而不关注自己行为给别人带来的后果,不关注别人的幸福;但道德本来不是应该关注别人的幸福吗?后果论反对义务论的持论理据,可以支持孔子这里讲大信不讲小信的说法:如果只关注个人的信誉,关注自己对别人的许诺是否兑现,这和只关注自己是否遵守规则的义务论者是一样的。大多时候,这样做当然没有错,而且也必须这样做。但是如果守信和其他更重要的价值冲突,比如和挽救别人的生命冲突,这时如果依然选择守信,后果论者和孔子都会齐声反对。

当然只是在这一点上孔子和后果论者站在同一立场。从孔子整个学说看,他明显更偏向义务论,而非后果论。他主张讲大信不讲小信的理由应该是:小信之为小,是相关于不重要的事,表现为次要的德性,这样的德性如与更高的德性要求相冲突,两个原则之间,选地位更高的原则。至于如何排定原则的高低,不应该视原则的后果——这样就成了后果论者了,而看原则在礼制秩序中的排序。

15.38　子曰:"事君,敬其事而后其食。"

敬其事而后其食,这不仅是事君的职业道德,也是其他所有工作的职业道德。没有这种态度,做事之前先讨价还价,根据出价决定做事的多少和好坏,事情很难做好。

臣属忠君之事,得君之食,两个人之间有些像契约关系,但也只是有些像而已,因为孔子这话同样也可用来激励后世专制时代的臣子,但这时看臣之间没有任何契约关系的迹象了。臣属从国君那里领取俸禄,这样看似乎的确是君供养了臣，因此臣应该服从君；但民为什么也要服从君呢？难道君也供养了民，或君保护了民吗？这种根本性的问题孔子却不曾涉及。

15.39　子曰："有教无类。"

有教无类是一个教育家的教育准则，也是一个仁者的情怀。孔子学说十分欠缺平等思想，唯独在这里，在面对前来求教的人的时候，体现了难得的平等精神。单从这四个字上，我们无法推知"类"指的到底是什么，什么可计入类，什么不计入——因此决定了收学生时什么要考虑什么不用考虑，不过有教无类的精神还是非常清晰的；而且还可以从孔子招收的弟子中验证我们的推测。当然，有教无类不可能是完全没有条件，束脩之礼是条件之一，资质是条件之二，前者反映的是求教者的态度，后者决定了教育的效果。对预期效果不佳的，孔子并不很热心，这是教育者对自己所拥有的教育资源的合理分配。

15.40　子曰："道不同不相为谋。"

道不同即价值观念不同，或信仰不同，或追求的目标不同。前文"君子和而不同"一节已经分析过，同不是和的充分条件，换言之，道同不是相为谋的充分条件，不同也不一定不可以合作，即道不同也可以相为谋——当然，可相为谋的事必定因道不同而大受限制。但如果追求高度密切地、有效率地合作，道同还是十分必要的。

15.41　子曰："辞达而已矣。"

孔子这一主张，也是今天学术论文的通用标准。论文的目的是传达观念,多余的修饰会引起歧义,增加阅读难度,延长阅读时间,于观念的传达和接受是障碍,因此行文务求简洁明确。论文或具有论文功能的文章最应避免以文害义。孔子希望让道理自己呈现,让道理自己去说服人,而不是让道理之外的东西去打动人,这是对道理本身和听道理人的尊重,这样能避免非道理因素对道理的干扰。《论语》中孔子多次强调要抑制言语的夸大倾向,与这一层考虑也不无关系。

除了表达观念,言语还有其他多种功能,比如抒发情感、激发想象,等等。辞达这一要求自然并不适用于行使这些功能的言语。

15.42　师冕见,及阶,子曰:"阶也。"及席,子曰:"席也。"皆坐,子告之曰:"某在斯,某在斯。"师冕出。子张问曰:"与师言之道与?"子曰:"然。固相师之道也。"

孔子对师冕的接待照应,体贴、周到、得体,让人能真切感受他对残疾乐师发自内心的尊重。孔子的政治学说让今天的人们很难接受,他在国君前的表现也让人不以为然,但他对生活中的普通人的态度,在今天依然可以为表率,也让我们知道两千多年前一个普通人甚至弱势者得到的尊重。

季氏篇第十六

16.1 季氏将伐颛臾。冉有、季路见于孔子曰："季氏将有事于颛臾。"

孔子曰："求！无乃尔是过与？夫颛臾，昔者先王以为东蒙主，且在邦域之中矣，是社稷之臣也。何以伐为？"

冉有曰："夫子欲之，吾二臣者皆不欲也。"

孔子曰："求！周任有言曰：'陈力就列，不能者止。'危而不持，颠而不扶，则将焉用彼相矣？且尔言过矣。虎兕出于柙，龟玉毁于椟中，是谁之过与？"

冉有曰："今夫颛臾，固而近于费。今不取，后世必为子孙忧。"

孔子曰："求！君子疾夫舍曰'欲之'而必为之辞。丘也闻有国有家者，不患寡而患不均，不患贫而患不安。盖均无贫，和无寡，安无倾。夫如是，故远人不服，则修文德以来之。既来之，则安之。今由与求也，相夫子，远人不服而不能来也，邦分崩离析而不能守也，而谋动干戈于邦内。吾恐季孙之忧，不在颛臾，而在萧墙之内也。"

孔子的主张中，政治行为的合法性由礼制和周初设定的政治秩序、政治格局而来。季氏谋伐颛臾，此举不合最初设立的政治格局，其行为不具有政治合法性，用今天的情势来类比，可以说季氏的计划违反国际法。

孔子严辞批评冉有、子路，因为他们没有恪守孔子教导的为臣之道："以道事君，不可则止"，没有像孔子告诫子路的那样"勿欺也，而犯之"。这样不仅没能及时纠正季氏的错误，而且自己也违背了官员的伦理。孔子时代，从政为臣的人尚可有进退的选择，这为遵守官员伦理保留了空间。在这种形势下，臣属即使不能有所作为，至少可保住自己的道德，不至于为求自保只能同流合污。在当时的情况下，孔子对冉有、子路的要求，并没有高到非道德英雄无法达到的程度。官员不能守住底线，往往不是因为不突破底线无以为生，而是因为不能克制自己的贪欲。所以孔子对两个弟子的批评，其实也是批评他们因贪欲、多欲而在上司面前不刚。

"不患寡而患不均，不患贫而患不安"之句，指出对当权者来说，不均、不安是威胁其权力的首要祸患，需要最先排除，然后才是寡和贫。孔子的话有道理。寡和贫是对整个国家而言的，整个国家的贫穷、弱小，相对于国家内部的不均、不安，对生活在国家之内的百姓来说其实是个遥远的事，因为他们无从知道别国百姓的生活，即使知道，对他们心理产生的震撼也远不如身边的事那么直接。使百姓心态不平、跃跃欲试的"贫"（"好勇疾贫，乱也"）、"穷"（"小人穷斯滥矣"）首先是来自和身边权贵的比较，是通过比较知道自己的穷困的。当然如果孔子认为对国家来说，寡、贫无所谓，那他所理解的国家只能是处在他理想中的周初时期的国家，等到他的时代，这些同样已经上升为国家存亡的大事了。

16.2　孔子曰："天下有道，则礼乐征伐自天子出；天下无道，则礼乐征伐自诸侯出。自诸侯出，盖十世希不失矣；自大夫出，五世希不失矣；陪臣执国命，三世希不失矣。天下有道，则政不在大夫。天下有道，则庶人不议。"

杨伯峻认为，这是孔子考察历史得出的结论。[1] 由于生活年代的限

---

〔1〕　杨伯峻：《论语译注》，第 197 页。

制,孔子只熟悉上古史,如果他活到罗贯中时代,或许也会有"天下之势,分久必合,合久必分"的归纳总结。一个国家的政治权力有两种状态,其一是在法定的政治秩序中运行,对孔子来说,就是在礼制规定的政治秩序中运行;另一种是法定的政治秩序被破坏,政治权力分散,各自为政,政出多门。得不到合法性支持的政治权力,沦为机会和权势的随机组合,其持久性当然不容乐观,保持五代、三代不失,相当不易因此少见。孔子把平民不议论政治看作天下有道、政治清明的表征,也有一定道理。如果政权合法,在百姓心中有权威,政治举措也让人无可挑剔,一切在既定的礼制秩序中运行,政治事务是可预见的,那么政治自然不会成为大家热衷谈论的话题。不过孔子的话也透露出一个史实:尽管当时礼崩乐坏,但百姓仍然享有言论自由的权利,可以议论政治,统治者还不敢或没有想到或无暇去管理百姓的言论;而孔门虽然主张"思不出其位",并且把"庶民不议"看作天下有道的标志,但也不曾想到要百姓禁言。整个看来,当时的言论环境还是十分宽松的,否则,甚至孔子自己想说的这些话也没有机会表达了。

16.3 孔子曰:"禄之去公室五世矣,政逮于大夫四世矣,故夫三桓之子孙微矣。"

孔子既有上述历史总结,并且将其看作历史规律,所以有此节的推论,也是孔子的期待。只是,"三桓之子孙微矣"并不意味着鲁国公室必兴。

16.4 孔子曰:"益者三友,损者三友。友直,友谅,友多闻,益矣。友便辟,友善柔,友便佞,损矣。"

孔子这些建议在今天依然是交友的基本原则。孔子多次谈交友,但从来不脱"功利"的考虑,即总是想着交什么样的朋友对我德性成长有益。亚里士多德强调真正的友谊是因朋友自身之故而与对方交往,同时认为"友爱是把城邦联系起来的纽带"[1],而孔子只从个人的角度考察友谊,不大关注国民之间的友谊对国家的意义。

16.5　孔子曰:"益者三乐,损者三乐。乐节礼乐,乐道人之善,乐多贤友,益矣。乐骄乐,乐佚游,乐宴乐,损矣。"

前三种有益的快乐之为有益,是因为它们都能够辅仁。后三种有损的快乐之为有损,是因为它们未受节制。孔子不反对游、宴之乐,但主张有所节制,超出了就背离了中道,自然有损。

16.6　孔子曰:"侍于君子有三愆:言未及之而言,谓之躁;言及之而不言,谓之隐;未见颜色而言,谓之瞽。"

对上位者讲话需有技巧,要看时机、讲分寸、注意对方的反应。这和"勿欺也,而犯之"并不矛盾。后者说的是涉及根本原则时不能让步,宁可犯颜直谏,也不能牺牲原则;前者说的是在不涉原则时,甚至在直谏时,也应考虑技巧,该说的话要说,但说话的方式也要斟酌。如此,容易达到期待的目标;不如此,本来可以达到的目标也容易丧失。事君时如此,与人交往同样也如此。

16.7　孔子曰:"君子有三戒:少之时,血气未定,戒之在色;及其壮也,血气方刚,戒之在斗;及其老也,血气既衰,戒之在得。"

血气,可译为生命力、激素水平。孔子的三戒说,是经验之谈,来自自

〔1〕 亚里士多德:《尼各马可伦理学》,第232页,第229页。

己的生命体验或对别人的观察。虽然是经验之谈,却具有普遍意义,说出了很多人在这三个阶段都会有的心态和经历。个体的行为选择受荷尔蒙的影响,这一点非常明显;群体行为同样受荷尔蒙影响,这一点有时不容易看出来,但影响确实存在。孔子说的少年、壮年之戒,基于生理事实,容易为大家所理解。老年之戒,与血气既衰的生理事实似乎无关。一般的想法,血气既衰,需要减少,贪得之心不应该随之减少吗? 怎么越到老年越要戒贪得之心呢? 其实,孔子此说基于对老年心理的洞察。年轻时总觉得自己还有无限的未来和锦绣的前程,对理想的热情高,因此对功名利禄相对淡薄,对身外之物还能看开,容易保持超然的心态;人老以后,自觉时日无多,实现理想的可能越来越小,而终于遥不可及,因此对理想日淡,似乎越来越"看得开",因此物欲日盛;同时又急于抓住什么,以抵抗虚无给生命带来的巨大压力,因此犹如落水的人一样,紧紧抓住名利不放,其贪欲往往更胜过青壮时期。所以以为贪得心随年纪增长而减弱的想法,是想当然了。

不过孔子所说,似乎只在男性身上有体现。女性的表现,与此有很大不同。这与荷尔蒙有关,与女性在社会中的地位以及社会对她们的期望也有关。孔子描述中男性三个阶段的倾向全与扩张、侵略、攻击有关,而女性更多与退缩、不敢坚持自己、不敢肯定自己有关。不过孔子没有关注女性,而且即便他注意到女性的这一特点,也不会认为这是需要纠正的缺点。男女平等、妇女解放是很久以后在西方兴起的话题,对孔子来说这太遥远,太不可理解。

16.8 孔子曰:"君子有三畏:畏天命,畏大人,畏圣人之言。小人不知天命而不畏也,狎大人,侮圣人之言。"

君子三畏的"畏"不是害怕、畏惧的畏,而是敬重、小心翼翼之谓。畏天命,是对未知世界、对世间终极法则的敬重、不违背,如我们今天之于自然法则。畏大人,也不是因大人有权势而谄媚赔小心,而是表达对使大人获得高位的政治秩序的敬重、认同。畏圣人之言是对圣人以及圣人揭示的道、成就的德的尊重、肯定。相反的表现,那些不知道天高地厚,肆无忌惮,一切都不在话下,一切都敢踩在脚下,娱乐调侃至死方休的,是小人的行径。我们虽不必接受孔子选择的敬畏对象,但做人应该有基本的原则,基本的价值观,这些原则和观念是我们需要谨守不失的"三畏"。

16.9　孔子曰:"生而知之者上也,学而知之者次也;困而学之,又其次也;困而不学,民斯为下矣。"

有生而知之的知识,即康德所谓的先验知识,如凡事必有因,和先天知识,如 5＋7＝12。这类生而知之的知识为头脑正常的每个人所有,不独为智者所有。显然孔子说的不是这类知识。他说的应该是他"十有五而志于学"时想要学习的那些知识,即关于礼乐的知识。这类知识是后天知识,不可能有生而知之者,就算"天纵之将圣"也不可能生而知之。所以至多能"学而知之"。"困而学之"也是"学而知之",两者的不同在于,后者从书本到书本,如颜回之所为,前者因生活、政治的需要而学。孔子之所以把学而知之放在前面,是因为学而知之更突出了对"礼"、对"道"本身的热爱,而困而学之显然出于实用的目的来学。

16.10　孔子曰:"君子有九思:视思聪,色思温,貌思恭,言思忠,事思敬,疑思问,忿思难,见得思义。"

孔子教导颜回"非礼勿视,非礼勿听,非礼勿言,非礼勿动",这里的"九思"是扩展版的四非,是思想言行的具体规范。九思之说于今天的人们依然有指导意义,同样可看作跨越时空、文化的普遍的规范。

16.11　孔子曰:"见善如不及,见不善如探汤。吾见其人矣,吾闻其语矣。隐居以求其志,行义以达其道。吾闻其语矣,未见其人也。"

孔子提到的两种人,前者重在个人修养,后者重在政治抱负。孔子认为后者之善强过前者之善,这和亚里士多德城邦的善高于个人的善是同一个道理。这也可以知道孔子几次为道德有瑕疵的管仲辩护的原因了。

16.12　齐景公有马千驷,死之日,民无德而称焉。伯夷、叔齐饿于首阳之下,民到于今称之。其斯之谓与?

齐景公豪富,百姓并不因此受益,他的生、死和百姓都没有关系,死后自然不会有人怀念。伯夷、叔齐品德高尚有气节,百姓虽然没有因他们饿死而受益,但他们生前的仁政使百姓获益,死于气节的操守也感动着百姓,因此一直受到人们的称颂。如前所说,孔子虽不肯定死后灵魂的存在,但非常在意身后的名声。关注身后名可以消解因灵魂不朽、因果报应或上帝观念的缺失而对道德造成的威胁。一个人,如果不信仰死后生命的存在,或虽信仰死后生命但不相信生前的善恶对死后生命有什么影响,那么除非他生就强烈的道德感,或有极高的道德修养,否则便只会受现实功利的摆布,其利益考虑很快就会淹没他本来具有的微弱的同情心,于是这个人只要确定作恶不会被发现、或作恶不会被惩罚,就会像传说中得到隐身戒指的牧羊人一样,[1]为所欲为,无恶不作。而如果一个人强烈关注身后名誉,他的行为就多了一重相当有效的约束,他能够超越当下的功利考虑,面对后世就像面对上帝的审判,虽然其效果弱很多,但比没有这种关注还是要好。

---

〔1〕　柏拉图:《理想国》,第 2 卷。

16.13　陈亢问于伯鱼曰："子亦有异闻乎？"对曰："未也。尝独立，鲤趋而过庭。曰：'学《诗》乎？'对曰：'未也。''不学《诗》，无以言。'鲤退而学《诗》。他日，又独立，鲤趋而过庭。曰：'学礼乎？'对曰：'未也。''不学礼，无以立。'鲤退而学礼。闻斯二者。"陈亢退而喜曰："问一得三：闻《诗》，闻礼，又闻君子之远其子也。"

前文"子谓公冶长"、"子谓南容"章节说过，按生物学法则，一个人会把他认为最有用、最真实的价值观传授给自己的子女。从这一章节，我们看到，孔子像教育学生一样教育子女，或者说，他像教育子女一样教育学生。这反映了孔子的坦荡诚挚，表里如一，看似简单，其实十分难得，不信试问两千多年后的今天，有几个德育教师能做到课堂上的话和课下的话一致，教育学生的话和教育子女的话一致。

16.14　邦君之妻，君称之曰"夫人"，夫人自称曰"小童"；邦人称之曰"君夫人"，称诸异邦曰"寡小君"；异邦人称之，亦曰"君夫人"。

这可能是孔子为"正名"说的话。

阳货篇第十七

17.1 阳货欲见孔子，孔子不见，归孔子豚。孔子时其亡也，而往拜之。遇诸途。谓孔子曰："来！予与尔言。"曰："怀其宝而迷其邦，可谓仁乎？"

曰："不可。""好从事而亟失时，可谓知乎？"曰："不可。""日月逝矣，岁不我与。"孔子曰："诺。吾将仕矣。"

阳货劝告孔子的三条理由，抽象地来看其实都成立。他对孔子的礼遇，也不能说不真。但孔子只是口头答应他，之前之后都冷谈、回避，这既不会因为孔子不仁，也不会因为他不智，而是孔子知道在阳货当政时入仕，与邦于己都没有益处。不失原则，审时度势，这正是孔子的仁、智。

17.2 子曰："性相近也，习相远也。"

这是孔子口中最富有哲学意味的话之一。这句话谈论的主题应该是德性、气质，因为只有这二者与性、习相关；其他的，比如知识上的差异，与性、习的关联不紧密。人与人道德、气质上的差异何来？是本来就有，即来自先天？还是后来才有，即来自后天？孔子的答案是，人与人的先天不是完全一样，而是确有差别，但相对于他们道德、气质表现上的巨大差异，

246

他们先天的那点差别实在太小了——说大说小时必须要有参照、对比，事物本身无所谓大、小——因此差别更多来自后天，即来自生下来之后的环境、习惯，等等，主要是它们造成了人们道德、气质上的差异。孔子肯定差异来自性和习，但主要来自习。但孔子是如何知道这个答案的？孔子说自己不是生而知之者，这答案也不应来自先天，应该是他经验观察的结论。通过尚没有受到后天环境影响的孩子之间的对比，可以得出性相近，而如果确定性相近，则必定习相远才对，否则无以解释道德差异——道德差异是既定的事实——的来源。当然，孔子也可以通过其他观察，比如对在不同环境中抚养长大的双胞胎（而且应该是同卵双胞胎）的观察，或对同样环境中长大的不同血缘关系的人的观察，等等。

如果道德、气质差异主要来自后天，那么教育对道德培养的作用无论怎么肯定都不为过。孔子哲学思考的结论和他作为教育家的使命完全合拍。

17.3　子曰：“唯上知与下愚不移。”

上一节肯定了教育的重要，告诉我们道德的差异来自后天，通过教育可以培育出我们期待的那一种人。但不能认为教育是万能的，教育对有些人是无用的。孔子作为教育家阅人多矣，对人的天赋之别不可能不知。孔子认为，对两类人——特别具有天赋的和特别缺乏天赋的，教育无用武之地，因为前者不教而知，后者教也不知。但上智、下愚只是天赋的正态分布的两端，这两类人尤其第一类人数量极少，数量最多的是中人，即通过教育可以改变的那些人。所以教育对社会的重要性不因上知与下愚的存在而有所改变。

17.4　子之武城，闻弦歌之声。夫子莞尔而笑，曰：“割鸡焉用牛刀？”子游对曰：“昔者偃也闻诸夫子曰：‘君子学道则爱人，小人学道则易使也。’”子曰：“二三子！偃之言是也。前言戏之耳。”

《论语》中孔子开玩笑的记载不多，“由之瑟奚为于丘之门”勉强算一条,"子之武城"则是百分百的玩笑。如诸注本所说,孔子的戏言其实透露出他对子游的欣赏、赞许。"君子学道则爱人",信然;"小人学道则易使也",未必。小人学道,在了解小人的规范之外,同时也知道了君子所应然,于是会用这标准要求在位的君子。如果君子治不以道,按孔子的主张,小人虽不会直接抗争,但可以选择消极抵抗,非暴力不合作。不过这样正可促成礼乐之治,因为如果君子不以道治国,则民不易使。"小人学道则易使"的说法,与之前"民可使由之,不可使知之"的思想有潜在的冲突。当然,如果不把"知之"理解为知道"道",就没问题了。

17.5　公山弗扰以费畔,召,子欲往。子路不说,曰:"末之也,已,何必公山氏之之也?"子曰:"夫召我者,而岂徒哉? 如有用我者,吾其为东周乎?"

孔子不应阳货之请而欲应公山之召,子路不解,我们也不解。如孔子在此事中与之前原则一致,那么使他做出不同反应的,必定是对时局的判断。根据孔子的判断,公山弗扰会重用他,而孔子也有机会初步实现自己的政治理想。不过这只是孔子的判断,没有最终见之于实践。

17.6　子张问仁于孔子。孔子曰:"能行五者于天下,为仁矣。""请问之。"曰:"恭宽信敏惠。恭则不侮,宽则得众,信则人任焉,敏则有功,惠则足以使人。"

孔子给子张为仁的建议,是为出仕量身定做的,其中既有事人的准则——信,也有使人的原则——宽、惠;有为人的信条——恭,也有做事的规范——敏。做到这些,会成为一个好的官员,至于仁,"则吾不知也"。

17.7 佛肸召,子欲往。子路曰:"昔者由也闻诸夫子曰:'亲于其身为不善者,君子不入也。'佛肸以中牟畔,子之往也,如之何?"子曰:"然。有是言也。不曰坚乎,磨而不磷;不曰白乎,涅而不缁。吾岂匏瓜也哉?焉能系而不食?"

孔子虽不耻与阳货为伍,但阳货的三条理由,尤其最后一条"日月逝矣,岁不我与"显然深深打动了孔子,说中了孔子的心事。孔子对公山弗扰、佛肸之召的回应,都显出孔子有些急于用事,这或许是他的中年危机。孔子为自己辩解的话,与子路引用的他平时的教导相悖,两者之间,辩解之辞似是而非,经不住分析。品德不是坚、白之物,磨不薄,染不黑,同流而不合污;品德是由所作所为养成和表现出来的,和行为表现不是截然二分的关系。一个人长期表现恶劣,我们根据什么说他品德高尚,他的恶劣行为又是从哪里来的?孔子自己一贯主张,品德高尚的人,本就应该选择高尚的人交往,"亲于其身为不善者,君子不入也",这既是其仁也是其智。在此之后,孔子周游列国,便不再这么急于见用,应该是对自己之前的行为有所反思,从而有所改正;或者是因为已经行走在求仕的路上,所以反倒不那么急切而不加选择了。

17.8 子曰:"由也!女闻六言六蔽矣乎?"对曰:"未也。""居!吾语女。好仁不好学,其蔽也愚;好知不好学,其蔽也荡;好信不好学,其蔽也贼;好直不好学,其蔽也绞;好勇不好学,其蔽也乱;好刚不好学,其蔽也狂。"

孔子对子路的教诲,用心良苦。六言六蔽之说,专门针对子路的德性弱点。孔子说的好学,指的是对礼乐知识。如果只有对某种德性的热爱,或有与某种德性相配合的情感,缺少礼制规范的指导约束,则子路所具备并珍视的六种德性,在行使时会分别表现出各自的弊端。孔子指出的每种德性不以礼节制从而发挥到极致的弊端,非常中肯,富有启发,是对德性的全面、准确的观察。

17.9 子曰:"小子何莫学夫《诗》?诗,可以兴,可以观,可以群,可以怨。迩之事父,远之事君;多识于鸟兽草木之名。"

孔子时代的教育,可以利用的文本毕竟有限。一部《诗经》就要发挥如此多的功能,可以抵得上现代教育中数十本教科书了。这种情况当然不值得称羡,《诗经》无论如何卓越,也不过一部诗歌集,用它来教导弟子事父、事君,勉为其难;识鸟兽草木之名,更是远不如任何一部生物学辞典。对此有异议的崇古之士不妨询之于教育专家,看他们愿不愿意以《诗经》或白话《诗经》取代上述学科的教科书。孔子时代,无可选择,纯粹是不得已而为之。不过孔子也说出了当时的情况,告诉我们《诗经》的多种价值,以及在教育中的作用。

17.10 子谓伯鱼曰:"女为《周南》《召南》矣乎?人而不为《周南》《召南》,其犹正墙面而立也与?"

孔子以《周南》《召南》作为《诗经》的代称。对伯鱼的话,还是强调读《诗经》的必要性。孔子如此强调《诗经》,不是因为孔子相信《诗经》蕴含着什么微言大义——用力往微言大义的方向去读,当然也能读得出来,但是以这样的态度读哪一部著作读不出微言大义呢?——而是因为《诗经》兴、观、群、怨等等教育功能。

17.11 子曰:"礼云礼云,玉帛云乎哉?乐云乐云,钟鼓云乎哉?"

孔子叹息当时的礼乐以及人们对礼乐的理解,实质不存,徒剩其表。

在此趋势下,有人如子贡主张去掉失去实质意义的形式("子贡欲去告朔之饩羊"),而孔子希望全面恢复礼乐文化。孔子的主张因与历史趋势方向相反,因此愈益不合时宜,其惋惜感慨也愈益沉重。

17.12　子曰:"色厉而内荏,譬诸小人,其犹穿窬之盗也与?"

这一比喻生动形象,说的是某一类人外表和内心的反差。以孔子的惯常思路,他说的应该是那些于德性或于礼有亏的人的表现。但我们知道,因礼或德性有亏而内荏的,还不是最恶劣的,因为他毕竟知道应该如何,因理亏而气不能壮,说明德、礼在他心中尚有约束力量。最恶劣的,是自知理亏,但凭权、势依然气吞山河、声势夺人的人。这样的人,唯权力是从,他们的心里,已经完全没有道德的立足之地了。

17.13　子曰:"乡原,德之贼也。"

孔子多次提醒弟子,不能为民间舆论、众人的好恶所左右,众人的好恶不能取代客观的是非标准。孔子疾恨乡愿,认为他们窃取了德性之名,而无德性之实。乡愿之可恶,在于他们模糊了善、恶界限,混淆是非,遮蔽良知,强化群众的自以为是,妨碍人们的道德反思,对有志追求道德的人起着误导作用。乡愿横行的社会,是非必然不以道理分,而以人群分。整个社会的见解逐渐趋同,人们的见识日益平庸,最终必定走向模棱两可,浑浑噩噩,得过且过的状态。

17.14　子曰:"道听而途说,德之弃也。"

孔子做判断有实验室中科学家的细致谨慎,一定要亲自考察,有充分的把握才下结论。这是一种十分必要的德性，因为判断会影响行为，判断错误会给自己或他人带来损失，有时是重大、不可挽回的损失。道听途说，这样粗率、不负责任的态度，自然为孔子所不取。道听途说的人应该想到，他的不负责任使他成了谬论、错误、流言蜚语用以传播自身的一个环节，而听从孔子教诲的人，就中断流言传播的一条路线，这就是前文谣言止于有德者的意思。

17. 15　子曰：“鄙夫可与事君也与哉？其未得之也，患得之，既得之，患失之，苟患失之，无所不至矣。”

孔子的官场经历为他提供了近距离观察事君者的机会，这一节可算是观察报告之一。孔子说的鄙夫可以理解为缺乏品德修养的人。这样的人事君很少会以求仁、行道为目的，而是以获得权、利为目的。官职会带来权和利，这是官职对鄙夫的最大诱惑。他们所期望的一切可通过官职获得，因此官职对他们就是一切。知道了这一点，就可以明白孔子对他们心态的逼真描述和对他们价值观的把握了。这样的人从政，其可怕在于他们以获得和保住官职为首要目标，为此而“无所不至”，违反原则不在话下，牺牲国家、百姓的利益毫不犹豫，这与政治本要实现的目的相去甚远。

“以道事君，不可则止”，孔子的为官伦理对古今大多数从政者是完全不可企及的道德高标，这一方面凸现了孔子人格之伟大，一方面暴露出孔子制度设计的缺陷。既然大多数人无法达到这一标准，则政治的清明、高效就不能靠它来保证。从学孔子数十年的弟子入官场之后都不免丧失原则，对权力曲意逢迎，这一点本应引起孔子足够的警觉和深思，可惜孔子思想一以贯之，形成之后似乎再未修改，更别提重新来过了。从这一节看，孔子对人性之恶已经有所体察，但这种体察仍然停留在个体层面，停留在人物品评和道德批判上。

17.16 子曰:"古者民有三疾,今也或是之亡也。古之狂也肆,今之狂也荡;古之矜也廉,今之矜也忿戾;古之愚也直,今之愚也诈而已矣。"

这一节的思路和"狂而不直,侗而不愿,悾悾而不信"是一样的。依自然倾向而论,每种性格在德性表现上都有好和不好两个方面。性格狂的人,往往耿直;性格矜持的,往往有棱角;愚鲁的,往往直率。但因为人心不古,每种性格在德性上的好的方面无存,坏的方面充分发扬:性格狂的转向放荡,矜持的点火就着,甚至愚鲁都不是真的愚鲁,而是故作老实忠厚。至于今不如古的原因,孔子一定会把它归为礼乐文化的失落。

17.17 子曰:"巧言令色,鲜矣仁。"

此节重出。

17.18 子曰:"恶紫之夺朱也,恶郑声之乱雅乐也,恶利口之覆邦家者。"

对政治权力和政治秩序而言,流行色的变化和音乐的兴衰本不应该是大事。但孔子理解中的好的政治秩序和合法的政治权力都必须以礼制为蓝本,而礼制规定了政治生活的方方面面,任何改变和松动都可能是整个礼制崩溃的前兆和原因,所以连紫色取代红色的地位,郑国的音乐取代了雅乐的地位这样细枝末节的事,孔子也深恶痛绝。除了细微的、沿着礼本来的方向做出的修改,原则上,孔子不欢迎任何变化。他理想中的世界应该有一成不变的格局,格局中的每一个细节,最好也照古代的样子原封不动。不过世界既然无可选择地改变了,孔子希望至少礼制的原则能保留下来。

17.19 子曰:"予欲无言。"子贡曰:"子如不言,则小子何述焉?"子曰:"天何言哉? 四时行焉,百物生焉。天何言哉?"

这句话语境不明,用的又是比喻,很难获知孔子的本意。从字面来看,孔子的意思是,不管他说还是不说,世界照样运行,依然如故,因此言语的有无并不重要。孔子可能是藉此比喻告诉弟子,即使他没有言传,其实也在身教。这一层意思虽浅显,但符合孔子一贯的表达风格。孔子不是禅师,是教师,他知无不言、言无不尽,唯恐学生不解其意,因此不会故作艰深、故弄玄虚;孔子和弟子的语言交流也没有障碍,不需要借助神话、隐喻,也不需要拈花微笑、以心传心。"辞达而已矣",这既是孔子言语的风格,也表达了孔子对言语传达思想能力的信任。

17.20 孺悲欲见孔子,孔子辞以疾。将命者出户,取瑟而歌,使之闻之。

《论语》中孔子多次拒绝别人,通过拒绝表明自己的态度,原则问题绝不含糊。但同时孔子从不直接拒绝,而是非常讲究技巧,拒绝得既委婉又明确。

17.21 宰我问:"三年之丧,期已久矣。君子三年不为礼,礼必坏;三年不为乐,乐必崩。旧谷既没,新谷既升,钻燧改火,期可已矣。"子曰:"食夫稻,衣夫锦,于女安乎?"曰:"安。""女安,则为之。夫君子之居丧,食旨不甘,闻乐不乐,居处不安,故不为也。今女安,则为之!"宰我出。子曰:"予之不仁也! 子生三年,然后免于父母之怀。夫三年之丧,天下之通丧也。予也有三年之爱于其父母乎?"

孔子弟子中,甚至孔子同代人中,只有宰我能在理论上和孔子对话,对孔子的思想构成真正的挑战,让孔子无言以对。其他的弟子,如子贡、子路,一般只问知识性的问题,而且都是孔子知识范围以内的知识问题。子路和子贡也反讦过孔子,但基本是以子之矛、攻子之盾式的反讦,不是宰我这样对基础的追问和对根本前提的质疑。

宰我反对三年之丧,主张缩减到一年。理由也很充分,三年之丧本是礼制的规定,但三年之丧恰恰会使礼制崩溃,因此应该废止;之所以应该缩减到一年,是因为一年自然已经完成了一个轮回,是一个自然的周期,守孝一个周期,经历了自然的整个一环,接下去不过是重复。所以应该终止。孔子没有跟着宰我的思路走,而是另起炉灶,为三年之丧另外寻找理由:他从子女的自然情感入手,反问宰我,在父母过世三年以内的时间里是否有心思好吃好穿。孔子以己度人,当然期望宰我如实回答说"不安",但以自己的经验忖度别人总有失效的时候,不是每个他人都是另一个自我,宰我和孔子的情感世界不一样,他能在父母过世三年以内安然享受好衣好食,这让孔子情绪上错愕,理论上技穷,只好后退一步,承认在守孝的事上不存在普遍规范,可以各自表述。

孔子虽理论上被宰我挫败,但在此事上的信念并没有改变,重整旗鼓之后,孔子把三年之丧的理由表述为:第一,这是天下通行的;第二,这是对父母之爱的回报。但是第一条理由不成其为理由,因为宰我质疑的正是三年之丧为什么是天下通丧,孔子此处等于把宰我的问题当作了对宰我的回答;第二条理由也不成立,且不论父母已逝子女是否还能回报父母之爱,也不论父母是否期待守丧这种形式的回报——宰我对这两点都没有质疑,如果他质疑一下,孔子会更加无言以对——为什么偏偏用孔子主张的三年作为回报,而不是用宰我主张的一年回报,或更长的时间来回报? 三年免于父母怀抱并不是天下通例,有人四年、有人五年、有人需要更长的时间,时间越长不是越能尽仁心吗? 而且,如果谈对等地回报,恐怕用一辈子的时间也无法回报父母之爱。

17.22 子曰:"饱食终日,无所用心,难矣哉！不有博弈者乎？为之,犹贤乎已。"

孔门弟子中当不至于有饱食终日,无所用心之人。孔子的话,应该是泛指。一个人懒惰到吃饱了就不动心思,可说没有丝毫的上进心,这样的人不会是恶人,恶人也需要动心眼。他们只是懒惰,缺乏行动的动力,对这样的人真是无可奈何。但是孔子有办法,孔子让他们从简单、有趣的事做起,让他们去博弈。通过博弈,激发他们的胜负心,使他们获得行动的动力,也让他们开动脑筋,习惯思考。以此为契机,假以时日,慢慢引导,这些本来"无善无恶"的人,也会有为学向善的希望。

17.23 子路曰:"君子尚勇乎！"子曰:"君子义以为上。君子有勇而无义为乱,小人有勇而无义为盗。"

君子当然不应该欠缺勇敢,否则会"见义不为"。但在孔子看来,"勇"虽然必要,但也比较次要,还达不到需要"尚"的地步,因此孔子正面谈勇的地方并不多。或许这是因为孔子只把勇看作胆量,是一种中性的品质,必须与"义"配合,才获得实质性的内容,所以君子尚义不尚勇,义比勇更具有原则性。但或许这话只是说给子路听的,因为子路"好勇过我",需要以义节之。其实就实践而言,在义和勇之间,难以分出谁主谁次,有勇无义固然不行,有义无勇同样也不行。与勇相比,义更具有知识的性质,可通过学而获得;勇则更具实践德性的特点,不能通过学习文献、只能通过不断实践获得。因此,两相比较,前者似乎更容易得到,后者因而更难得。真正考验一个人的品德的时候,是非判断并不复杂,我们都知道该怎么做,这时欠缺的不是关于义的知识,而是勇气。

17.24 子贡曰："君子亦有恶乎！"子曰："有恶：恶称人之恶者，恶居下流而讪上者，恶勇而无礼者，恶果敢而窒者。"曰："赐也亦有恶乎？""恶徼以为知者，恶不孙以为勇者，恶讦以为直者。"

有所爱当然就有所憎恨，所爱对象的反面就是憎恨的对象，有所憎恨是君子概念中的应有之义。子贡列举的憎恶，共同特点是伪善：本是恶言恶行，偏偏要冒用善的名义，其可恶如乡愿。欺世盗名，也是德之贼。子贡与孔子的憎恶交集在"称人之恶"和"勇而无礼"上，但子贡列举的行为之恶劣，比孔子的更甚：孔子列举的行为，还只是单纯的恶，子贡提到的行为，因为恶而冒充善，所以是恶上加恶。

孔子提到的四种恶行，后三者都无疑义，唯第一个"恶称人之恶"，其价值观和今天有很大不同。今天我们认为，无论是人之恶还是人之善，只要如实说出、不夸大不歪曲，就不违道德；相反，隐恶扬善，出发点或许是好的，且效果可疑，隐恶使恶人恶行不得昭彰，失去了舆论对恶的监督惩戒作用；而且，隐、扬本身，就有人为隐藏事实的意思，不诚实本身即便不是最大的恶，也是很大的恶。

17.25 子曰："唯女子与小人为难养也，近之则不孙，远之则怨。"

钱穆沿用朱熹的说法，把"女子与小人"解释为"家中仆妾"，[1]这样一来，孔子这句话就专指特殊时代特殊身份的一类人，其歧视的范围大大缩小，歧视的对象也大为减少。不过，从《论语》中，实在看不出把女子与小人译作仆妾的依据，小人在《论语》中反复出现，从来不作仆隶小人讲，怎么到了这一节，就突然改变了语义？有人会辩解说，孔子这话来自经验

---

〔1〕 钱穆：《论语新解》，第 464 页。

观察，只是当时社会的"现象描述"。但孔子自己会不会认为他在描述现象的同时，发现了女子与小人的本质呢？后世读孔子的人是把这句话当作对特殊身份的一类人的心理、行为的描述呢，还是当成了普遍法则？我们不容易确定孔子这句话为歧视女性的传统观念提供了多少帮助，但他这话的歧视意味无可掩盖，而且流毒甚广，这是毋庸置疑的。

17.26　子曰："年四十而见恶焉，其终也已。"

四十岁在孔子看来是一道坎。功业上，四十还不能有所成就，"斯亦不足畏也已"；道德上，四十岁还是万人嫌，也就没有翻盘的机会了。孔子的两个判断，都是基于当时事实的大致判断：当时人寿短，对多数人来说，四十岁的人已过壮年，接近生命尽头，如果四十岁不能卓然有所立，剩下的机会便微乎其微。

微子篇第十八

18.1　微子去之，箕子为之奴，比干谏而死。孔子曰："殷有三仁焉。"

微子、箕子、比干，三个人同逢乱世，同侍暴君，处境同，选择不同，结果不同。不同之中的同是三人都没有同流合污，或以死或以逃或以佯狂守住了自己的气节。在极恶劣的情势之下，能够不失原则、操守，比平常状态下难度要大得多，有时需要以生命或生计为代价，这三人做到了，所以孔子许之以仁。

18.2　柳下惠为士师，三黜。人曰："子未可以去乎？"曰："直道而事人，焉往而不三黜？枉道而事人，何必去父母之邦？"

柳下惠的可贵，在于知道直道事人的后果依然不改初衷。柳下惠说这话的时候，当在孔子出生前 100 多年。可知孔子百年前的鲁国，政治已经十分不堪——差强人意的是，柳下惠三黜而能复出，说明鲁政还没有黑暗到无可救药——孔子不断怀念从前，说从前的政治多么好，不知道他有没有想过，他所说的好政治，到底有几分可靠；那一段好时光，在整个历史中到底有多长。

18.3　齐景公待孔子曰：“若季氏，则吾不能；以季、孟之间待之。”曰：“吾老矣，不能用也。”孔子行。

这一节说的是孔子在齐国的遭遇。齐景公说准备以上下卿之间的规格对待孔子时，或许就是在敷衍、婉拒孔子。但孔子不像是争待遇的人，他求仕也不是为了待遇，所以孔子继续留在齐国，准备被录用。于是景公只好有话直说。

18.4　齐人归女乐，季桓子受之，三日不朝，孔子行。

从这一节可以看出，孔子求仕，在意的是什么。季桓子沉迷女乐，不像有所作为的人，孔子也就不与之为伍浪费时间。

18.5　楚狂接舆歌而过孔子曰：“凤兮凤兮！何德之衰？往者不可谏，来者犹可追。已而！已而！今之从政者殆而！”孔子下，欲与之言。趋而辟之，不得与之言。

如前文所说，像楚狂这类明哲保身的人，在伦理上一般都是利己主义者，即主张每个人只关注自己的生活即可，不必关注和干涉他人。奇怪的是，《论语》中的这类隐士，乃至整个先秦时代的许多隐士，往往并不甘心于身隐名隐，总会找机会出场扬名，这与他们的理论，与他们保身的宗旨，都不相容。文中狂人的言行，不仅不利于隐遁，反而突出了自己的政见不同，不像是玩世不恭，而像是愤世嫉俗，他们和孔子一样，也是未忘情于天下、政治的人。楚狂如此，老子、庄子岂不同样如此？言行一致，对谁都不是件容易事。从这也可看出，道家的生活理想，与人性的根本需要之间其实存在基本冲突。道家的理想，未必符合人性的期望，是不得已而为之，不是真正理想的人生，所以一有机会，他们就出来表演一番，宣扬自己的学说,同时也否定了自己的学说。

18.6 长沮、桀溺耦而耕,孔子过之,使子路问津焉。长沮曰:"夫执舆者为谁?"子路曰:"为孔丘。"曰:"是鲁孔丘与?"曰:"是也。"曰:"是知津矣。"问于桀溺。桀溺曰:"子为谁?"曰:"为仲由"。曰:"是鲁孔丘之徒与?"对曰:"然。"曰:"滔滔者天下皆是也,而谁以易之?且而与其从辟人之士也,岂若从辟世之士哉?"耰而不辍。子路行以告。夫子怃然曰:"鸟兽不可与同群,吾非斯人之徒与而谁与?天下有道,丘不与易也。"

同为隐士,但长沮、桀溺与楚狂不同。楚狂的愤世嫉俗明明可见,长沮、桀溺的意图不那么明显。仔细考察长沮、桀溺的主张,发现他们很难自圆其说。如果他们的隐逸为的是保身,则如孔子所说,"耕也,馁在其中矣",这种选择不如"学也,禄在其中",故不明智。如果是出于道德的考虑,则他们这样的做法至多能做到洁身自好,与孔子追求的道德境界相差不可以道里计。孔子最后的话反驳他们很有力:首先,避世求自清根本是不可能的,人不可能与鸟兽同群,只能生活在人群中,世、人都避无可避;其次,避世不仅不可能,而且不应该,天下无道,才正需要使之有道,怎么可以因天下无道而躲起来?孔子的道德境界远远高出这些隐士。

18.7 子路从而后,遇丈人,以杖荷蓧。子路问曰:"子见夫子乎?"丈人曰:"四体不勤,五谷不分,孰为夫子?"植其杖而芸。子路拱而立。止子路宿,杀鸡为黍而食之,见其二子焉。明日,子路行以告。子曰:"隐者也。"使子路反见之。至,则行矣。子路曰:"不仕无义。长幼之节,不可废也;君臣之义,如之何其废之?欲洁其身,而乱大伦。君子之仕也,行其义也。道之不行,已知之矣。"

丈人如此优待子路,不知道出于何种考虑,或许这是当时民风。孔子断言丈人是隐者,看不出依据在哪里。孔子遣子路反见,肯定不会是让子路拜谢——这个礼数完全不必孔子吩咐,而是让子路去说服他。子路最后的一段话,强调士的社会责任,论证君臣之义如长幼之节一样普遍、永恒,认为出仕的必要性在于行君臣之义,如其不然,则是"乱大伦",忽略了重要的伦理要求。子路强调士的责任的话,符合孔子的思想。后面谈出仕的必要性的话,与孔子思想不合,因为子路的着眼点在君臣之义,孔子的着眼点在整个礼制秩序。

18.8　逸民:伯夷、叔齐、虞仲、夷逸、朱张、柳下惠、少连。子曰:"不降其志,不辱其身,伯夷、叔齐与!"谓"柳下惠、少连,降志辱身矣,言中伦,行中虑,其斯而已矣。"谓"虞仲、夷逸,隐居放言,身中清,废中权。我则异于是,无可无不可。"

孔子按逸民的表现将其分为三类。第一类,不降低道德追求,不辱没自己身份,坚守原则毫不退缩;第二类,不得已降低道德追求,忍受屈辱,但言行无亏、守住做人底线;第三类,放弃政治参与,但不放弃生活,持身清白,懂得从权。孔子肯定隐士的操守,但不完全赞成他们的选择,只是把他们的选择当作一个备选方案。

18.9　大师挚适齐,亚饭干适楚,三饭缭适蔡,四饭缺适秦,鼓方叔入于河,播鼗武入于汉,少师阳、击磬襄入于海。

鲁国乐师分散,糊口四方。本来是国君的乐队,解散后只能各自流落到异国谋生。解散的原因,或许是礼乐文化的没落,或者是鲁国公室的没落。

18.10　周公谓鲁公曰:"君子不施其亲,不使大臣怨乎不以。故旧无大故,则不弃也。无求备于一人!"

周公传授给儿子的治政心得,归纳起来,也就是宽、惠待人。不过不是所有人都能纳入被宽惠的行列,周公举出的三类人,不是与其关系密切的人——亲,就是对其权力至关重要的人——大臣、故旧。[1] 周公待这三类人固然宽、惠,显得特别宽大仁厚,但国家并不只这三类人,他们之下,是广大的民。对上层的厚,落到下层必然是严苛,因为宽待、厚待,都不能凭空做到。宽待、厚待,就是提供给他们更多财富,允许他们在一定限度内为所欲为,而这些都需要最后有人为之付出,即俗话所谓有人买单,谁来付出呢,当然是民。宽待上层,必然苛酷百姓。这样的治理为何让孔子推崇备至?或许只是因为周初统治者对待宗亲大臣的宽惠态度,被宗亲大臣仿效,用以对待下层民众,从而呈现出良好的社会秩序和治理效果。孔子因认同这种治理效果进而认同其治理方式,而没有想到这样的治理方式并不必然带来这样的治理效果。

18.11　周有八士:伯达、伯适、仲突、仲忽、叔夜、叔夏、季随、季骊。

对周代历史的追述。孔子应该非常熟悉前代和周朝的历史,这些知识是他理解社会理解政治的基础。

---

〔1〕　此处"故旧",李零将其解释为前朝官员。《丧家狗》,第318页。

子张篇第十九

19.1　子张曰：“士见危致命，见得思义，祭思敬，丧思哀，其可已矣。”

子张的话，列出了四种情境中的行为规范，是对孔子教诲的复述。

19.2　子张曰：“执德不弘，信道不笃，焉能为有？焉能为亡？”

子张的意思，一个人如果只把德、道当作知识，不把它们内化为品质，见诸行动，这样的人于事无补，没有价值。苏格拉底“美德即知识”的提法，其弊即在这里。

19.3　子夏之门人问交于子张。子张曰：“子夏云何？”对曰：“子夏曰：‘可者与之，其不可者拒之。’”子张曰：“异乎吾所闻：君子尊贤而容众，嘉善而矜不能。我之大贤与，于人何所不容？我之不贤与，人将拒我，如之何其拒人也？”

子夏、子张复述孔子论交友的话不尽一致。人们认为这体现了孔子的因材施教，因为《论语》中说子夏、子张两个人性格相反，子张过，子夏不及（“师也过，商也不及”），孔子的教导和他们的性格特点正好对得上。这说法可以用来解释子张的话,却不能解释子夏的话。子夏传达的交友之道是孔子一贯的主张:交友要有选择,只交那些有助于品德完善的朋友。此外,孔子只是教导子张宽以待人,没有让他放低交友的标准,子张转述孔子的话中,其对象分别是"善"、"不能"、"人",是告诉弟子如何与这些人相处,而不是如何选择朋友。

19.4　子夏曰:"虽小道,必有可观者焉;致远恐泥,是以君子不为也。"

这应该也是转述孔子的教诲。孔子博学多能,但不以多能自矜,而且也不要求弟子多能。孔子多能是年轻时生活所迫,多能鄙事必定要耗去相当多的时间和精力,占用了学道的时间;更重要的,即使是小道,熟练掌握也会给人以成就感和自豪感,玩物丧志,专注于小道同样也丧志,出于这样的考虑,孔子提醒弟子从大处着眼,关注大局,把握大道和小道之间轻重缓急。

19.5　子夏曰:"日知其所亡,月无忘其所能,可谓好学也已矣。"

好学的人,在知识上每天都有进步,锱铢积累,不使一天空过;同时也不忘记以前学过的知识,而不忘记的方式,当然是不断复习。这句话显然是对孔子"温故而知新"的重述。

19.6　子夏曰:"博学而笃志,切问而近思,仁在其中矣。"

子夏的话或者是自述自己的治学修养之道,或者是转述孔子对他的教导。博学笃志,切问近思,这是适合每一求学求道者的教诲,也是通向仁德的捷径。这里"仁在其中",应该理解为通向仁,而不是说它们等同于仁。

19.7　子夏曰："百工居肆以成其事，君子学以致其道。"

百工属小人，不过不是道德上的小人，是社会地位上的小人。孔子把小人和君子并列，不论是德性上的小人还是地位上的小人，终不免成为君子的反面，是君子不取的那一面。子夏把百工和君子并列，把百工的工作和君子学道相提并论，语气中却没有轻视和贬义，这或许出于子夏的仁厚，或者由于子夏的阶级意识没有孔子那么强烈。

19.8　子夏曰："小人之过也必文。"

此处的小人指品德上的小人。君子坦荡、诚实、勇于承担责任，"过则勿惮改"，当然不会委过，也不会文过。而小人之为小人，就是因为欠缺上述君子的德性。他们处处为自己打算，但又要博得君子之名，处在这种矛盾之中，他们自然坦荡不起来；他们不想放弃前者，也不要放弃后者，唯一的解决之道，就是用谎言和文饰遮蔽掩盖自己因自私而犯下的道德错误。这里子夏为我们提供了一个识别君子小人的快捷方式：看他如何对待自己的过失。

19.9　子夏曰："君子有三变：望之俨然，即之也温，听其言也厉。"

俨然也罢，温、厉也罢，不是君子的内在，而是君子的外在，是给别人的印象，也是处事待人的技巧。一味温和，从不亮出鞭子，会让小人感觉软弱可欺；一味严厉，会让同伴感觉难以相处。因此一个修养良好的人应该呈现多面性，把握其中的分寸，如孔子"温而厉，威而不猛"，或如公叔文子"时然后言"，"乐然后笑"。君子只有直、表里如一还行不通，因为世界上有各色人等，不全是君子，所以君子必须具多副面孔以应对。

19.10 子夏曰:"君子信而后劳其民,未信则以为厉己也。信而后谏,未信则以为谤己也。"

子夏强调信于君子的重要,这既是教导君子以德性,也是教导他以为政的策略;既可以为君子所用,也可以被其他人借鉴。子夏传达的就是孔子"民无信不立"的思想,但在孔子那里这只是一个结论,一句箴言,而子夏令人信服地说明了为什么君子之信如此重要。信是人与人交往的基本前提。如果彼此之间没有信任,不知道对方的心意,不确定对方是善意还是恶意,则一切承诺都可能隐藏着欺骗,一切规劝都可能孕育着阴谋。动员百姓必须晓之以利害,但如果百姓不相信动员者,那么在未见到结果之前只会认为君子在故意为难他们。进谏时也一样,忠言逆耳,但因为相信是忠言,所以国君才可能接受;如不信其忠,则进谏就成了毁谤,不仅不会被采纳,可能还会致祸。首先建立起信任的关系,对于为政和交往都是非常重要的。

19.11 子夏曰:"大德不逾闲,小德出入可也。"

区分大德、小德,认为大德必须坚守,小德可以有出入,这也是孔子的一贯主张。小德可以有出入,但也不是可随便出入,否则就无所谓德或规范了。小德的出入视大德的需要而定,放松甚至放弃小德,为的是保住大德。这是容纳多种德性于一身的伦理体系必须有的调节原则,否则信奉者将无所适从。

19.12 子游曰:"子夏之门人小子,当洒扫应对进退,则可矣,抑末也。本之则无,如之何?"子夏闻之,曰:"噫!言游过矣!君子之道,孰先传焉,孰后倦焉?譬诸草木,区以别矣。君子之道,焉可诬也?有始有卒者,其惟圣人乎!"

子游、子夏长于思想,列孔门文学科。思想追求细致深邃,既要广度、深度,也要细节。长于思想的人,一旦达到深且细的高度,之间必有分歧。只有常识性的知识才会人人认可——否则也就不是常识了,脱离常识,思想会显现出鲜明的个人色彩,受个人智力和阅历的强烈影响。子游、子夏虽同门、同期,两个人也都以继、述孔子为任,但在思想、方法上还是很有分歧。可贵的是,两个人不因分歧而断绝来往,不相交流,而是能互通有无,直言不讳,互相砥砺。子游批评子夏的弟子舍本逐末,其实也就是批评子夏对老师的思想理解不准确,或教授的方法不对。子夏为自己辩护,认为自己的教授,先易后难,循序渐进,没有问题。从这一节可以见到两个人的思想风格和学术方法,以及孔子之后孔门弟子之间的切磋辩难。这样的讨论,推动了孔子之后其学说的细化、深化,也促进了孔子学说更广泛的传播。

19.13　子夏曰:"仕而优则学,学而优则仕。"

子夏的这一句名言既是强调学,又是在强调仕。学和仕是孔门弟子的两大使命,这两大使命不是分阶段去完成——学成后再仕或仕毕再学,而是同时进行——且仕且学,学以助仕。子夏的话不是他的私人发明,而是对孔子的思想、一生的追求和经历的概括,它也为后世孔子信徒确立了人生模式。李泽厚评论说,"'学而优则仕'是中国传统社会知识分子的人生道路……使知识分子个体的人生价值、终极关怀被导入'济世救民'、'同胞物与'的方向"[1]。由于汉代以后传统社会的知识分子主要为孔子信徒,所以说这句话承载的观念规定了传统知识分子的人生追求并不为过。

19.14　子游曰:"丧致乎哀而止。"

子游的要求是,情感符合中节,哪怕至恸也要有礼有节。其实丧礼的

---

〔1〕 李泽厚:《论语今读》,第 517 页。

一个重要功能就是帮助人们把哀伤导入仪式中,通过仪式表达、分散最终平息丧亲之痛。丧礼仪式设制了很多繁琐的环节,按部就班地完成这些环节,必然会分散执礼者的注意力,避免丧主过度沉浸于悲痛中;又因为仪式是社会性的,亲、友通过参与仪式同时也参与、分担了丧主的悲痛,这样不幸就成为大家共同分有的事件,而不再是丧主一个人的事,这为丧主提供了心理的支持和慰藉,也有减轻悲痛的功效。

19.15　子游曰:"吾友张也为难能也,然而未仁。"

孔子在世的时候,从来未曾停止过评论别人。孔子的这一特点,孔门弟子学得惟妙惟肖:不仅做法学到了,连语气都学得差不多。区别在于,孔子评判别人是否达到仁德,是自上而下的判断——达到这一境界的孔子,审视别人有没有达到——而弟子们在没达到仁德时就开始评判别人有无仁德。这样的评判可能会与实际情况有很大出入,因为未达到仁德的人,对仁德的理解未必准确,很可能以错误的标准得出错误的判断。总的来看,子游对子张的评价还是相当高,这不仅体现在"为难能也"这样的肯定说法,也体现在以仁为标准来衡量子张,虽然结论是"未仁"。子游对子张的评价,关注点可能是子张其人其品德,也可能是仁本身——他是以子张这个具体的人来向人解说仁的标准有多高。子游的评价如果客观,那么子张的德性修养还是值得肯定的。

19.16　曾子曰:"堂堂乎张也,难与并为仁矣。"

参照子游对子张的评价,可知子张虽有不足,但整体品德已经达到很高的境界。曾子虽然和子张不睦,但一来二人都是孔门同期弟子,而且年龄相仿,二来曾子极为注重内在品德修养,所以他和子张的关系应该保持在不同而和的状态,不会对子张恶意攻击,全盘否定。曾子对子张的微词只一点：子张性格表现单一，不像子夏说的那样"君子有三变"，而是自始至终只有一张面孔，缺少了"即之也温"这一面，因此不易相处。

19.17　曾子曰："吾闻诸夫子：人未有自致者也，必也亲丧乎！"

曾子转述的孔子的这句话，应该是孔子对现象的描述，而不是对规范的阐发。节制是对追求快乐欲望的控制，克制是对发泄悲伤的冲动的控制。克制是必要德性，凡事要"乐而不淫，哀而不伤"，除了在亲丧之中。这是因为孝即对待父母的感情在孔子眼中是最本真、最原始、最强烈的情感。

现代人殊不解孔子时代，人们的情感因何压抑至此，一定要等到亲丧才能尽情一哭。其他事其他场合，为什么就不能直抒胸臆？是什么妨碍他们这么做，这样的情感于己于社会有何妨害，为什么要去压制？我们知道，亲丧自致是礼制中的丧礼允许甚至鼓励的（"丧，与其易也，宁戚"），只有得到允许甚至受到鼓励的事才能尽情发泄情感，由此我们也就知道是什么阻碍着人们在其他事情上的尽情尽兴了。

19.18　曾子曰："吾闻诸夫子：孟庄子之孝也，其他可能也；其不改父之臣与父之政，是难能也。"

孔子把"三年无改于父之道"提升为孝的规范。这一规范的出发点和是非曲直前文已经讨论过。作为规范，这算不上一条特别难以执行的要求，实际上，这一条的特点恰恰在于特别易于执行，因为接政之后，只要什么也不做——既不改政，也不换人，就全做到了。但孔子偏偏认为这一条难能可贵，为什么呢？当然因为事实上这一条最不为人遵守，因此就益发显出奉行它的难能。那么它为什么最不为人遵守呢？因为它最不合时宜,最行不通,与现实的需要和事情本身的逻辑最格格不入,所以最不为人遵守。孟庄子"不改父之臣与父之政",这或是因为他极迂,或是他极其懒惰,或是原来的臣、政极佳,不需要改变。三者中只有最后一个,才值得肯定,但这也只是证明了孟庄子的明智而已,并不特别值得称赞。

19.19　孟氏使阳肤为士师,问于曾子。曾子曰:"上失其道,民散久矣。如得其情,则哀矜而勿喜!"

孟子有一段有趣又值得深思的话,"矢人岂不仁於函人哉?矢人唯恐不伤人,函人唯恐伤人。巫匠亦然,故术不可不慎也"。就士师而言,专注于其职业,便不免因工作进退成败而喜而忧。但让从事这份工作的人获得成就的事,恰恰是这个社会所不愿意有的事,于是社会之忧,成了从业者之喜,从业者的情感和价值观久而久之很容易被扭曲。

人心受职业、环境、处境的影响,本来的"善端"很容易流失,因此必须经常提醒自己,要从这些束缚精神的具体处境挣脱出来,从更高处审视自己。仁者也要从事一份职业,于是不免受此职业的限制。仁者与普通人的不同在于,除从业者的心理、情感以外,他还有一种更博大的情怀,能以更高的标准要求自己。借用康德的概念来说,除了公共理性,他还有私人理性。这正是曾子讲给阳肤的话的意思。

19.20　子贡曰:"纣之不善,不如是之甚也。是以君子恶居下流,天下之恶皆归焉。"

在道德评判上,孔子反对人云亦云,对流行的看法很不以为然。他主张分析、评判别人的时候,要分门别类,具体对待,不因优点掩盖缺点,也不因缺点无视优点。子贡这里的话,完全秉承了孔子的精神,而且执行得特别坚决,因为孔子时代纣已经是暴君的代名词,而且孔子本人也通过多次称赞微子、箕子谴责过纣,但子贡不为所动,坚持客观分析。子贡以此分析指出两个事实,首先,坏人很可能不像舆论、传说中描述的那么坏,对舆论传说要警惕;其次,一定不要做坏人,有坏的名声,因为这样舆论会把所有的恶都加到你头上。

19.21 子贡曰:"君子之过也,如日月之食焉;过也,人皆见之;更也,人皆仰之。"

有两种对待过错的典型态度。一种先是回避遮掩,拒不承认——或不承认是错误,一定要把错的说成对的,或不承认是自己所为;等到真相大白,无可否认了,则百般狡辩,文过饰非,推卸责任,甚至恼羞成怒,强词夺理,胡搅蛮缠;事后也会讳莫如深,三缄其口。对待错误,这种人真正做到了常戚戚。这样的人当然不会是君子,因为他们连每个人必须遵守的基本道德——诚实、负责都做不到,更不要提君子应该具备的自我完善的品德了。

对待过错的另一种态度是坦然面对,敢于承认,勇于负责,并积极改正,引以为戒,真正做到坦荡荡。做到这一点不一定就是君子,但君子必须如此,因为唯有如此,才符合诚实、勇敢、负责的道德要求,也才能够吸取教训,自我完善。可见这是通向君子的必由之路。两种典型态度之间,也有些人不回避错误,也愿意为错误负责,但却或有意或无意地下次依然故我,很有一种愿赌服输的劲头。这样的人,当然也不是君子,而像是赌徒或冒险家。所以,对待错误,君子与非君子的一大区别就是,是否愿意承认、愿意改过。

既然君子和非君子的界限如此清晰,为什么有人就是不愿意选择君子之路,而偏偏要做人所唾弃的小人呢?而且选择前者的寥若晨星还少之又少——否则也不会"更也,人皆仰之"了,选择后者的却满坑满谷,这是为什么？不愿意承认错误无外乎两点考虑，其一，保持或塑造自己一贯判断正确的形象，其二，不愿意承担责任。我们看这两点考虑其实都是出于自我利益的要求：保持判断正确的形象，有利于提高自己判断的可信度，有利于吸引更多的人与自己合作，或跟从自己，从而壮大自己实力。这对于那些着力塑造自己神明一般形象的宗教领袖、政界要人、社会贤达就更加必要了。不愿意承担责任更是如此，因为承担责任就意味着自己利益受损，错误越大责任越大，于是越要逃避。由此可见，对待过错的态度其实无非就是对待自我利益的态度。只有舍弃私利、唯道是求的人才能真正做到直面真理，过则勿惮改。所以，改过，以至于"人皆仰之"，君子收获的敬仰实在实至名归。

19.22　卫公孙朝问于子贡曰："仲尼焉学？"子贡曰："文、武之道，未坠于地，在人。贤者识其大者，不贤者识其小者。莫不有文武之道焉。夫子焉不学？而亦何常师之有？"

子贡论孔子师承，是如实说明。孔子去周朝初建虽已有 500 多年，但孔子所处的春秋时期仍然是周代，当时虽被讥为礼坏乐崩，其实礼乐文化并没有消失，而不过是正走向解体，因此绝非无迹可寻，从《论语》中几乎随处可见到这一事实。孔子的工作，就是收集、整理、总结礼乐文化；工作的方法，如子贡所说，是分别向识其大者和识其小者求教，然后把他们所教授的，汇集在一起，还原出本来的样子。孔子求学的对象，不论贤者还是不贤者，每个人都只掌握礼乐文化的局部，孔子强过其师之处，是他掌握了礼乐的全部。这是孔子的好学，也是他的成就。后世韩愈"圣人无常师"的说法，就来自子贡的这句话。无常师的说法道出了孔子的博学和伟大：有常师的，学问不出常师学问的范围，学问在传递中只会越传越小；只有无常师的，才可能超过之前的每一位老师，学问汇聚积累，乃成其大。

19.23 叔孙武叔语大夫于朝,曰:"子贡贤于仲尼。"子服景伯以告子贡。子贡曰:"譬之宫墙,赐之墙也及肩,窥见室家之好。夫子之墙数仞,不得其门而入,不见宗庙之美,百官之富。得其门者或寡矣。夫子之云,不亦宜乎!"

叔孙武叔当众抑孔子扬子贡,或是有意贬低孔子,或是出于对子贡的真心钦佩。如果是前者,他通过称赞维护孔子最力的子贡,试图把子贡拉到自己一方,分化孔门弟子,这样再去贬低孔子,反驳的力量就会弱许多。但我们看不出叔孙武叔为什么要故意贬低孔子,所以倒是后者的可能性更大——对优秀如子贡者产生钦敬之情不也是很自然的事吗?孔子当然卓越,但弟子不必不如师,子贡在许多方面,尤其在政客所特别看重的一些方面强过孔子,而且很可能叔孙武叔对子贡更熟,对孔子了解不多,这样他的所谓毁仲尼,其实不过是以抑孔子来突出他对子贡的衷心称赞而已,对他的用意,未必非要作阴谋论的解读。

子贡的回答聪明得体,用的比喻十分巧妙。他不能否认自己的优秀——倒不是不谦虚,而是如果否认一来自己不诚实,二来似乎叔孙武叔也不诚实或眼光差,而是以别人可见的自己的优秀,来衬托不可见的孔子的伟大,这就解决了众人必定会有的疑问:你说孔子伟大,你比不上孔子,为什么我们只见到你的优秀,却见不到孔子的伟大。子贡对此疑问的回答是:正因为各位见不到孔子的伟大,所以孔子才真正伟大。

19.24 叔孙武叔毁仲尼。子贡曰:"无以为也!仲尼不可毁也。他人之贤者,丘陵也,犹可逾也;仲尼,日月也,无得而逾焉。人虽欲自绝,其何伤于日月乎? 多见其不知量也。"

开头一句用的"毁",是孔子弟子眼中看到的事件,还原到叔孙武叔的话,可能不过是质疑一下罢了。子贡这次的回应,已经不像之前那么温和有礼,大概有些不胜其烦,言语之间带着怒气,而且不再说理,每一句话,都是硬邦邦的断言定论。可见之前子贡认为自己远不及老师的话,绝非故示谦抑,而是出自真心。子贡对孔子的维护,当然出于对老师深挚的情感,同时也出于对孔子之道的信仰。此外,即使从子贡个人利益的角度看,或从孔门弟子整体利益的角度看,子贡的做法也十分明智。上一节中,子贡否定叔孙武叔"子贡贤于仲尼"的说法,这一节中,子贡直接把孔子抬高到超凡入圣的高度。试想,如果子贡不如此,而是听由别人贬低孔子、听任子贡高过孔子的说法流传,这或许可暂时满足一个人的虚荣心,但长期来看只会损害自己及团队的利益。教师和学生组成一个名誉、利益共同体,师生之间,一荣俱荣,一损俱损。如果我的老师是圣人,是神的儿子,是武林高手、国学大师,则我不仅师承有自,而且必定实力不凡,我说的话也更具真理性。一句话,弟子沐浴在老师的光辉中,老师越辉煌,弟子越灿烂。反之,如果世人都认为我的老师资质驽钝,见识平庸,浪得虚名,那么作为他的弟子,我也不会高明到哪里去。在这种情况下如要闯出名头,就得学孔子,"圣人无常师",但这成本就高了,不如大树特树自己的老师来得省事,而且还显得自己有情有义,因此做起来特别理直气壮。我们当然不能认为子贡是这样的人,但他过分抬高孔子,背离了仁、道的要求,也有违孔子的教导,如果孔子有知,一定不会接受这样的称颂("若圣与仁,则吾岂敢?")。

19.25 陈子禽谓子贡曰:"子为恭也,仲尼岂贤于子乎?"子贡曰:"君子一言以为知,一言以为不知,言不可不慎也。夫子之不可及也,犹天之不可阶而升也。夫子之得邦家者,所谓立之斯立,道之斯行,绥之斯来,动之斯和。其生也荣,其死也哀。如之何其可及也?"

子贡追随孔子近 20 年,和孔子交流很充分,对他的了解也比别人透彻。子贡知道孔子是如何长成的——"夫子焉不学？而亦何常师之有"，"吾少也贱，故多能鄙事"，因此应该知道孔子的博学多能和人格境界虽不是人人可及，但也不会是遥不可及。实际上，终其一生，孔子正是以自己的成长经验，教导弟子如何达到他的境界。孔子的境界的一大特点恰在于"可阶而升"，因为孔子不仅不是神，甚至连人的最高境界圣人、仁人也不敢自居。孔子认为自己只有可自主的德性，而没有不可自主的功业。可自主的德性，原则上是每个人通过努力，通过"求仁"，而可获得的。子贡"夫子之不可及也，犹天之不可阶而升也"的说法，与孔子的初衷和信念大相违背，这个爱孔子的人也在歪曲孔子。

子贡认为，对孔子如果授之以政，孔子完全有能力治理好国、家。如果把"修己以安百姓"作为治理国家的标准，在当时的政治、社会条件下，孔子应该能够达成这一目标。当时国、家的规模都很小，政务虽冗，政治机制却不复杂，只要当权者足够聪明、勤勉、自制，通过施仁政治理好国家的可能性还是有的。不过这是只就国家内部，不考虑外部国与国之间的竞争而言的。如果加入外部因素，诸侯国间的争霸、吞并使治理的难度空前增加，必须足兵才能自保。而足兵与孔子的仁政之间有冲突，难以兼得。诸国国君都不采纳孔子的主张，倒未必是他们对内不想施仁政，而是受到外部因素的严重制约。此外，即使只考虑一国之内的政治，孔子之政也只能取得一时成功，不可能长治久安：我们能确保作为执政者的孔子有足够的德性和智慧，但不能确保继任者同样具备这两个要素；即使孔子能够幸运地培养、选拔出德才均备的继任者，但不能保证继任者始终一如既往勤政廉洁。总之，我们肯定的只是孔子的能力，无法肯定孔子要维护的制度。

尧曰篇第二十

20.1 尧曰:"咨！尔舜。天之历数在尔躬,允执其中。四海困穷,天禄永终。"舜亦以命禹。曰:"予小子履,敢用玄牡,敢昭告于皇皇后帝:有罪不敢赦。帝臣不蔽,简在帝心。朕躬有罪,无以万方;万方有罪,罪在朕躬。"

周有大赉,善人是富。"虽有周亲,不如仁人。百姓有过,在予一人。"谨权量,审法度,修废官,四方之政行焉。兴灭国,继绝世,举逸民,天下之民归心焉。所重:民、食、丧、祭。宽则得众,信则民任焉,敏则有功,公则说。

这一节里出现的尧、舜、禹、汤、武,都是一个朝代的创建者,他们授受政权时或告天时的话,相当于一个政权成立时的合法性宣言。从尧说给舜的话可以看到,他们认为政权来自天,是天的主动选择。天为什么选择尧、舜,尧的话里没有提及;尧同时提到,如果百姓困顿,民不聊生,政权的合法性就会中止。由此也可推测,天之选择尧、舜,可能是因为他们能使百姓免于困顿。可见,在当时的理解中,使百姓过上安定富足的生活,是政权合法性的依据。社会学家赵鼎新把这称为政绩合法性或绩效合法性。[1]

汤、武的昭告于天的话意思相近,两个人都提到,如果百姓有罪,由自

_____

〔1〕 赵鼎新:"天命观"及政绩合法性在古代和当代中国的体现,《经济社会体制比较》,2012 年第 1 期。

己来承担。这一说法意味深长,听起来两个人似乎高风亮节,愿意为百姓担责任,但责任和权力是对应的:你犯了错误,我要负责,即我要接受惩罚,同时意味着我有权力阻止你犯错误,这样一来,他们就成了百姓的监护人,在某些事上可以代百姓作决定,而这正是政权的职能。这样,通过向天——其实是向万方——申明自己的责任,宣布了自己的合法性。

至于"兴灭国,继绝世,举逸民",根据李零的解读,这是"种族共存,宗教共存,语言共存,文化共存……优待被征服民族的贵族和其后裔",以"收拾人心".[1] 这一方法当然强过灭绝对方的种族、文化,但其实也不过是出于实际政治的考虑,就是古代不杀俘虏而是把俘虏用作奴隶,虽有进步的意义,但并不出于道德考虑,条件转变之后,完全可能恢复到以前用屠杀解决问题的旧路,这与今天出于道德考虑的自觉选择不可同日而言,因此实不必作过高评价。

20.2 子张问于孔子曰:"何如斯可以从政矣?"子曰:"尊五美,屏四恶,斯可以从政矣。"子张曰:"何谓五美?"子曰:"君子惠而不费,劳而不怨,欲而不贪,泰而不骄,威而不猛。"子张曰:"何谓惠而不费?"子曰:"因民之所利而利之,斯不亦惠而不费乎?择可劳而劳之,又谁怨?欲仁而得仁,又焉贪?君子无众寡,无小大,无敢慢,斯不亦泰而不骄乎?君子正其衣冠,尊其瞻视,俨然人望而畏之,斯不亦威而不猛乎?"子张曰:"何谓四恶?"子曰:"不教而杀谓之虐;不戒视成谓之暴;慢令致期谓之贼;犹之与人也,出纳之吝谓之有司"。

五美中后三美说的是为政者的德性,前两美是说制定政策的要略在顺势而为、因势利导,根据民的愿望、能力选择政策方向,这样施行起来政府用力少,百姓得实惠,而且不会有怨言。孔子在这里似乎忘记了恢复礼

---

[1] 李零:《丧家狗》,第334页。

制的最高理想,说话思考像一个注重现实的政治家。礼制的要求和百姓的愿望经常冲突,顺从百姓的要求,便不得不放弃礼制规则,这肯定是孔子不能接受的,因此这里对子张的教诲,依然是针对其性格特点的因材施教,而不是表达孔子对政治的终极理解。此外,孔子把民看作一个整体,似乎民的愿望和利益从来都是统一的,这同样也是基于当时单纯的社会结构、经济结构而言的。实际上,即使在民之间,利益也往往不能统一,意愿更是无法一致,政府夹在各社会阶层、各利益集团之间,所谓从民所欲,利民所利,其实无从谈起。解决的方法是培养一个稳定的大的社会阶层,了解了它的意愿也就把握了主流民意。

20.3 孔子曰:"不知命,无以为君子也;不知礼,无以立也;不知言,无以知人也。"

这句话像是《论语》中论德性修养的总纲。如前文所说,"命"即有限性,知命即知道人类、社会及自己的有限性,而只有知道它们是有限的,并且了解其有限性何在,才能做出合理安排和恰当的应对,既不无根据地喜悦,也不无理由地颓丧;知道什么可以期待,什么不应该指望。知命的君子,当其行动时,虽然专注于眼前,但不会只看到眼前,而是会从整个人生的视角审视、把握这件事。只有如此,才能准确定位每一事件,正确定位自己。一句话,孔子要求知命,就是要求把整个人生作为思考的对象思考一遍。一切有意义的行动,都以此为基础。所以,孔子把这一要求放到德性修养总纲之首。

有过对整个人生的思考、定位后,君子可以开始行动,步入社会。这时礼成为君子行为的指南,所以如果不学礼不知礼,就无以立足于社会。礼以正己,在社会中,只知正己不能成事,必须与他人交往合作,才能生活和为仁;而与他人交往,必须通过言语,不知道言语承载的意义,就无从了解别人。德性修养总纲的三个方面,也正是人生展开的三个步骤。

结语：由《论语》引出的问题

一、孔子之于我们

学界对儒家是否是一种宗教的争论由来已久，这问题的解决当然首先取决于我们如何定义宗教，或我们选取哪种定义宗教的方式。不论其结论如何，没有人否认，这的确是一个有意义并需要讨论的问题。由此也可以认为，我们说孔子享有一种宗教创始人的地位，这说法并不为过。但与一般宗教创始人大不同的是，虽然被尊为至圣先师，但孔子依然是一个人，后世对他的尊崇是对其德性和智慧的尊崇，除此之外，关于孔子，不论是其身世还是其作为，并不存在任何神化的倾向和神秘色彩。孔子不曾行过神迹，也没有神通，其出生和离世也都是平平常常的日子，平平常常的天象和物候，就连他的闻道，也是好学求问综合归纳而来，既非天启，也不是顿悟。从这一点来说，孔子与我们熟知的希腊的哲人更相近。和苏格拉底一样，孔子热衷于教导青年；和柏拉图一样，孔子对社会、国家有一个宏大的构想，而且也把实现这一构想的希望寄托在有德行有智慧的统治者身上；[1]和亚里士多德一样，孔子也是一个经验主义者和前代学术

---

〔1〕 两个人的不同在于，《理想国》中的城邦管理者是培养选拔出来的，而孔子政治理想中的国君是既定的，尽管后世儒家也有"选贤与能"的说法，但至少在《论语》中没有看到孔子有类似的主张。

的集大成者。从这儿可以看出，在孔子身上，其学者、哲人色彩更强，其宗教创始人的色彩很弱。孔子其人其思想的形成有迹可循，其学说主张也可以证伪。仅从孔子思想本身，我们也看不到那种信仰体系所常有的强烈的非他性。相反，从孔子的一贯言行和品德看，孔子对异端他说倒是十分温和宽容的，如果不是后来政治权力的推动，孔子就是一个教师和思想者，一个其生活理念的践行者。

我们面对的正是这样一个孔子。对现代人，孔子的这套政治主张基本只有文献的价值，而不可能具备什么启发性，更不要说指导性了。孔子的学说似乎就真的只剩下一些"常识道德"了，而即便这些常识道德，其中有益、合时的，肯定也已经被现代道德所吸取。那些未进入现代道德的部分，既不是由于现代人的粗心或傲慢而被忽略被无视，也不是因为它们自身太高明太高超而不被现代道德所接受。在从以儒家道德为主干的传统道德向现代道德的转换中，传统道德已经被充分甄别过了，实际上，在和传统道德的相遇、交锋中，那些将要代替传统观念的新观念开始是弱小的，仅当能够胜过原有的观念，证明自己比原有的观念更符合道德的基本精神，这一观念才有可能被社会接受。

如此看来，指望孔子的道德学说、道德观念为现代社会增加什么，是不切实际甚至根本错误的期望。应该说，黑格尔"常识道德"的判断，恰恰是依据现代观念做出的准确判断。一个现代人，不识孔子，会有什么损失吗？他会因此在成就自己德性的路上遇到什么特别的困难吗？当然不会，不识孔子不会让人损失什么，孔子并非现代人精神成长之必需，但结识孔子却会让我们增加一些什么，就像多阅读了一本书或多结交了一个朋友一样。是的，对于我们，结识孔子就是结识了一个朋友，一个道义相砥，基于善和帮助我们行为高尚的朋友，而朋友和我们越是亲密，对我们的影响力越是巨大。孔子是从一个普通人成长起来的，他能做到的我们也能做到。"舜何人也，予何人也；有为者亦若是"，孔子倡导人中学人，仿效榜样，而孔子本身就是好的榜样。他的立志修身，对道德的真诚，在言行上的一丝不苟,确足以为世之师表。沙漠隐修,丛林苦行,达到的精神境界不是不够高,但这种离群索居的生活方式至少不具有普遍性,予世人的启发自然有限。而在对待生活和世界的基本态度上,孔子和我们并无二致:我们都认为生活是有意义的,可以在世界之中实现生命的价值。这样,孔子的关切和哀乐、他对待生活境遇的态度,对我们才更具示范性和启发性。比如当你对道德和人性丧失信心,以为天下熙熙,皆为利来,而道德不过就是"强者的利益"[1],这时候如果想到孔子,你会知道,至少曾经有人在道德上是真诚的;天下攘攘,并不皆为利往。这未必让你一下子也成为一个道德上坚定真诚的人,但至少让你知道,的确有那么一个真实的境界是你应该达到的,而如果你达不到,应该为此感到羞愧,因为"力不足者,中道而废,今汝画"。或者当你辛苦遭逢,身陷逆境,不为人知,甚至被千百人误解,午夜梦回,你想到孔子,想到他的努力和遭际,会猛然明白坚持理想不坠青云于孔子也不轻而易举,而人格的伟大就在于不妥协不退缩。这时你会因和孔子心息相通,有孔子与你同行,而不再有精神上的孤独。这就是孔子的力量。

二、孔子学说的普遍性

关于普遍的价值观念的讨论,其实特指关于道德观念、道德价值的讨论,与自然价值和审美价值问题无关。讨论围绕普遍的价值观念的涵义、是否存在普遍的价值观念、如果存在它们应该是什么等问题展开。如所有道德哲学问题一样,这一问题自然也有其实践方面的意义,但并没有人们通常所期望的那么大,因为某一道德观念,即使被证明具有普遍价值,也可以因应用的条件不具备而被排斥在外;另一方面,某一道德观念,即使不具有普遍价值,却可能适合在我们的社会推行。因此,普遍的价值观

---

〔1〕 柏拉图:《理想国》,第 19 页。

念问题，首先和最主要的，是一个引发我们理论兴趣的元伦理的问题。

价值观念当然就是关于价值的观念，即关于有价值的是什么以及某对象是否有价值等问题的看法和取向；而在道德问题上的价值观念指的是关于具有道德价值的是什么以及某种道德观念、道德规范或道德行为是否有道德价值等问题的看法和取向。这里道德价值就是道德上的肯定性，有些观念比如男尊女卑虽属道德观念，但在今天不能获得道德上的肯定，因此并无道德价值。考察道德上的价值观念是否具有普遍性，其实就是在考察道德观念是否具有普遍性。任何一个道德观念都表达了一项道德要求，同时也都可外化为与之相应的道德规范，因此，道德观念、道德要求和道德规范在这里可根据语境互换使用。

关于普遍的价值观念虽然讨论众多，所指向的问题也明确，但却没有一个确定、统一的定义，分歧主要在于对"普遍"的理解。一种观点认为普遍的价值观念就是普遍认同、普遍认可或普遍存在的价值观念，但这样一来，由于是否普遍认可或普遍存在是可现实观察到的状态，这一问题就变成了一个可实证的经验问题，而非哲学问题，是哲学应该从中退出而交由社会学或统计学来操作的有确定答案的问题。但普遍的价值观念在事实上是否存在显然不是人们这里关注的要点，他们真正关注的其实是，是否"应该"有普遍的价值观念。

在"普遍"问题上的另一种观点认为，普遍指的不是普遍认可，而是普遍适用，肯定普遍的价值观念即在价值观念问题上持普遍主义，而"普遍主义是指这样一种立场：某种知识、世界观或价值观，普遍适用于全人类或大多数人类社会"[1]。这种观点把价值观念的普遍性解释为价值观念的普遍适用性，赋予"普遍"更明确的意义，同时也避免了以"普遍认同"解释普遍所带来的问题。但困难在于，适用是什么意思，如何衡量是否适用？赵敦华老师对此解释说，"一种价值观或知识有没有普适性，与其说

---

〔1〕 赵敦华："为普遍主义辩护"，载于《学术月刊》2007 年第 5 期。

是一个理论问题,不如说是一个实践问题。所谓实践问题,是说普适性是在实践中实现了的事实……一种价值观或知识,如果能够改善任何相信它的人的生活和环境,并能够持续地适应被改变了的环境,那么这种价值观或知识就可以被看作是普适的"。而且,"重要的是要认识到,普遍主义并不是一种已经完成了的东西,而是需要我们去建构,去创造,去在历史中努力实现的东西"[1]。如果我没有理解错的话,赵老师的意思是:是否存在普适的价值观(这里不讨论知识问题)要依据既定的事实来做判断;现在没有普适的价值观并不表示将来也不可能有,我们可以去建构、创造它们,等建构出来以后,我们就可以根据这既定的事实来判断;普遍适用的意思是每一个奉行这一观念的人都能从中获益。对普遍主义的这种解释有浓厚的实用主义色彩,但是,用效果("改善任何相信它的人的生活和环境")来检验知识犹可,价值观念如何检验呢?改善的标准是什么?我们知道,道德用来调节人际之间的关系,尤其是利益关系,使一方受益的道德观念上的变化往往会使另一方受损,如此,怎么可能有使每一个相信它的人都获益的道德观念呢?何况,我们之所以遵守道德观念首先是因为它是道德观念,而不是因为它能使我们获益。此外,我们讨论普遍的价值观念,就是想要确定它们是否存在,它们是否应该存在,应该如何行动才能使它们存在。只有首先解决这些理论上的问题,才可能在实践中去建构去创造它们,而不是先去建构和创造,然后根据建构和创造出的事实来判定普适的价值观是否存在。

确定价值观念的"普遍性"的涵义,方便的、行之有效的方法是首先找到一种一般认为具有普遍性的观念,然后通过参照、比照后者的普遍性的标准,把与普遍性不相关的因素或对普遍性的过度要求排除出去,使价值观的普遍性的涵义逐渐清晰起来。

在所有的观念中,数学和科学的观念系统被认为最具普遍性,数学和

---

〔1〕 赵敦华:"为普遍主义辩护",载于《学术月刊》2007 年第 5 期。

科学理论不因人而异，它超越民族、国家、语言、文化等因素而呈现出一种绝对性。认识论上的相对主义和科学哲学中的范式理论以及后现代理论等都对科学理论的普遍性提出质疑，不过首先这些理论本身并不完全站得住脚，它们挑战科学的效力值得怀疑；其次，这些理论都免不了一种悖论处境，它们反对普遍的绝对的理论，但它们却只能把自身视为普遍的绝对的观点，否则它们无法超出生成它们自身的概念图式（conceptual scheme）去评判其他理论。认识论上的极端的相对主义是自我否证（self-refutation）的，而温和的相对主义承认普遍性、客观性的原则或观念的存在。[1] 而且，我们知道，虽然某些相对主义者否认科学理论的普遍性，但极少有人对逻辑和数学的普遍性有所怀疑。所以，可以肯定地说，的确存在具有普遍性的理论或观念。

那么，数学和科学理论的普遍性是什么呢？这种普遍性显然不是来自人们的普遍接受、普遍认可。一般而言，只有对某观念或某理论有一定的理解才谈得上是否接受它。现代数学和科学理论已经非常专业化，必须经过长期的专门训练才能理解，我们甚至可以说，多数的数学和科学理论存在于多数人的思想之外，尽管实际上每一个人都受到它们的影响。也就是说，数学和科学理论不是被所有的人或大多数人所接受，而只是被很少一部分人接受，尽管如此，我们并不因此认为数学和科学理论丧失了普遍性。这里或许有人会质疑接受以理解为前提的说法，认为可以存在不理解而接受的情况。"理解"和"接受"之间可以做一番细致的辨析，不过这里暂且承认这种质疑有道理，即便如此，数学和科学理论依然不是普遍被接受的，因为不论是在现代社会之中还是在现代社会以外，比如生活于亚马逊丛林或非洲荒原的部落，都有数量不菲的一批人不仅不理解而且甚至根本就没有听闻过数学和科学理论，同时还有那些虽然听闻过但拒不接受它们的人。而且，即使有一天这些人全部消失，我们也可以合乎

---

〔1〕 参见 *Stanford Encyclopedia of Philosophy*，关于 Moral Relativism 词条。

逻辑地设想，某一个具有强大号召力的人掀起一场声势浩大的反智运动，否认数学和科学理论的可接受性，一时之间应者云集，这样我们真的相信数学和科学理论的普遍性因此而被颠覆了吗？到这里，坚持普遍性来自普遍接受的人会辩解说，不能把普遍接受理解为事实上的普遍接受，而应理解为"应该"普遍接受——所有那些理性的、充分了解的人都会普遍接受的理论就是具有普遍性的理论。这种说法与科学史的事实不符，[1]而且这种说法其实已经把目光从理论的外在接受者转向了理论本身的内在性质。

一切观念、思想、理论都是在历史中产生的，都经历过从无到有的过程，而且也一定是首先由身处某种社会、文化处境中的某一个人或某一些人提出或信奉的。如果因为观念、理论有生成的时空坐标点而否认它们的普遍性，那么数学和科学理论必定也在被否认之列。就科学而言，某一理论不仅是在历史中生成，而且还会在历史中有所变化，这被认为是科学理论的发展。

对许多人来说，在日常语言中，"科学的"和"正确的"是同义词，"科学理论"等同于"正确的理论"或"真理"。当然，我们知道，科学的并不就是正确的，但我们会习惯性地把它们联系在一起，并且会继续推想，科学理论的普遍性来自它的正确性或真理性。这样的设想得到下面的思路的支持：科学揭示的是自然法则，而自然法则所在皆同，是普遍的，因此，揭示出自然法则的科学理论（即正确的科学理论）具有普遍性。这里，自然法则的普遍性指的其实也就是自然法则的独立性——其运行或起作用不受社会、文化等人为因素的影响，与某处是否有人无关，与人们对它们服从与否也无关。但是自然法则的普遍性并不就是科学理论的普遍性，[2]自

---

〔1〕 科学中的某一理论，即使后来证明为正确的理论，也会在当时及随后受到同行的质疑。没有理由怀疑质疑者的"理性"和对该理论的"充分了解"，除非把"充分了解"理解成完全接受该理论，但这样一来，就成了"接受该理论的人会接受它"。

〔2〕 当然，同为普遍性，必须同样具有超越语言、民族、文化、国家等因素的特征，否则不能满足"普遍性"的语义要求，也就不具有"普遍性"。但同样具有上述的普遍性特征的两种事物，它们获得普遍性的原因却可以是不同的，这就是这里"自然法则的普遍性并不就是科学理论的普遍性"要表达的意思。

然法则可以独立于社会、文化因素而"运行"，科学理论怎么可能"运行"呢？即使我们偏要说科学理论"运行"，其运行的方式也必定不同于自然法则。科学理论是对自然法则的解释、描述，揭示自然法则的科学理论是正确地解释、描述出自然法则的理论，[1]所以科学理论的普遍性只能是解释、描述的普遍性，[2]而所谓解释、描述的普遍性说的是科学理论对自然法则（和自然现象）的解释、描述不因人而异，不因社会、文化而异，就是说，站在解释者的角度，不论解释的对象发生在何种社会、文化处境中，他的理论都不会有所不同，[3]也不因听解释的对象身处何种社会、文化背景而有所改变。当然，解释的方式可以改变，但解释的理论的内容不会改变。

　　如果科学理论的普遍性来自解释、描述（或许还可以加上预测）的独立性，那么这种普遍性和理论是否正确没有关联。仍以自由落体运动为列，今天被证明为正确的自由落体定律当然是普遍的，已经被证明为错误的亚里士多德关于自由落体的理论同样也是普遍的；二者有对错之别，但没有普遍与非普遍之别。把普遍性和正确性区分开，也使我们避免了一种看来十分荒诞的处境：昨天我们坚信某一理论，因而认为它有普遍性，但现在它被证明错了，它因而失去普遍性变成非普遍的了吗？如果是非普遍的，那么它在哪一特殊领域依然保持其解释的有效性呢？

---

　　〔1〕　显然，这里采用了实在论和符合论立场，即认为存在独立于我们认知的客观的事态，理论正确与否看它是否符合它要描述的事态。我们知道，不论是实在论还是符合论，在哲学上都不乏质疑和挑战，不过这里即使不采用实在论和符合论，而采用非实在论和其他真理观，接下来的论述依然成立。

　　〔2〕　因为来自解释的对象（自然法则）的普遍性的可能性已经被排除。

　　〔3〕　以自由落体定律为例，不论物体是在中国还是西方还是阿拉伯世界或其他什么地方自由坠落，也不论中国人还是美国人还是阿拉伯人或其他什么人自由坠落，在解释者看来，都可以用 S=1/2gt² 来解释、描述。这种说法听起来有些怪异，因为我们已经把科学理论的独立性视为当然。需要说明的是，文中"站在解释者的角度"中的解释者，并不必须是理论的首创者，而可以是理论的接受者或检验者。

对科学理论而言，普遍性不是来自其正确性，普遍性是更为基本的要求，正确性在普遍性之上和之后。我们常说的理论"放之四海皆准"，这理论就满足了两种要求：首先能够"放之四海"，即具有解释、描述、预测的普遍性，然后才有"皆准"。至于如何皆准，这就要看解释者或检验者所持的真理标准了，一般来说，一个理论被判定为真，总是要满足自身逻辑一致、与已有理论相融贯以及预测准确等要求。

道德观念、道德价值学说是关于规范、关于"应该"的观念或学说。道德观念、道德价值学说的普遍性不可能是解释、描述的普遍性而只能是规范、"应该"的普遍性，因为它们不负有解释、描述的任务而只表达规范的要求。如上所述，科学理论的普遍性是从解释者角度而言的普遍性，同理，道德观念的普遍性也应该是从"规范者"角度而言的普遍性，即在观念或学说的提出者、持有者看来，他的观念或学说不因社会、文化而异，可以或必须成为所有社会以及其中每一个人都接受、奉行的观念或学说。显然，这种普遍性同样不依赖于观念或学说在现实状态或未来状态中是否被普遍接受。

根据对道德和价值观念的普遍性的这种理解，不论是自由主义还是儒家伦理，也不论是功利主义还是康德的伦理学或历史上的斯多亚主义、犬儒主义等等，它们所提供的都是具有普遍性的道德观念或价值学说，因此有资格成为我们改进道德、变更价值观念的备选方案。古典时期的斯多亚主义、犬儒主义和现代时期的功利主义、康德伦理学，这些学说的共同特点是预设一个自主的行为者，并为行为者配备一条行为原则，而无论是行为者还是行为原则都独立于社会和历史因素而呈现出超文化的特征，这样的学说所要求的原则和所推崇的价值观念的普遍性似乎还比较容易理解，而像儒家伦理这样具有鲜明的文化特征的学说怎么可能提供具有普遍性的价值观念呢？只要回到儒家理论和孔、孟的初衷，这其实也不难理解。在孔子那里，不论是忠恕之道，还是仁、义、智、勇的德性要求，都不只是针对某一国家某一阶层的要求，而是（或可以是）对所有社会中的每一个人的要求；[1]而在孟子那里，当他雄辩滔滔地论述"恻隐之心，人皆有之"或"人之异于禽兽者几希"时，他所指的显然不只是邹国人，或周人，而是普天之下所有的人。同样，当王阳明讲到"无善无恶心之体，有善有恶意之动"时，他说的也决不只是明朝人的心、意，否则，都是低估了他们作为一代哲人的抱负。那种因儒家伦理行于中国而认为儒家伦理不具有普遍性的说法，是不成立的。[2]

非普遍的价值观念显然也是存在的，而且为数不少，否则也就不会有关于价值观念的普遍主义和非普遍主义的讨论了。非普遍的价值观念主要来自那些在生活中发挥影响但未上升到理论层面的伦理系统，比如在过去某一部族或现在某一行业、某一宗派中流行的价值观念。一般而言，反思性的伦理理论所提供或支持的价值观念，都会具有普遍性，因为普遍性是伦理理论的基本要求。[3]但是有些上升到理论层面的伦理系统，比如犹太教伦理，所提供的价值观念同样不具有普遍性。

对于科学理论，我们不只要求它有普遍性，而且要求它有正确性。形形色色、互相竞争的普遍的科学理论不会使我们心满意足，而只会令人心神不安，直到从中筛选出符合正确标准的理论为止。对于普遍的道德观念和价值理论，我们也必欲找出我们认为最恰当、最"应该"的那一种而后快，因为只具有普遍性尚不足以规范、引导我们的行为和生活。

很早以前的旅行家和后来的人类学家发现，不同民族不同社会的风尚习俗、行为表现虽然各异，但却共有一些基本的行为规范和道德观念。麦金太尔认为，这或是出于逻辑的必然或是出于因果的必然，而不是经验

---

[1] 这些要求本来是针对所有的人还是只针对当时社会中的政治、知识精英，历来存在争议，不过，即使是后者，也不妨碍今天儒家学说的解释者、继承者把它们扩展为对所有人的要求。事实上，倡导儒家学说的人也正是这样理解的。

[2] 比如，俞宣孟在"论普遍性"一文中即持此看法。载于《复旦学报》2004年第5期。

[3] 赵敦华："关于普遍伦理的可能性条件的元伦理学考察"，载于《北京大学学报》2000年第4期；同时可参见翟振明："为何全球伦理不是普遍伦理"，载于《世界哲学》2003年第3期。

性的巧合。像"讲真话"（或诚实）这种出于逻辑必然性的要求（或德性），
"任何一个团体，如果缺乏它们，就不在社会这一概念之内"〔1〕。因为只
有拥有一种语言才可能被看作人类社会，而语言如果能传达思想，必须以
说真话为前提——讲话者说出的是他真实的想法，否则，如果每个人说出
的话和他的真实想法无关，那么语言就不能传达任何思想，于是语言也就
不成其为语言，而该群体也因此不能被认作人类社会。麦金太尔当然不
会否认说谎的存在，但说谎只能是个别的行为，而讲真话却是社会接受的
普遍规则，因为"说谎本身也只有在假定人们期待有人对他们讲真话的条
件下才有可能。在没有这种期望的地方，欺骗的可能性也就消失了"〔2〕。

另外一些德性（或要求）像勇敢、正义、节制等等，"虽然不具有逻辑上
的必然性"，却是人类生活所必须，因此在任何社会都被认为有价值。〔3〕
休谟对作为原则和德性的正义也有同样的论述。在休谟看来，只要人性
的基本组成（有限的同情心）和人的生存处境（有限的资源）不变，正义就
是必须的规范。〔4〕

麦金太尔所说的出于逻辑必然性和因果必然性的规范不仅具有像自
由主义学说和儒家伦理一样的普遍性，而且为每一个人类共同体事实上
所接受和遵守，否则一个共同体或是根本不可能存在，或是不可能继续。
人类事实上有而且必然有共享的规范和价值观念，这一点常被道德相对
主义有意无意地忽略。出于逻辑必然性和因果必然性的规范必定出现于

---

〔1〕 麦金太尔：《伦理学简史》，北京：商务印书馆 2003 年，第 116 页。
　　〔2〕 同上。康德关于借贷的例子与麦金太尔这里的论证异曲同工：借贷必定以决意归还
为前提，否则借贷本身就不可能成立。因此，在康德看来，在任何社会，欠债还钱都是社会必须
确立的规则，除非这个社会根本就没有"借"。
　　〔3〕 同上书。在该书第 139 页，麦金太尔重新回到这一主题并给出意思相同的论述。麦
金太尔承认在共享的规范以外，"天平的另一端的德性或多或少地带有随意性，它们属于特殊而
偶然的社会方式。"仅就此处的论述而论，在道德的相对主义和客观主义争论中，麦金太尔应该
属于"混合立场"（mixed position）。这种立场认为，既存在为每一人类共同体所遵守的规范，又
存在专属于各共同体的特殊的行为规范。
　　〔4〕 休谟：《道德原则研究》，商务印书馆 2002 年，第 35 页。

每一个人类共同体，但重复出现于每一个人类共同体的观念未必一定具有逻辑或因果的必然性，比如男女不平等的观念。

人类学家的工作以及麦金太尔们的论证卓有成效，但并没有解决我们现在面对的问题。人类学家和麦金太尔只是告诉我们确实有人类共享的规范和价值观念，而我们现在面对的问题是如何从普遍性的价值观念中选出最恰当的那一个，或如何判断某一观念是否应该被"普遍接受"。[1] 这一类观念显然不同于出于必然性的观念，因为出于必然性的观念必定事实上已经是被普遍接受和遵守的了，而这一类观念却需要我们根据自己的判断选择接受还是拒绝。问题在于，我们根据什么来选择？我们一定要选择吗？

在选定某一科学理论为真时，除了要求理论本身逻辑一致，另一个重要的考虑是它必须与已被接受为真的理论（当然是同一范式之内的其他理论）不矛盾。一个新的道德观念，却不可能在不与已有观念相冲突、相竞争的情况下被接受，因为所谓新观念必定是对已有的某种观念的更新、修正，[2] 而不可能只是已有观念的延伸，否则就谈不上是新的观念了。但在理论层面，新观念必定不能与那些出于必然性的观念冲突，也就是说，在不考虑具体的道德实践的情况下，单就新观念与任意一个出于必然性的观念而论，它们不能成为逻辑上的矛盾的概念，否则接受这样一种观念就会动摇共同体的生存或延续，进而会造成这观念的自我解体——它引导的共同体已经不在了，这观念也就失去了它的信奉者和作用对象。以男女平等观念为例，我们看到，这一观念诞生之初，与已有的男尊女卑等观念冲突，但与诚实、正义等出于必然性的道德要求不冲突，只有如此，它才有被我们接受的可能。需要注意的是，新的观念与必然性观念不相

---

〔1〕 道德规范以及与它对应的价值观念被"普遍接受"，指的当然不是它们被每一个人接受，而是被每一个共同体所接受和奉行，因此这里的"普遍"指的是每一个共同体而不是每一个人。

〔2〕 新的科学理论却不必如此，它可以是同一理论框架下关于新问题、新领域的理论。

冲突,指的是它们在前述特别强调的在理论层面的不相冲突,因为在具体的道德实践中,包括必然性观念在内,任何两个其中一个不能还原为另一个的原则或观念,都可能构成无法两全的、对立的关系,使我们陷入所谓道德困境之中。[1]

不与必然性观念相冲突,这只是对新观念的限制性的要求,这一标准尚不足以帮助我们确定应该接受哪一种新观念。在所有满足限制性要求的新观念中,那些能够体现道德的精神、表达道德的内在要求的观念,具有特别打动人心的力量,吸引或推动着我们将其转化为一个社会的道德共识。道德的精神指的是贯穿于所有道德要求的基本精神,或所有道德要求的共同倾向。这是可经验地确定的一种倾向:把一个社会的道德律令集列在一起,经过分析、归纳,去掉衍生性的律令,找出那些无法继续还原的基本原则,然后再从中发现它们的共同倾向。或者也可以通过分析日常语言中我们对"道德"一词的使用来确定道德的精神。[2] 实际上,许多人认为,被中、西文化视为道德导师的孔子和耶稣对道德的基本精神早已有清晰准确的表述。孔子将其概括为"己欲立而立人,己欲达而达人"和"己所不欲,勿施于人"的忠恕之道;而耶稣则将其归纳为"你愿意别人怎样待你,你就要怎样待别人"和"爱人如己"。这些律令要求行为者平

---

〔1〕 我们能够接受会造成道德困境的两种观念,却不能容忍在理论层面即与必然性观念相冲突的观念,原因在于两种情况对道德生活的影响不同:道德困境无论数量多少,毕竟不会是生活的常态,不会对生活产生根本性的影响;而理论层面即互相冲突的两种观念,它们所造成的困境却可以成为生活常态,这会使我们无所适从。对于同一个行为者,持有对立的观念或规范其结果和没有规范可遵循是一样的。就道德困境来说,除非把现有的道德原则缩减为单独一项,就像古典功利主义或利己主义一样,否则根本无从避免道德困境的出现。

〔2〕 确定道德的精神的这两种方法,都是通过经验归纳来进行的,这不免招致人们对其结论的普遍性的怀疑:基于对道德律令或"道德"一词的用法的有限归纳,是否能够概括出道德的精神,有没有可能存在另外一种与我们经验中的道德全然不同的道德,因而存在一种与我们所归纳出的道德精神全然不同的道德精神? 这种怀疑是不必要的,因为我们只能以自己语言中"道德"一词的涵义为基础来识别另外一个共同体或另外一种语言中的道德是什么。就此而言,一种与我们的"道德"涵义完全不同的道德是不存在的,因为即使真有那么一种东西,我们也不会把它称为"道德"。

等、仁爱地对待他人，尊重他人的人格，关注他人的幸福。同情、仁爱或恻隐之心等基本的道德情感是这些律令的内在动力，而这些律令则是道德情感的直接表达。

任何既满足限制性要求又符合道德精神的价值观念，都是向我们提出的道德要求。包括物质因素在内的许多限制条件决定着一个社会的道德水平，决定着一项道德要求能否得到回应。比如我们不能设想在农业时代建成福利社会，更不能设想在孔子时代实现教育平等。但从道德的角度来看，这些都是对我们的要求，是我们应该创造条件尽力去实现的理想。如果其他条件都已齐备只因我们的私欲或我们努力不够而无法实现某种道德理想，我们应该接受道德的谴责并为此感到羞愧。道德的要求是否必须去完成，这取决于我们如何理解道德，如果像康德那样把道德的要求看作绝对命令，那么我们别无选择。

新的价值观念的引入会遭遇种种阻力。人们会以新观念与原有价值观念体系不相容为由而从理论上拒斥它。这理由貌似有理，其实并不成立，因为现实中的价值观念本来就是多元的，但这并没有妨碍我们接受价值观念的指导。在分析现代西方多元价值观念的形成时，麦金太尔似乎认为古希腊和基督教传统各有一套一元的价值观念体系，但这明显与实际情况不符。一元的价值观念体系只存在于像快乐主义或功利主义等等这类哲学构造中。实际上，任何现实中的价值观念体系都可以通过对内部做出调整而接受一项新的价值观念（不与必然观念相冲突的观念），价值观念体系的弹性远远大于科学理论的弹性。

价值观念的引入必然带来利益的调整，而利益调整就会产生利益相关方，从这之中又会分别形成推动和阻碍观念变革的现实力量。一个人的价值取向和利益并不总是一致的，否则道德就退化成了利益，价值观念的演进就转变成了利益的博弈。实际上，我们有理由对价值观念的进步持乐观态度，因为符合道德精神的价值观念，除了能得到将从观念中获益的一方的支持，还能得到对方阵营中那些在道德感召下放弃自己利益的人们的支持,而这种道德感召力正是与之相反的价值观念所欠缺的。

三、道德的理由及孔子的选择

　　谈论道德的人常会遇到这样的问题:"为什么要有道德?"[1]其实,不惟道德的谈论者,每一个人,当他在道德的要求和自我利益的要求之间委决难下时,都会这么问自己。甚至喜欢究根问底的儿童,在接受成年人的道德教育时,也会有此一问。幸亏儿童对抽象问题的兴趣不会很持久,而且容易满足于似是而非的答案,否则,道德教育就很难进行下去,因为他们提出的,同时也是哲学在不断追问的,实在不容易找到答案的问题。

　　为了寻找问题的答案,首先需要明确问题问的是什么,以及在什么情况下会有这样的问题。"为什么要有道德"可以有两种主语,即"社会(或人群)为什么要有道德"和"个人为什么要有道德"。[2]这样一来,这一问题实际上就成了两个问题。这里不论是社会还是个人,他们或是确实已经具备道德或是至少能够有道德,我们才会去问为什么要有道德。"草木为什么要有道德",这样的句子在语法上固然没有错误,但却是一个错误的问题。可见,这一问题的主语只能是这两者,而不能扩展至个人和人类群体以外。当然,也有人会对此持有疑义:比如,康德就坚持道德行为者应该是所有的理性存在物;科幻作家们或许也不同意上述说法,他们会推想外星人也有道德能力。人类以外是否存在有理性的存在物,外星人(如果有的话)是不是可以同样划归为人,这里我们都存而不论。在我们所知道的现实世界中,只有人具备道德能力(因而只有人类群体才具有道德),这看来应该是无可置疑的。

---

　　[1]　这个问题的英文表达是: why should be moral 或 why be moral,直译为"为什么应该是有道德的",根据中文习惯译为"为什么要有道德"。这里"有道德"因为是用来翻译英文句子中的 moral,故也看作一个形容词,其名词形式是"道德"(morality)。

　　[2]《哲学的伦理学》,第 468 页。

　　问题中的"有道德"一词同样需要澄清。考察我们对"道德"一词的使用会发现，在汉语中，"道德"有三种涵义。首先，"道德"指的是一个社会所确立的用于指导其成员的人际行为的规范。在现代社会，道德的要求区别于宗教、法律、习俗和礼仪的要求；而在人类社会早期，这几方面的要求常常重叠混杂，彼此之间没有清晰的界限。由社会所确立的行为规范先于和外在于每一个体，但能内化于个体，成为个体的信念和行动指南。这是"道德"的第二种涵义。可以看出，在同一时间，这两种意义上的道德要求的内容是一样的；而随着社会条件的改变，它们要求的内容也会有所变化。而且，我们知道，同一时间不同社会的道德也有所不同，有时甚至迥然有别。不同时段、不同社会的道德要求的内容虽有差异，但它们却有一个共同的趋向：克制人们的自私、利己冲动，唤起行为者的利他之心，关怀和促进他人的利益。这是"道德"的第三种涵义，即与冷漠、自私、自我中心、损人利己等词意义相反的仁爱、推己及人、屈己利人、富于同情、自我牺牲的意思。克己利他，[1]这是内含于一切道德规范（第一种意义上的道德）和道德信念（第二种意义上的道德）的基本精神，是道德的考虑与其他考虑比如经济考虑的根本区别。道德预设了并借助于人们的这种社会性冲动（即同情或利他的情感），否则道德的要求与非道德的要求比如审慎的要求经常无从区分，于是也就无所谓道德的要求，不会有道德的存在。换言之，正是人的社会性的冲动使道德（第一种和第二种意义上

---

　　〔1〕　这里把道德的基本精神归纳为克己、利他，但克己和利他并非二而一的关系。克己，是对利己本能的克制，但克制自己的利己本能，未必一定是为了利他他人，例如行为者为免受惩罚而克制自己的欲望即是；在实际效果上，行为者的克己也未必一定能够使他人获益，因为克己是消极的，是不去做什么，而不是积极地去做什么，克己一般只能使他人保持无损的状态，而不会使他人的利益有所增益。当然，有人可能会辩解说，无损即是获益，即便如此，在许多时候，克己也达不到利他的效果。正如有时候贪欲会成为社会进步的动力，同理，有时候克己也会成为他人幸福的障碍。此外，还存在没有实际受益人的克己，比如许多不情愿的禁欲守节。因此，只有意在利他的克己才与道德的第三种意义一致。在这里，是否意在利他是决定克己的性质的关键。所以，也可以说，道德的精神就是意在利他，即行为出于利他的考虑，而凡意在利他的行为决定，同时就是对利己冲动的克制，故曰克己利他，以强调两种趋向间的张力。

的)成其为道德。

道德的特质或基本精神在于排斥利己要求利他,这一点早就被哲学家们明确表述了出来。休谟就曾用很大的篇幅论证道德的动力是"同情"[1]或"仁爱"[2],并因此主张根据行为者的动机对行为者做出道德评价。在道德哲学上几乎视经验主义为寇仇的康德则认为,凡从心所欲,哪怕是利他之欲,都不免落于经验主义的窠臼,至多也只能合乎道德而不可能出乎道德;只有出于善良意志服从理性要求才是善的,是出乎道德即真正有道德的。透过康德对利他情感与道德的关联的否定,以及他自觉保持的与经验主义道德哲学的处处对立,我们会发现,在道德的特质这一问题上,他们其实十分一致,因为康德理解中的道德在于理性对行为主体的经验自我的克制,而所谓理性的普遍化的要求不过是要把所有人的利益都考虑进来的形式化的表达。在哲学家中,石里克对此表述得最为直接明确,"当今流行道德的特点,在于它的一切最重要的要求,目的都在抑制个人欲望,以利于满足他人的欲望。这些要求就是要你替他人着想,反对利己主义,并且似乎是要你为利于他人而站在他人一边来反对自己……我们的道德本质上是舍己的道德"[3]。

现在"为什么要有道德"可以有两个主语三个谓语,组合起来是 6 个问题。但是通常,当主语为"社会"时,谓语中的"道德"只能是第一种意义上的道德,而当主语为"个人"时,谓语中的"道德"只可能是第二、第三种意义上的道德。我们可以问社会为什么需要并设立行为规范,但社会不同于个人,不具有独立的意识和意志,自然不会具有与行为规范相应的道德信念,以及克己利他的自我要求。当然,坚持社会(或群体)有道德属性

---

〔1〕《人性论》,第 576—579 页。

〔2〕《道德原则研究》,第 125 页。

〔3〕《伦理学问题》,第 76 页。在第 74 页,石里克提到,道德的反面是自私自利,而"自私自利的本质正是对同伴们的利益漠不关心,不惜牺牲别人的利益而追求个人的目的。"石里克这里提到的"当今流行道德"是指与希腊的道德不同的现代道德,石本人推崇的是希腊的道德,不过这不影响他对现代道德的基本精神的描述。

的也不乏其人，比如尼布尔即肯定社会具备道德属性，虽然社会往往是不道德的，但只有具备了道德属性才能说它是不道德的；而且，我们的确经常听到诸如"英雄的民族"、"邪恶的国度"、"负责任的国家"等等有道德评判色彩的说法，这也表明我们习惯上已经设定了社会（群体）具有道德属性。不过不管这样的争论孰对孰错，它们一直未曾成为道德哲学关注的焦点，因为人与社会、人与人之间的关系是我们更为经常遇到的关系，而与社会的道德属性相关的社会与社会之间的关系，多数时候与人们的生活不那么直接相关，于是自然不会成为伦理理论关注的基本问题。

要知道社会为什么要有道德，即道德之于社会的重要，只需作如下一个思想实验：按"社会"的定义构想一个社会，然后设想抽掉其中的道德规范，看一看将会出现何种后果。社会不能没有行为规范，这一点十分显见，早在《理想国》中，柏拉图就已经论证，即使是盗匪的群体，也必须有群体所遵从的规范，否则必定旋生旋灭不能长存。[1] 休谟在批评社会契约论者的自然状态说时，也提到过类似的说法。[2] 不过在我看来，前文中援引的麦金太尔的相关论证无疑最为有力，而且言简意赅。

道德只是行为规范中的一种，抽掉道德后社会还留有习俗和法律这两种规范指导人们的行为。弗兰克纳论证认为，抽掉道德的社会或是过于严厉——当它倚重法律的调节功能时，或是过于放任随意——当它倚重习俗的规范作用时，[3] 这两种状态都不是我们所向往的，因此社会不可缺少道德的规范。弗兰克纳反对抽走道德的理由是我们不会喜欢或容

---

〔1〕《理想国》，第 25 页。

〔2〕《道德原则研究》，第 42 页。

〔3〕《伦理学》，第 13 页。弗兰克纳提到了用法律和用习俗分别替代道德的两种方案，认为这两种做法都效果不佳因此不可取。他没有提到用法律和习俗两种规范共同替代道德，这一方案似乎能够避免前面两种方案的弊端，这样一来，弗的论证似乎就失效了，但是，当我们重新回到弗对这三种规范的定义并对弗的论证做出部分修改，我们会发现，弗的论证依然有效：抽掉道德后，在原属道德调节的行为领域只能是让法律或是让习俗或是由法律和习俗共同来规范调节，而这样一来，弗所说的规范因此或是过于严厉或是过于随意的弊端就显现了出来，从而再次表明道德之不可或缺。

忍这样的社会，而另外一些哲学家告诉我们说，抽走道德只留下法律的社会，即便人们能够容忍甚至喜爱，也根本不可能存在。[1] 这是因为，抽走道德后余下的空间要由法律来填补，而法律需要有社会强制力量的支持，这凭空增加了社会的运行成本。不止如此，由于道德规范和相应的道德信念的缺失，作为社会监督者的执法者本身也需要监督，否则只要机会允许必定会作奸犯科；同样的理由，在执法者的监督者之上还需要再设立监督者，如此构成一个监督者的无穷倒退，法律的运行成本会高到社会无法担负的程度。现代学者高梯尔也表达过类似的担忧。[2]

当然休谟的论证也不是没有问题，因为我们可以通过让全社会参与到对执法者的监督而终止这种倒退，我们看到，现代民主制度也正是这样做的。不过不管休谟的论证是否成立，道德缺失会使社会的运行成本大大增加，使运行效率大大降低，这是毫无疑问的。

我们生活在一个有道德可遵循的社会，道德的功能以及缺失道德的种种不便不难发现不难想象，正因如此，社会为什么要有道德很少成为道德哲学关注的问题，备受人们关注的是与每个人都直接相关的另一个问题："我"为什么要有道德？

如上所说，个人为什么要有道德问的可以是(1)个人为什么要遵守道德规范，以及(2)个人为什么要克己利他。首先来看第一个问题。这里"为什么要遵守道德规范"问的是遵守道德规范的动机或目的，想知道的是行为者出于何种考虑选择了遵守道德而不是违反道德。当然，生活中不乏这样的事例：人们在未经考虑的情况下做出来的事与道德的要求也并不冲突，但是这样的出于习惯或下意识的行为与这里的问题无关，因为"为什么"追问的恰是行为者的有意识地、明确的目的。

多数时候多数基本的道德规范（即所谓完全义务，或底线伦理）被多数行为者所遵守。这是可以理解的，因为如果不是这样，那正像麦金太尔

〔1〕 《道德原则研究》，第 46 页。
〔2〕 参见《当代政治哲学》，第 239—243 页。

所说社会共同体何以存续就成了问题。在行为者方面，多数时候遵守多数基本的道德规范同样不难理解：因为通常情况下，遵守这些规范与行为者的长远的利益是一致的；相反，如果不遵守它们，倒是与行为者的自我利益背道而驰了。[1] 我做什么样的事，会影响到我在别人眼中是什么样的人，进而又会影响到别人是否与我交往以及与我交往时会采取什么策略。以诚实为例，如果我的行为使我享有诚实之名，同等条件下别人自然愿意选择我而不是被认为不诚实的那个人交往，我因此获得了比那个不诚实的人更多的交往机会，这有利于我的发展或利益扩展。在秩序良好的社会，我的诚实以及其他品行未必一定出于道德但却往往合于道德，因为只有这么做才是明智的，才于我有利。换言之，很多时候，人们选择遵守道德，是在社会中重复博弈的结果。也正是由于这一原因，康德坚持认为，仅仅合乎道德规范，并不表明行为就具有道德价值。

诉诸长远的自我利益是许多宗教中的道德训诫的典型特征，不论是用因果业报劝人行善还是用得救蒙恩说服人遵从律法，都是如此。与一般道德劝导稍有不同的是这些训诫的眼光和抱负更远大，它们不是局限于现世，而是放眼来世，展望永恒的生命。甚至道德黄金律"你要别人怎样对你，你就应该怎样对别人"，所秉承的也是这一思路。我们自然不必因此否定宗教的教化功能，但同时也应看到宗教中某些（不是全部）道德训诫的局限，而毋需如某种观点所主张的那样把宗教看作拯救道德的灵药。

---

〔1〕 这里"利益"指的是财富、荣誉、地位、权力等人生之"善好"（good）。我们平常所听到的"吃亏是福"，可以理解为吃亏能带来更大的利益，故吃亏只是手段，是暂时的，更大的利益才是其目的和终点；或者虽然在财富、权力、地位等利益方面有损，但赢得了更为基本的善好如平安。否则，这句话或是自相矛盾不知所云——亏如等同于福即不能称之为亏，或是采取了一种与众不同的价值观——世俗所谓亏正是我等之谓福。一些哲学、宗教派别以德性的完满为人生的最高幸福，这样的派别的确可以把利益（或善好）这一概念扩展至平常我们所谓的自我牺牲的行为。不过他们的"利益"与本文中的"利益"已经不是同一个概念了。也就是说，本文中的"利益"与我们日常语言中的"利益"意义相同，不把利他心愿的满足视为行为者自身的利益，尽管就利他行为本身（不考虑因利他造成的行为者的损失）来看，这的确会给行为者带来快乐。

　　但人并不总是理智冷静的利益计算机,不仅能够唯利是图而且还能唯利是从。他会为了利益而守道德,也会因为恐惧、从众、虚荣、自尊、心安,甚至只是出于对规则的敬重(如康德所说)等等而遵守道德。而且,更为重要的是,遵守道德规范并不总是与自我利益一致。有时候,在道德规范和自我利益之间只能选择一个,服从道德规范就必定会牺牲自我利益,而且是无可补偿地牺牲。这就是说,行为者做出选择的那一刻,在他对形势的认识估测中,遵守道德和自我利益两者势同水火,不可兼得;在他对前景的预判里,遵守道德必然带来自我利益的损失,而且不可能赢得更长远的利益。这种情势与上一段所提情形的不同在于,在行为者的认识里,遵守道德不再能够充当实现更大、更长远的自我利益的手段,因而遵守道德无论如何都不符合行为者的自我利益,尽管事情的实际结果可能出乎行为者当初的预料,但我们不是根据事情实际上是怎么样的而是根据行为者当时是怎么想的来判断他的行为的出发点。这种时候,如果行为者依旧选择了遵守道德,这又是为了什么呢?这时问题可以归入"个人为什么要克己利他",尽管这里行为者舍弃利益成全的是道德规范这个"他"。

　　个人为什么要克己利他?如上所述,这里追问的依然是行为者这样做的动机或目的。当这样问时,我们发现,提问陷入了一种前所未有的窘境:这是一个不可能有答案的问题,或是说,这是一个问错了的问题。当我们问"为什么"、"目的是什么"、"出于何种考虑"等等时,我们已经预设了这一事是达成这一事之外的另一事的手段;我们之所以做这件事,是因为我们认为这件事能促成另一件事,这里,"另一件事"就是"我们为什么要做这一件事"的答案。但是"我们为什么要克己利他"却不能有这一事(利他)之外的另一事,因为如果我们为的是利他之外的事,那么所谓利他实际上就并非是利他,而只能是利己,[1]这样利他就又成了利己的手段,

─────────

　　[1] 从人称而论"他"和"我"之外当然还有"你",但从行为者的动机而论,则只分为"我"和"非我",即我之外的"他",故就行为者的有明确意识的动机而论,只有利己和利他,而不会出现"利你"这样的说法。

即在行为者做出决定时意不在他而在己。

这是一个令人气馁而又心有不甘的说法。一直以来，我们先是被别人劝导后来又劝导别人要有道德，要仁者爱人并且爱人如己，我们相信这么做理据充分天经地义。但现在突然被告知，"个人为什么要有道德"是没有答案的，或是只能回答"不为什么"。这使我们在作道德劝诫或道德教育时，除了求助自我利益，找不出任何理由；而求助自我利益，这是教人世故，不是教人道德。

伯纳德·威廉姆斯因此说过，道德是无法论证的，当站在道德之外时，不能给道德提供证明；[1]而当站在道德立场时，道德已经不需要证明。[2]彼彻姆也认为，"对为了成为有德之人而需要一个理由的个人来讲，这个理由本身并不是一个道德的理由，因此，他就不可能找到这个理由。关于这点没有什么可奇怪的，如果能找到这个理由反而是更为奇怪的事。因为，假设出于利益的考虑而接受真正的不利，这显然是自相矛盾的。"要知道，"道德有时要求真正名副其实的牺牲，甚至可能要求自我牺牲。"[3]彼得·辛格同样也提到，"不可能为'我为什么应该按道德行事？'这一问题给出这样一个答案，它为每个人提供按道德行事的压倒性理由。"[4]这就是说，对于一个不想采取道德立场的人，我们找不到任何理由说服他。就此而论，道德显得十分无力，作有道德的人和行有道德事也似乎纯凸自行为者个人的喜好。如此一来，道德教育和道德进步是可能的吗？

有道德即克己利他除了自身以外别无目的，因此我们不能追问有道德的目的，但我们却可以寻找有道德的原因，因为有道德的事确实存在并且经常发生着。这样，我们可以把问题转向"道德是怎样发生的"，或是学

---

[1] 因为这时需要把道德归于非道德的某种东西，而这不是在证明道德，是在证明这某种东西。
[2] *Ethics and Limits of Philosophy*，第1章，"苏格拉底的问题"。
[3] 《哲学的伦理学》，第469页，第485页。
[4] 《实践伦理学》，第333页。

着康德的口气问"道德是如何可能的",即促使行为者选择克己利他的原因是什么。我们知道,不论是"好"人还是"坏"人,其人性的基本结构并无不同,每个人都无例外地先天地秉有自爱和同情这两种情感,但是很有可能,这两种情感在不同的人身上分布的比例不尽相同,一些人比另一些人更自爱,一些人比别的人更富同情心,而后天的境遇和教育则有时加剧有时抵消这种差异。这就是我们的道德水准有所不同的原因。至于我们为什么会有自爱和同情这两种基本情感,需要由进化论和社会生物学来解释。道德水准高的人不是总在舍己利他,也不是在每一件事上都一定比道德水准低的人更有道德。道德水准指的是相比于别人或一般人某人的一贯作为。一个人,不管他先天的自爱和同情的比例,也不管他一贯的道德表现,在做出行为决定的那一刻,如果他的同情情感即利他冲动占了上风,压倒了自爱的情感即利己的冲动,并成功唤起外部的行为,这时就可以说,道德的行为发生了。简言之,利他冲动强于利己冲动使道德的行为成为可能。

我们不能回答为什么要有道德,但却可以知道并描述出道德会给我们带来什么,从而明了道德于我们的人生的意义。对这一问题的思考基本可以归纳为两类,分别以柏拉图和康德为代表。

柏拉图认为对于每一个人道德都是不可或缺的,因为没有道德就没有幸福。他的理由是:只有具备正义的德性才能灵魂和谐,而只有灵魂和谐才可能享有幸福。柏拉图说明这一问题时使用的不是"道德"而是"正义"。在柏拉图这里,正义是灵魂中的理性、激情、欲望三者的和谐,是激情和欲望听命于理性。柏拉图的正义与康德的道德十分相似,都特别强调理性的支配作用。威廉姆斯认为,苏格拉底以降包括柏拉图在内的整个希腊伦理学所提供的都是利己主义的伦理,其根本关注都是行为者个人的幸福。[1] 这样,对苏格拉底、柏拉图们来说,不存在真正意义上的

---

〔1〕 *Ethics and Limits of Philosophy*,第 1 章,"苏格拉底的问题"。

舍己利他，所有的道德行为都出于审慎，道德行为因此成了一种自我利益的要求。石里克把这种类型的道德称为"欲望的道德"、"自我实现的道德"，认为其"根源是在个人的欲望之中，亦即在行为者本人的欲望之中"。[1] 许多德性论者正是因此而主张回归德性伦理，以为只有如此才能避免现代道德所造成的行为者自我的紧张和分裂。为自我的幸福而道德，尽管这里的幸福是超越一般利益的精神的完善或享受，还是难以摆脱利己主义之嫌；而且，这种哲学似乎设定了一种自私的人性，但是对于我们，不仅利己是本能，是出于自我，利他同样也是本能，也是出于自我。一种充分满足利己而罔顾利他冲动的"道德"不也同样是对自我的压抑、克制，同样会造成自我的紧张和分裂吗？柏拉图的论证看似恢宏雄辩，其实不无漏洞，但他看到了道德的精神价值，关注到了道德和一种更高更丰富的精神生活——幸福的关联，这对后来的思考颇具启发。利他是幸福生活的一部分，但利他不是为了幸福生活。

辰德同样重视道德的精神价值，但试图把道德和幸福分开——道德不再是幸福的必要条件，有道德者配享幸福而未必幸福，没有道德的不配享幸福但可以幸福，从而赋予道德更独立的地位。康德的道德不与任何冲动、欲望、爱好发生关联（如果不把后者为前者所粉碎也算为关联的话），道德不为别的，只为道德，但道德带给我们一种非此就不会有的东西，这就是理性存在物所独有的超乎自然物的尊严；道德使我们享有自由（康德意义上的），使我们超越有限的现象世界而投入物自体的世界；道德引领我们超出经验自我的局限，真正体现为理性存在物。

从柏拉图和康德这里我们知道，道德对于行为者的精神生活影响至大，道德可以带给我们幸福（柏拉图）或尊严（康德），但是我们不能据此认为，行为者是为了幸福或理性存在者的尊严而选择有道德，因为在选择有道德的那一刻，如果行为者想的是自己的幸福或尊严，就又退回到了利己

---

〔1〕《伦理学问题》，第77—79页。

的考虑。

　　和柏拉图、康德一样,许多哲学家也都认为道德可以带来精神上的收益,道德的生活对于个人虽然不是必须的,但至少是一种富有吸引力的选择。道德的生活可以为人们"提供生活的意义和目的",因为"要在生活中发现持久的意义……我们必须超越对自己利益有长远计划的审慎的唯我论者。唯我论者也许会暂时找到自己生活的意义,但当有利于自己利益的事情全部实现了,我们是否就只是坐下来并且是快乐的?"[1]道德为我们设立了可以持久关注的目标,不会使我们因愿望轻易实现而堕入空虚、无意义的泥沼;道德像是一座桥梁,把个人从自我的世界引向更广阔的天地,从而避免了因过分关注自我而导致的紧张、焦虑。利他冲动的满足带给行为者快乐,也往往能使他人受益,除此以外,它还带给我们精神上的收益,而精神收益与一般意义上的利益不同:利益是排他的,同一利益,在同一时间我有你就不可能有;当然有时你我可共有这一利益,但这时我们只是分有了它,每个人享有的只是整体的一部分;精神收益不是排他的,我有并不妨碍你也有,很多时候,我有甚至能够促进你有。

　　在《论语》中,孔子告诉弟子"仁"的要求是什么,如何实现它们;向弟子描述为仁会如何,人而不仁、人而无礼将如何;某一具体的道德要求比如三年之丧的理据是什么,等等。除第一项,后面几项都与"个人为什么要有道德"相关。从《论语》可以看出,孔子对这个问题的论述并不充分。这是因为在孔子时代,这个问题尚不够尖锐。对孔子来说,可选择和可比较的只有两种具体明确的生活方式:人而仁和人而不仁。他只需阐明作为生活方式前者优于后者即可。而且即便这个工作,孔子论述的也不很彻底。综合孔子的这些论述,我们发现,孔子对这个问题的回答中既有上述柏拉图式解答的因素,也有康德式解答的因素,即孔子认为仁能带给人精神的平静自足,从而利益为仁之人,同时仁也使人成其为人。

---

　　〔1〕　辛格:《实践伦理学》,第333、331页。

宰予三年之丧的追问使问题真正尖锐起来，而孔子的回答也相应地更彻底更明确。孔子用心安解释三年之丧，由此可以得出不同于前面两种回答的第三种回答：道德有时是出于人的精神或情感的需要，不如此则心难安。

四、如何进行道德评价

《论语》中，孔子频繁运用道德评价，论断某个人在道德上的得失，也评判某一制度某一原则在道德上的利弊。对孔子而言，道德评价是知识的传授术，德性的教学法，是匡正社会风气的教化活动，也是政治参与的特殊方式。大多时候，孔子用以进行道德评价的标准是既定的礼。礼的规定明确细致，用礼评判人、事，简单明了。但在有些情况下，当既定的礼不足以评判变化中的复杂的人或事，或当礼本身需要被评判时，孔子会用更根本更抽象的仁作标准。孔子作道德评价的标准和方式颇具启发性，同时也留下许多问题，有必要对此问题做进一步考察。

根据社会生物学理论，道德必定是在相当发达的意识水平上才可能的。人类以外的社会性的动物群体内部也有约束成员行为的规则，但规则的存在不等于道德的存在，因为所有这些社会性的动物，其行为表现可统一归入基因保存和繁衍的解释模式。动物的行为是按照最利于动物自身基因传播的统计学规律进行的，这种在自然选择中胜出的行为模式虽然具有高度的合理性，但从未超出基因自身的"自私"的"目的"，[1]因此动物行为的合理性不过是其行为的高度合目的性。与一般动物不同，人是一种具有自觉意识的动物，他们不仅生活在自然世界中，同时也生活在观念世界之中——他们接受和产生观念并且通过观念的引导而生活。任何否认观念在人类生存中的重要作用的观点都只能把人类降低到动物生

---

〔1〕 显然这里的"目的"指的是行为的效果，因为基因不可能有自觉的、自我选择的目的。自然选择并没有赋予基因以意识，但自然选择又使得基因表现出强烈的"自私"性和"目的"性。

存的水平。[1] 人类生存的这一观念性特征为道德的存在提供了可能,因为就其实质而言,道德本来就是一种观念的力量。[2]

作为一种观念的力量,道德的约束和激励机制与同为行为规范的法律颇有不同。或许好的法律确实应像一些哲学家所认为的那样是建立在道德的基础上并与道德保持一致的,但不管什么样的法律,一旦建立起来,它所赖以行使其约束作用的力量一定来自确定的权力机构。法律有执行其意志的独立机构,因此原则上法律并不一定需要在它规范之下的个体具有遵守法律的自觉意识,否则像孔子"民可使由之,不可使知之"这一类说法就不仅仅是立场保守或错误,而是根本荒谬了。与法律不同,道德没有可以凭藉的独立的权力机构执行其要求,它所依靠的是每一理智健全的个体的自觉——自觉地律己和主动地律他。这样看来,虽然没有固定、集中的权力机构,但道德却聚集起了千千万万人的力量为其服务。因此在道德和法律之间,很难说哪一个的约束力量更大。

道德依赖于每一个体自觉地律己和律他,而不论是律己还是律他,道德评价在其中都起着至关重要的作用。这不仅因为道德本身既是规范的体系(指向未完成的行为,比如"不可杀人"或"你应该舍己救人")又是评价的体系(指向已完成的行为,比如"他理应如此"或"他是个好人"),更因为在道德观念的获得、确立和实施中,道德评价担负着观念传递的现实功能。从道德心理的发展轨迹来看,儿童从对道德观念的无知到有知,从受奖励和惩罚等外在因素的约束到受道德观念的内在约束,其发展转换都离不开在家庭和学校中反复进行的道德评价:家长和教师通过对现实中儿童及其伙伴的行为表现的评价和对故事中人物的行为表现的评价,帮助儿童将社会的伦理要求内化为个人的道德信念。在个人的道德发展

---

〔1〕 参见陈嘉映:"生物社会学与道德问题";同时参见麦特·里德雷:《美德的起源:人类本能与协作的进化》。

〔2〕 说道德是观念的力量可以有两层意义。首先,观念的力量不同于物质性的力量;其次,观念的力量不同于强制性的力量。在前一种意义上,道德不同于自然因果关系的约束;在后一种意义上,道德不同于法律等强制性的约束。

中，道德信念确立以后，道德评价并没有就此退隐，实际上，它是伴随终生的道德活动：个人通过自我的道德评价不断修正自己的行为，接近自己所设立的道德理想，并从中获得道德上的满足。尽管不是所有的人都能发展到这一境界，但对于一次真正完整的生命历程，由自我道德评价而来的实现感、满足感无疑是不可或缺的，因为它是幸福的一个组成部分。

道德评价在律他中的作用更为明显。我们可有多种方式改变他人的行为，有求助于公共权力的政治方式，有直接诉诸于利益的经济方式，也有诱之以天堂恫之以地狱的宗教禁忌方式。但道德的方式却是通过改变他人的观念——对行为的理由的强化或质疑——来改变其行为，其实现的手段是劝导（限于亲密关系之间）和评价。[1] 人们常说道德离不开社会舆论的力量，而所谓社会舆论就是由社会中每一成员对他人的道德期许和道德评价汇集而成的。道德评价之所以有改变我们的观念的力量，是因为社会性的本能使我们天生就特别在意别人的评价。[2] 除对他人行为的"规约"以外，通过道德评价，陈述者强化了社会或他本人的道德标准，抒发了自己的道德情感。一些伦理传统为促发道德自省或为息事宁人，有诸如"不可论断他人"之类的诫命，从道德评价所担负的功能来看，

---

〔1〕 就选择的手段的性质来看，道德无疑最大程度地体现了对他人主体性的尊重。不过现实中常有政治、经济、宗教等许多其他因素渗透到道德手段中来。因此在经验中，行为主体的道德的考虑很难与审慎的考虑清晰区分开来。实际上，人类行为中相当大一部分合乎道德要求的行为可以还原为行为者为自己的长远利益而做出的审慎的选择。正是出于这一原因，康德区分了"合乎道德"和"出于道德"两个概念，并对在经验中发现纯粹的道德行为几乎不抱希望。

〔2〕 这里当然并不排除这样的情况，即许多道德评价因其在将来的交往中会影响到我的利益而使我不能不重视他人的评价，比如，当我被某一个人或群体评价为一个好人的时候，意味着将来我和他们的合作机会的增加以及合作成本的降低。但除此之外我们也不能不承认，的确存在着与未来利益无关的评价影响我们的行为选择的情况，比如在一次性的交往中常常发生的情况。应该说，在意他人的评价有其生物学和心理学上的根源，人天生就有根据他人的意见或表现改变自己的倾向，在自然生存中，这能提高个体的生存机率，或许不自觉的从众心理就是出于这一原因。除了生物学和心理学意义上的原因以外，我认为我们在意他人的评价，还与我们首先在意我们对自我的道德评价有密切的关联，因为我们需要借助他人的道德评价来确证我们对自我的道德评价，这可称为认识论上的原因。

这样的诫命并不利于整个社会道德的维持和提升。

尽管道德评价在道德生活中占据如此重要的地位,但人们对于道德评价的标准应该是什么却历来意见分歧。这种分歧以前几乎只存在于共同体与共同体之间,比如希腊的不同城邦之间或华夏文明与其他民族的文明之间,但现在却已经蔓延到了共同体内部。麦金太尔认为,这是随着现代化的进程而来的,因为现代化进程把各种伦理传统不加分别地汇入到现代社会,构成现代社会中多元伦理并存的局面。在多元伦理的社会,这样的情况并不罕见:为某一伦理标准推崇备至的行为在另一种伦理标准看来却毫无价值甚至具有负面价值。虽然普世伦理的理想美妙诱人,但应该承认,在共同体与共同体之间达成伦理共识目前远不如在共同体内部达成共识那么急迫,因为例如国与国这样的共同体之间的关系,尚未摆脱利益的考虑而达到可以进行道德评价的地步。但在共同体内部,由于道德关系是人与人之间的基本关系,多元伦理的存在对整个道德生活构成威胁。

伦理的自我中心主义是对多元伦理的最本能反应。所谓伦理自我中心主义,是把自己置身其中的伦理传统绝对化、普遍化,以自己所据有的伦理作为评判一切道德行为的标准。伦理自我中心主义无法对下述事实做出充分合理的解释:为什么恰恰是你而不是他人所接受的伦理传统具有绝对的正当性?你不也是偶然生于这种传统中吗?从逻辑上来看,你完全可以生在另外一种与此迥然不同的传统中?与其他传统相比,你所在的传统具有什么样的特征使其优越于其他传统呢?

人们一旦开始上述追问,一旦尝试把他人当作和自己同等的人,把别的传统当作和自己传统同等的传统,道德相对主义就会成为一种自然的反应。道德相对主义可以简单概括为"我对你也对"或"此亦一是非,彼亦一是非"。比起伦理自我中心主义,道德相对主义特别彰显了宽容和平等,是一种进步,但它也有无法克服的弊病。首先如一切相对主义一样,道德相对主义是自我解体的。道德相对主义似乎在倡导宽容他人的道德观点，但"这一命题带有关于道德正确性的非相对性的全部标志"，于是宽容"这一道德许诺无情地导致放弃相对主义"。[1] 其次，道德相对主义最终将迫使我们放弃道德评价进而放弃道德。相对主义认为"一个人应当做社会规定为正确的行为，或他个人相信为正确的行为"，[2] 但它不能回答当个人认定的规范和社会认定的规范发生冲突时应该如何选择以及选择以后如何评价，而且当把时间因素考虑进去，一个人可以在某一时刻相信做某事正确，在另一时刻又可以相信不做某事正确，这样按照相对主义的标准，一个人将永远不会在道德上错误，只要他能够随行为的选择及时改变自己的道德信念。至此，道德相对主义实际上放弃了对他人或自己的行为的评价。

在道德评价问题上道德相对主义的失败告诉我们，必须采用某种绝对的标准才能保留道德评价，但除非有充分的理由或除非别无选择，应该尽量避免采用我们偶然据有的伦理立场。面对如此的两难处境，人们自然会想，我们可否通过建立一个伦理价值统一的社会解决道德评价问题？多种考虑表明，这样的方案不可行。首先，在以赛亚·伯林、麦金太尔、托马斯·内格尔和约翰·格雷等多元价值论者看来，彻底解决伦理和价值冲突在原则上是不可能的。其次，即使设定存在这种可能，但在建立统一的价值体系的过程中，首先需要一个对多元价值进行评价的标准，而这又回到了原来的问题。由此看来，不管这一方案是否可行，我们都必须首先确立道德评价的标准。

道德评价的对象可以分为行为者、行为者的行为以及行为者所承袭或创制的规范。一种观点认为，行为者和其行为甚至行为的后果是不可分的，行为者根据他预见到的后果选择了行为，行为的动机必然见之于后果，因此可以合理地依据行为后果评价行为者及其行为，这样就实现了道德评价中的效果和动机的统一，于是评价行为者及其行为可以采用同一

---

〔1〕 《哲学的伦理学》，第 65 页。
〔2〕 同上书，第 62 页。

标准。而如果割裂效果和动机,会造成行事忽视后果不负责任的倾向。这种兼顾动机和效果的评价方式看起来面面俱到,似乎无懈可击,但其实经不住推敲。不可否认,在动机、行为和行为效果之间有紧密的联系(否则动机就没什么意义而且是永远不可知的),但除非设定动机、行为和行为效果的绝对一致,即设定行为以及行为的效果是动机的直接显现,否则这一标准难以应用。[1] 在经验中不乏好的动机和坏的行为或坏的动机和好的行为的搭配,这是因为一个人要实现其动机必须选择适当的行为,这需要他有完全的信息和对信息的准确判断,但显然不是所有的人都能对此胜任愉快。天下的父母都望子成龙,这是好的动机,但他们教育子女的方式并非无可挑剔,更不用提教育的效果了。我们不是全知全能的上帝,可以随自己的意愿成就任何事。我们的预见能力有限,实现意愿的能力也有限,善良的动机必然受到我们无可逃避的有限性以及他人意志和自然因素的干扰。好的动机如此,坏的动机也如此,否则也就不会有黑格尔的"某些时候恶成为历史发展的动力"的说法了。"兼顾"或"统一"的说法尽管诱人,但不可行,它实际上为道德评价提供了从动机评判和从效果评判的两条原则,而任何其中一条不能还原为另一条的两条原则之间必然会发生冲突,设定它们的统一是无济于事的,在逻辑中如此,在经验中也如此。道德评价不得不在行为者及其行为之间做出区分。

由于动机和行为之间的差距,对行为者道德评价的恰当标准应该针对其动机,而非针对其行为或行为的效果,只有这样的评价才是公允且有益的。在这样的标准之下,判断一个人的道德属性就是要看他的行为动机的道德性质,看其行为动机中包含多少道德价值,而所谓道德价值,指的是行为者对他人利益的关注(利他)以及与此相应的对利己本能的克服(抑己)。这是道德的基本精神,广泛出现于各伦理传统的基本要求中,从"己所不欲,勿施于人"到"爱人如己",都是这一基本精神的体现。需要说

---

〔1〕 而如果设定了动机和效果的一致,"兼顾"也就失去了意义,因为如果二者一致,则只需根据其一即可做出充分的判断,而无需兼顾二者。

明的是，这里所谓的"他人"，指的是被行为者视为"我自己（或我们自己）"以外的所有当事人，而不是客观意义上某一行为的所有当事人，否则对于那些偏爱一方以至于可以牺牲自我利益但同时却不公正地对待另外一方的人，我们将无从评判。

道德评价的这一标准与康德"唯有善良动机是真正的善"的论断听起来相似，但实际上二者有所不同。康德是从善的来源的角度得出的结论，我们则是从道德评价的角度做出的判断。不过尽管如此，道德评价的这一标准因其对行为者的行为及所奉行的伦理原则的忽略，还是难逃"唯动机论"的诘难。不过不管对此标准如何定位，出于下述情况的考虑，有充分的理由认为，它是对行为者进行道德评价的惟一恰当标准。

道德评价最简单最常见的一种情况是对和我们共享同一伦理标准的人的评价。这里不存在多元伦理的麻烦，我们只要确定行为者是否遵行伦理规则，并确定他遵守或不遵守的原因是什么，即可给出准确的评价。单纯依据行为的性质不能评价行为者，因为行为符合伦理可能是他无意中的符合，可能是被强迫之下的符合，也可能是出于自我利益考虑的符合，所以必须在确定了他"知道那种行为，是经过选择而那样做，并且是因为那行为自身故而选择它的"[1]之后，才能对行为者给出准确的评价。不符合伦理规则的行为同样也要考察与行为者相关的许多因素，"他可能不知道所有相关的事实，也可能不清楚在这种情况下道德原则所要求的行为是什么，另外，他可能完全误解了自己的责任。"[2]有人认为动机或意愿是隐藏在他人心灵中的活动，旁观者无法把握，引入这一概念造成了道德评价的不可操作性，不如干脆去掉，直接以行为是否符合伦理标准来评价行为者。对此，我们认为，不考虑行为者动机的道德评价与我们通常所理解的道德评价相去甚远，这样做泛化了道德，把不具有道德属性的行为，比如无意的行为纳入了道德考虑的领域。另外，这样做也不利于鼓励

---

[1]《尼各马可伦理学》，第42页。

[2]《伦理学》，第137页。

道德品质的培养,在出于善良动机但缺乏实现能力和全然没有善良动机仅凭"道德运气(moral luck)"符合伦理要求的两种行为之间未作适当的区分,[1]而这里本应该有所区分,因为恰当的道德标准应该对能力之类的非意愿因素不敏感而对努力之类的意愿因素敏感。[2]把握他人的行为动机不是一件容易的事,但在实践层面原则上是可以做到的。我们可以通过综合考察行为者身处的环境、之前之后的行为表现等因素推知他的心理动机。认识论上的"他人心灵"难题并没有妨碍我们在现实中揣摩他人的动机,正如哲学上的休谟难题不影响我们在生活中运用因果观念。此外,对于行为者的道德评价本来就是慎重严肃的事,企图根据一两件事或短期的行为表现即对一个人下道德结论未免失之轻率。需要说明的是,从行为表现推知动机进而对行为者做出道德评价不同于既关注动机又关注效果的评价方式,前者依然是评价原则上的"一元论",这里行为者的行为表现的意义只在于为我们察知动机提供可能,而不是直接用作评价的依据。

对于和我们持有不同伦理观念的行为者,采用上述的道德评价方式更具说服力。以对历史人物的评价为例。我们知道,历史人物虽然不能和我们生活在一起,但对他们的道德评价却不是可有可无无关紧要的事。对历史人物的评价是道德教育的一个重要组成部分,而且从来就没有和

---

〔1〕 动机与行为是否符合伦理规范之间有四种组合:1.好的动机且行为符合,2.好的动机但行为不符合,3.坏的动机但行为符合,4.坏的动机且行为不符合。文中在2和3即动机相反且行为相反这两种极端情况之间做出对比,以此说明道德评价不能忽略动机。但如此一来在同为好的动机的1、2之间似乎没有做出必要的区分,但在生活中我们其实非常重视行为自身的性质。本文认为,生活中的事实与这里提出的道德评价方式不相矛盾,在生活中我们十分注重行为的性质,这是因为我们在意行为的后果,也就是行为的自然价值,而那些符合伦理的行为,一般说来会增加或至少不会恶化全社会的福利。从这一意义来说,1和2之间确实存在相当大的区别,但从道德评价的角度来看,二者的区别并不大,1与2的不同仅仅在于1有B.威廉姆斯所说的道德上的运气,行为者幸运地具备了实现自己动机的条件,而2中的行为者没有这样的运气。显然能力或运气与行为者的品质无关,属于道德考虑需要排除的成分。我们看到,罗尔斯处理分配正义的思路也是如此。

〔2〕 金里卡,《当代政治哲学》,第142页。

历史割断的民族、国家和社会，在某种意义上我们是生活在历史传统之中 很多时候，对历史事件和历史人物的评价直接影响着今天的生活。克罗齐的"一切历史都是现代史"的说法表达的就是这一思想。显然我们不能搬用自己的伦理标准评价历史人物，这样的话，历史中将很难有合乎道德要求的人，因为一般而言，他们是按照与我们不同的伦理标准而生活的，我们不能要求历史人物奉行我们的伦理。如果因为历史人物所奉行的伦理规则与我们的伦理规则不同而把他们以及他们的行为统一判定为不道德，道德评价在这里就失去了意义。这不会是历史人物的损失，但一定是我们的损失。如果以这种标准评判历史上的人物和行为，每一时代的人都必将被后来时代的人判定为不道德，除非某个时代的人非常幸运地拥有和后来时代同样的伦理标准。这对我们的道德勇气当然是沉重的打击。[1] 那么我们是否可以沿用评价对象所身处的伦理传统中的伦理规则做出评判呢？这种做法之不妥除了没有考虑到上文述及的动机与行为之间的复杂关系，还在于对历史中那些不计个人得失锐意革新当时的道德观念的人缺乏公正的评价，因为按照这种评价方式，这些人不仅违反了社会的主流伦理，而且还成了它的掘墓人，应该属于极不道德的人，这与我们对这些人的通常的评价正好相反。为将这些道德革新人士纳入考虑，一种变通的方式是以他个人接受的伦理而非他所在传统的伦理作为评价标准，但这样一来又会陷入相对主义困境。

一些倡导德性论的学者认为，德性论与只关注行为或行为后果的义务论或目的论不同，它不仅关注行为，而且更加关注行为者的品质，为道德评价提供了最佳视角，因此对行为者的道德评价应该是针对其德性的评价。[2] 德性论反对单纯以行为者的伦理立场评价其人，认为这种把行

---

〔1〕 可以相信，曾子的"慎终追远，民德归厚矣"显然是想让每个人自觉地将自己纳入历史长流之中，通过对历史人物的道德仿效，并通过关注后来者对我们的道德评价来提升民德。我们关注身边的人对我们的道德评价，同时也在意我们在后来者眼中的形象。曾子比较早地注意到了这一人性事实。

〔2〕 Greg Pence, *Virtue Theory*, 载于 *A Companion to Ethics*, p. 249。

为者区分为正确和错误两种伦理阵营的评价方式过分简单，没有看到阵营内部以及阵营之间的许多重要差别。比起以伦理立场作为评价标准的方法，德性论是一大进步，但它把评价范围从动机扩大到德性却重蹈了它的批判对象的覆辙。这里德性论者似乎是把德性看作独立自存的品质，但实际上德性是依伦理原则而来的，以德性为标准还是无法对不同伦理传统中的行为者做出公正评价。比如，在中世纪基督教的德性标准之下看雅典公民，或以现代的德性标准要求宋明理学家，结论都不会很美妙。以德性作为评价人的标准的另外一个问题是，德性是长期修养形成的稳定的品质，一般而言，一个人只可能具有一种德性状态，因而对其德性只能有一种评价，而人们在不同的处境中面对不同的问题时常常有不同的道德表现，一个儿女眼中的慈父可以同时是横征暴敛的污吏，一个少年时代的英雄在垂暮之年可以蜕变为懦夫。为使道德评价能够应对这些复杂的情况，我们显然需要跨越时间更短、针对性更强的评价标准。不过德性论对诸如勇敢、节制和公正等组成德性的具体德目的分析富有启发，它使我们在关注动机之外，也注意到实现动机的必要品质。

以动机中所包含的道德价值评价行为者，对此人们自然会担心，这样是否有助长忽视手段选择、忽视行为效果的倾向，而这与道德的目的无疑是相违背的。这种担忧并不必要，因为从效果上来看，"唯动机论"的评价方式不会导致上述后果。就行为者来说，动机是一种持续的推动力量，善良的动机即对好的后果的期望，任何具有善良动机的人必定努力寻求实现它，而不会对行为选择和后果漠不关心。现实中不难区分出真正动机纯正和仅仅宣称自己动机纯正的人，因为只有后者才会漫不经心不负责任。从这一意义来说，康德认为善良意志是一切道德善的来源的说法是正确的。在动机和效果之间，更主要的是前者而非后者构成了社会的道德基石，促成个人和社会的道德进步。好的动机促使行为者寻求适当的手段，那么是否还需要外在的伦理规则呢？外在的伦理标准依然不失其规范和指导的作用，只是已经不再具有绝对权威：对于好的伦理规范，具有善良动机的人会主动谋求与伦理要求的合拍，听从其指导；对于不合理的伦理规范，具有善良动机的人会主动寻求变革，在此善良动机充当了促使伦理规范转变的推动者。可以说，道德评价的唯动机论最大程度地体现了良心自由的意蕴。因为行为后果的重要性而在对行为者的道德评价中加入对后果的考虑，这是让道德评价背负了本不属于它的负担。[1] 道德评价只是从道德的角度对行为者的评价，它不能取代性格、智慧和能力、功业等其他方面的评价，同样，对行为和规则等的道德评价也不能取代从经济、政治甚至审美等角度的评价。

道德评价的这一观点与伦理学史上那些成熟的道德学说是一致的。亚里士多德、康德等这类注重德性或动机的哲学家自不必说，甚至连十分强调效用在伦理中的作用的休谟也曾明言："当我们赞美任何行为时，我们只考虑发生行为的那些动机，并把那些行为只认为是心灵和性情中某些原则的标志或表现。""我们的一切德行看来只是由于善良的动机才是有功的，并且只被认为是那些动机的标志……一个善良的动机是使一种行为成为善良的必要条件。"[2]

需要指出的是，排除伦理立场的道德评价不适用于所有情况。对于那些性质恶劣、超出人类道德底线的行为，"即使受到了强制"甚至"受尽蹂躏而死也不能做"。[3] 这些是道德上非黑即白的事，选择服从则在道德上万劫不复，选择抵制则能保住道德上的清白并一跃成为道德英雄。比如，纳粹集中营中的党卫军成员或南京大屠杀中的日本士兵就面临着这样的道德处境。这种例外不能简单看作对我们确定的标准的否定，因

---

〔1〕 此处反对把行为后果计入对行为者的道德评价，不等于反对功利主义的主张，因为功利主义提供了对行为和规则的评价，而不是对行为者的评价，对此穆勒在《功利主义》中曾经明言，"行为的动机与行为的道德性无关，但却与行为者的价值有着极大的关系。"本文并不站在功利主义立场上，但仍可证明，对行为者的唯动机论的评价方式可以符合功利主义增进最大多数人的最大幸福的主张。

〔2〕 《人性论》，第 517 页、第 518 页。

〔3〕 《尼各马可伦理学》，第 59 页。

为各种伦理传统之间绝非处处相反，而是存在一些基本的共同点，比如"不能伤害无辜"，它们体现的道德精神是一致的，否则我们既不能把它们同称为伦理，也无法对生活于其中的人进行评价。这些基本的伦理共同点是所有人都必须遵守的底线。当某个共同体陷入集体的疯狂和自私，它所订立的规范（具备伦理的形式但不具备其基本精神）会超出伦理的底线，违反人类的最基本的道德情感。执行这样的规范的人不会因为这是社会规范的要求而获得原谅，因为他做了一件仅凭善良动机就知道是错误的行为。对于这一共同体中的人，我们不可能有任何正面的道德评价，虽然他们之间并不是同等地恶劣。

专注于行为者的动机的道德评价没有为行为者指示确定的行为规则，而是给行为者留下了相当广阔的选择空间。虽然它并没有告诉我们如何解决具体的道德问题，但它的确指向了道德问题的解决：只有体现道德价值和道德精神的良好动机才是道德的真正动力，才有望引导人们超越自我利益的束缚达成彼此的和解。

行为者之外，道德评价的另一对象是行为者的行为。相对于行为者，行为表现由于是外在的、确定的，因此比较容易评判。我们以"出于道德"来要求行为者，而以"合乎道德"即合乎伦理规范来要求行为。对行为的评判也可分为两种情况：当行为的实施者和我们共享同一伦理标准时，我们只需依照这一标准对行为做出道德上的肯定或否定即可；当实施者和我们持有不同的标准时，我们既可以依据实施者的标准做出评价，也可以依据我们自己的标准进行评判。选择哪种标准完全依我们的需要而定，但显然我们不能把两种标准之下的不同结论混为一谈。这里为什么不以行为所包含的道德价值即行为的抑己利他来评判行为呢？这是因为当我们对行为进行评判时，我们所面对的对象是与行为者相隔断的行为，而仅依据单独的行为无法判断其是否出于道德，即无法就动机来评判行为，这样我们就只能或是根据行为的后果或是根据行为自身的属性来评判行为，而这就使我们陷入了规范伦理领域长期以来相持不下的目的论和义务论之争。由于目前看来这种争论并无解决之望，因此我们所能采取的就只能是上述两种评价方式。

在行为之外，我们也会对我们自己以及别人所奉行的伦理规范进行道德评判。通常，"伦理"和"道德"两个概念可以互换使用，但当我们着眼于二者的区别时，我们发现，"伦理"概念有很强的时间和文化色彩，而"道德"似乎是超越历史和文化的普遍、客观观念。比如三纲五常作为伦理规范具有中国封建时代的特征，而我们又可对这一规范作一番道德的评价；我们甚至可以对我们自己的某种伦理规则或观念进行道德考察。但道德观念的这种实在论特征其实只是一种假象，因为不论我们如何努力，我们都无法获得独立于我们的认知的观念。我们据以评判伦理规范的道德标准实际上只是我们当下拥有的伦理原则，它们与通常的伦理规范的不同只在于它们更为基本，相互之间更少一些矛盾冲突，它们是我们的伦理共同体所共享的基本的道德观念，即所谓道德共识。这里所谓基本是说它们相关之间是并列的关系，其中的某一个无法还原为另一个。这样，我们对自己的伦理规范进行所谓道德评价，其实就是以一些基本的观念评判某个复杂的或衍生的观念；而对他人的伦理规范进行道德评价，也不过是以我们恰巧拥有的伦理立场评判另外一种伦理立场，这样的评价实际上也就是两种伦理之间的比较。不以道德价值评判伦理规范的原因很简单：任何伦理规范作为规范都是一种普遍的要求，体现着对个人利己冲动的抑制和对他人利益的尊重，因而必定都含有道德价值，故从道德价值的角度无法对它们进行判断、比较。

这里我们发现，评价伦理规范的这种方式正是从一开始我们就力求避免的伦理自我中心主义。看来如果要对伦理规范进行评判，伦理自我中心主义是我们惟一可能的选择，因为我们永远无法摆脱我们自己的伦理立场，即使我们对自己的伦理立场的否定和批判，也依然构成了我们新的伦理立场。不过虽然我们无法避免伦理自我中心主义，但是还是可以在独断、自负的道德评价和谨慎、谦和的道德评价之间做出区分。在评价其他伦理规范的时候，我们应该记起自己所持的伦理规范必定同样具有种种偶然性和局限性，因而是向未来开放的。这种"元评价"的态度正像今天我们对待科学的态度：我们相信并依赖现在的科学知识体系，但我们同时也知道它们是可错的和可修正的。

图书在版编目（CIP）数据

在《论语》的丛林中/刘时工著. —上海：上海三联书店,2017.7
ISBN 978 - 7 - 5426 - 5954 - 5

Ⅰ．① 在 …　Ⅱ．① 刘 …　Ⅲ．① 儒家 ②《论语》－研究
Ⅳ．① B222.25

中国版本图书馆 CIP 数据核字（2017）第 160958 号

在《论语》的丛林中

著　　者 / 刘时工

责任编辑 / 黄　韬
装帧设计 / 徐　徐
监　　制 / 姚　军
责任校对 / 张大伟

出版发行 / 上海三联书店
　　　　　（201199）中国上海市都市路 4855 号 2 座 10 楼
邮购电话 / 021 - 22895557
印　　刷 / 上海盛通时代印刷有限公司

版　　次 / 2017 年 7 月第 1 版
印　　次 / 2017 年 7 月第 1 次印刷
开　　本 / 640×960　1/16
字　　数 / 230 千字
印　　张 / 20.75
书　　号 / ISBN 978 - 7 - 5426 - 5954 - 5/B・533
定　　价 / 45.00 元

敬启读者,如发现本书有印装质量问题,请与印刷厂联系 021 - 37910000